工业互联网
设备数据采集
（中级）

北京工联科技有限公司◎组编

人民邮电出版社

北 京

图书在版编目（CIP）数据

工业互联网设备数据采集：中级 / 北京工联科技有限公司组编. -- 北京：人民邮电出版社, 2022.12
1+X证书制度试点培训用书. 工业互联网设备数据采集
ISBN 978-7-115-59879-0

Ⅰ. ①工… Ⅱ. ①北… Ⅲ. ①互联网络－应用－制造工业－数据采集－技术培训－教材 Ⅳ. ①F407.4-39

中国版本图书馆CIP数据核字(2022)第150308号

内 容 提 要

本书在《工业互联网设备数据采集（初级）》的基础上，侧重于流程制造、离散制造行业的工业单体设备和工厂生产单元的数据采集，介绍了仿真软件及工业智能网关配置、数据采集与上传等实施步骤。此外，本书第 5 章和第 6 章引入工业 App 知识，介绍了多种类型工业 App 的配置与应用方法。本书穿插数据采集系统中应用的设计实例，既注重原理，又注重实践，配有大量图表、示例和练习题，内容丰富，概念讲解清楚，表达严谨，逻辑性强，语言精练，可读性强。本书既便于教师课堂讲授，又便于自学者阅读，适合作为高等职业院校工业设备数据采集课程的教材。

◆ 组　　编　北京工联科技有限公司
　　责任编辑　李成蹊
　　责任印制　马振武

◆ 人民邮电出版社出版发行　北京市丰台区成寿寺路 11 号
　邮编　100164　　电子邮件　315@ptpress.com.cn
　网址　https://www.ptpress.com.cn
　北京瑞禾彩色印刷有限公司印刷

◆ 开本：787×1092　1/16
　印张：19.5　　　　　　　　2022 年 12 月第 1 版
　字数：441 千字　　　　　　2022 年 12 月北京第 1 次印刷

定价：89.90 元

读者服务热线：(010)81055493　印装质量热线：(010)81055316
反盗版热线：(010)81055315
广告经营许可证：京东市监广登字 20170147 号

编 委 会

主　编：许大涛

副主编：张　昂　张玉良　纪兆华　陈彪彪

成　员：朱化国　张丽萍　朱春健　冯德川　殷　茵　王雅菲
　　　　王鹏飞　孙　新　孔梦清　汪睿婷　李东昌　鲁　捷
　　　　黄　杰　贾春霞　肖　山　王　鹏　李卓越　李紫阳
　　　　郭　菲　李卓然　姚午厚　赵斯琦　历　明

前　言

工业互联网是新一代信息技术与制造业深度融合的产物，通过对人、机、物的全面互联，构建全要素、全产业链、全价值链的全面连接，是第四次工业革命的重要基石。工业互联网作为数字化转型的关键支撑力量，正在全球范围内不断颠覆传统制造模式、生产组织方式和产业形态。

工业互联网以数据为核心，通过感知控制、数字模型、决策优化3个层次，构成工业数字化应用闭环。工业设备数据采集是工业互联网平台数据汇聚、处理、建模、分析，进而赋能企业数字化转型的基础，对工业互联网的应用具有重要意义。

《工业互联网设备数据采集（中级）》是由北京工联科技有限公司依据《工业互联网设备数据采集职业技能等级标准》，围绕工业设备数据采集从业人员的工作领域、工作任务、职业技能要求组织编写的，是工业互联网设备数据采集1+X证书制度试点培训用书。

在《工业互联网设备数据采集（初级）》的基础上，本书侧重于流程制造、离散制造行业的工业单体设备和工厂生产单元的数据采集，介绍了仿真软件及工业智能网关配置、数据采集与上传等实施步骤。此外，本书第5章和第6章引入工业App知识，介绍了多种类型工业App的配置与应用方法。本书可以用于工业互联网设备数据采集1+X证书制度试点的培训，也可以作为高等职业院校工业设备数据采集课程的教材，还可以作为从事工业设备数据采集实施与运维工作的技术人员的参考用书。本书配有相应的教学资源（教案、PPT、工作页、任务书），读者可以扫描下方二维码，关注"信通社区"微信公众号，发送"工业互联网设备数据采集中级"获取。

由于技术发展日新月异，加之编者水平有限，书中难免有疏漏和不足之处，请各位读者批评指正。

编者
2022年9月

目　录

第1章　采集冲压机数据

1.1 认识机械制造业 ··· 1
1.1.1 机械制造业概述 ··· 2
1.1.2 机械加工含义 ··· 4
1.1.3 机械加工工艺 ··· 5
1.1.4 机械加工智能化水平现状 ····································· 6
1.1.5 工业设备数据特征 ··· 6
1.2 认识冲压机 ·· 8
1.2.1 冲压机的概念 ··· 9
1.2.2 冲压机类型 ·· 10
1.2.3 冲压机原理 ·· 10
1.2.4 冲压基本工序 ·· 11
1.2.5 冲压机用途与优点 ·· 13
1.2.6 整理冲压机产生的数据 ······································ 14
1.2.7 设备维护保养 ·· 14
1.3 认识工业互联网设备数据采集实训台 ································ 18
1.3.1 工业互联网设备数据采集实训设备 ···························· 18
1.3.2 Mint仿真软件使用 ·· 21
1.3.3 冲压机仿真场景介绍 ·· 23
1.3.4 整理设备数据采集评估报告 ·································· 27
1.3.5 常用的工业以太网与现场总线介绍 ···························· 28
1.4 配置工业智能网关参数 ·· 31
1.4.1 配置前的准备工作 ·· 32
1.4.2 工业智能网关的固件升级 ···································· 33
1.4.3 工业智能网关的系统信息配置 ································ 34

         1.4.4　工业智能网关的网络配置 …………………………………… 35
         1.4.5　工业智能网关的数据采集参数配置 …………………… 35
         1.4.6　工业智能网关的串口配置 …………………………………… 35
         1.4.7　MQTT 协议上传数据配置 …………………………………… 36
   1.5　测试工业互联网设备数据采集系统 ……………………………………… 37
         1.5.1　选择并配置工业智能网关 …………………………………… 38
         1.5.2　工业智能网关连接 Mint 仿真软件 ………………… 38
         1.5.3　启动冲压机应用场景 …………………………………………… 39
         1.5.4　测试数据采集系统 ……………………………………………… 39

第 2 章　采集发那科数控机床数据

   2.1　认识数控机床行业 ………………………………………………………………… 47
         2.1.1　数控机床的概念 ………………………………………………… 48
         2.1.2　数控机床的组成 ………………………………………………… 48
         2.1.3　数控机床的特点 ………………………………………………… 50
         2.1.4　数控机床的分类 ………………………………………………… 51
         2.1.5　工业中常见的数控系统 ……………………………………… 52
   2.2　认识发那科数控机床 ……………………………………………………………… 55
         2.2.1　发那科数控机床的介绍 ……………………………………… 56
         2.2.2　发那科数控机床的分类 ……………………………………… 56
         2.2.3　发那科数控系统主要特点 …………………………………… 59
         2.2.4　制造装备信息模型 ……………………………………………… 60
         2.2.5　发那科数控系统的典型数据 ……………………………… 61
   2.3　认识待采集设备数据信息 ……………………………………………………… 64
         2.3.1　回顾发那科数控系统的典型数据 ……………………… 64
         2.3.2　Mint 仿真软件登录启动场景 …………………………… 65
         2.3.3　发那科数控机床仿真场景介绍 ………………………… 66
         2.3.4　整理设备数据采集评估报告 ……………………………… 71
   2.4　配置工业智能网关参数 …………………………………………………………… 73
         2.4.1　配置前的准备工作 ……………………………………………… 74
         2.4.2　工业智能网关的固件升级 …………………………………… 75
         2.4.3　工业智能网关的系统信息配置 ………………………… 77

         2.4.4 工业智能网关的网络配置 77
         2.4.5 工业智能网关的采集网口配置 78
         2.4.6 工业智能网关的数据采集参数配置 78
         2.4.7 MQTT 协议上传数据配置 78
   2.5 测试工业互联网设备数据采集系统 80
         2.5.1 选择并配置工业智能网关 81
         2.5.2 工业智能网关连接 Mint 仿真软件 81
         2.5.3 启动发那科数控机床应用场景 81
         2.5.4 测试数据采集系统 82

第 3 章 采集炼铁高炉数据

3.1 认识冶金行业 93
      3.1.1 行业介绍 94
      3.1.2 冶金行业存在的问题 95
      3.1.3 冶金对环境的影响 95
      3.1.4 冶金行业信息化建设需求 96
3.2 认识炼铁高炉 99
      3.2.1 高炉炼铁的发展 100
      3.2.2 炼铁高炉结构组成 101
      3.2.3 高炉炼铁使用原料 102
      3.2.4 高炉炼铁工艺原理 102
      3.2.5 炼铁高炉中冶金技术 104
      3.2.6 冶金设备信息模型 104
3.3 认识待采集设备数据信息 107
      3.3.1 Mint 仿真软件登录启动场景 108
      3.3.2 炼铁高炉仿真场景介绍 110
      3.3.3 整理设备数据采集评估报告 112
3.4 配置工业智能网关参数 115
      3.4.1 配置前的准备工作 115
      3.4.2 工业智能网关的固件升级 116
      3.4.3 工业智能网关的系统信息配置 118
      3.4.4 工业智能网关的网络配置 118

  3.4.5 工业智能网关的采集网口配置 ……… 119
  3.4.6 工业智能网关的数据采集参数配置 ……… 119
  3.4.7 工业智能网关的4G功能 ……… 120
  3.4.8 MQTT协议上传数据配置 ……… 120
  3.4.9 工业智能网关数据库配置方法 ……… 124
 3.5 测试工业互联网设备数据采集系统 ……… 126
  3.5.1 选择并配置工业智能网关 ……… 127
  3.5.2 工业智能网关连接Mint仿真软件 ……… 127
  3.5.3 启动炼铁高炉应用场景 ……… 128
  3.5.4 测试数据采集系统 ……… 128

第4章　采集塑料挤出机数据

 4.1 认识塑料制品行业 ……… 136
  4.1.1 行业介绍 ……… 137
  4.1.2 塑料制品加工工艺 ……… 138
  4.1.3 塑料制品性能特点 ……… 140
 4.2 认识塑料挤出机 ……… 142
  4.2.1 塑料挤出机的概念 ……… 143
  4.2.2 塑料挤出机的类型 ……… 144
  4.2.3 塑料挤出机的原理 ……… 145
  4.2.4 塑料挤出机的结构 ……… 146
  4.2.5 塑料挤出机的设备参数 ……… 147
 4.3 认识待采集设备数据信息 ……… 149
  4.3.1 Mint仿真软件登录启动场景 ……… 150
  4.3.2 塑料挤出机仿真场景介绍 ……… 152
  4.3.3 整理设备数据采集评估报告 ……… 156
 4.4 配置工业智能网关参数 ……… 159
  4.4.1 配置前的准备工作 ……… 160
  4.4.2 工业智能网关的固件升级 ……… 161
  4.4.3 工业智能网关的系统信息配置 ……… 163
  4.4.4 工业智能网关的网络配置 ……… 163
  4.4.5 工业智能网关的数据采集参数配置 ……… 164
  4.4.6 工业智能网关的串口配置 ……… 164

  4.4.7 MQTT 协议上传数据配置 ……………… 165
  4.4.8 Wi-Fi 功能配置 ……………… 165
 4.5 测试工业互联网设备数据采集系统 ……………… 170
  4.5.1 选择并配置工业智能网关 ……………… 170
  4.5.2 工业智能网关连接 Mint 仿真软件 ……………… 171
  4.5.3 启动塑料挤出机应用场景 ……………… 172
  4.5.4 测试数据采集系统 ……………… 172

第 5 章 实施柔性制造单元数据采集

 5.1 认识柔性制造单元 ……………… 179
  5.1.1 柔性制造单元的基本组成 ……………… 180
  5.1.2 柔性制造单元的基本功能 ……………… 181
  5.1.3 柔性制造单元的特点 ……………… 181
  5.1.4 柔性制造单元的应用 ……………… 181
 5.2 认识待采集设备数据信息 ……………… 183
  5.2.1 Mint 仿真软件登录启动场景 ……………… 183
  5.2.2 柔性制造单元仿真场景介绍 ……………… 185
  5.2.3 整理设备数据采集评估报告 ……………… 189
 5.3 配置工业智能网关参数 ……………… 193
  5.3.1 配置前的准备工作 ……………… 194
  5.3.2 工业智能网关的固件升级 ……………… 195
  5.3.3 工业智能网关的系统信息配置 ……………… 196
  5.3.4 工业智能网关的网络配置 ……………… 197
  5.3.5 工业智能网关的采集网口配置 ……………… 198
  5.3.6 工业智能网关的数据采集参数配置 ……………… 198
  5.3.7 MQTT 协议上传数据配置 ……………… 198
 5.4 测试工业互联网设备数据采集系统 ……………… 200
  5.4.1 选择并配置工业智能网关 ……………… 202
  5.4.2 工业智能网关连接 Mint 仿真软件 ……………… 202
  5.4.3 启动柔性制造单元应用场景 ……………… 202
  5.4.4 测试数据采集系统 ……………… 204
  5.4.5 工业 App 介绍 ……………… 206
  5.4.6 工业互联网平台 ……………… 209

5.4.7　告警提示类 App 的配置与应用 ……………………………… 215
　　5.4.8　状态监控类 App 的配置与应用 ……………………………… 223
　　5.4.9　设备数据采集系统的故障收集 ………………………………… 228

第6章　实施装配单元数据采集

6.1　认识装配单元 …………………………………………………………… 235
　　6.1.1　装配的概念 ………………………………………………………… 236
　　6.1.2　装配工艺规程 ……………………………………………………… 237
　　6.1.3　自动化装配线 ……………………………………………………… 238
　　6.1.4　柔性机械臂 ………………………………………………………… 239
　　6.1.5　机器视觉 …………………………………………………………… 240
　　6.1.6　装配单元关键设备信息 …………………………………………… 242

6.2　认识待采集设备数据信息 …………………………………………… 246
　　6.2.1　Mint 仿真软件登录启动场景 ……………………………………… 246
　　6.2.2　装配单元仿真场景界面介绍 ……………………………………… 248
　　6.2.3　整理设备数据采集评估报告 ……………………………………… 252

6.3　配置工业智能网关参数 ……………………………………………… 256
　　6.3.1　配置前的准备工作 ………………………………………………… 257
　　6.3.2　工业智能网关的固件升级 ………………………………………… 257
　　6.3.3　工业智能网关的系统信息配置 …………………………………… 259
　　6.3.4　工业智能网关的网络配置 ………………………………………… 260
　　6.3.5　工业智能网关的采集网口配置 …………………………………… 261
　　6.3.6　MQTT 协议上传数据配置 ………………………………………… 261

6.4　测试工业互联网设备数据采集系统 ………………………………… 264
　　6.4.1　选择并配置工业智能网关 ………………………………………… 265
　　6.4.2　工业智能网关连接 Mint 仿真软件 ……………………………… 265
　　6.4.3　启动装配单元应用场景 …………………………………………… 266
　　6.4.4　测试数据采集系统 ………………………………………………… 266
　　6.4.5　生产管理类数据接入工业 App …………………………………… 269

附录

参考文献

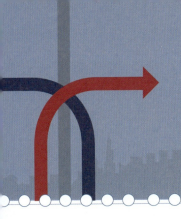

第1章

采集冲压机数据

  制造业是国民经济发展的支柱产业，是工业化和现代化的主导力量。机械制造业水平能够在一定程度上体现我国经济建设的整体水平，其发展水平从侧面体现一个国家的综合实力。机械制造业的发展和进步，很大程度上取决于机械制造技术的水平和发展。因此，我国一直很重视这一行业的技术更新，鼓励并且支持该行业的大力发展。

  本章从冲压机的行业应用出发，以仿真软件模拟实际生产数据为基础，着眼实际应用中冲压机数据采集项目的全流程，通过了解冲压机，认识冲压机，认识待采集设备数据信息，配置工业智能网关参数，测试工业互联网设备数据采集系统5个步骤，掌握冲压机设备数据采集各个实施步骤中的知识点和技能点。

1.1 认识机械制造业

● 任务描述 ●

  过去的一年，小V通过自己的努力，成为一名初级工业互联网设备数据采集工程师。新的一年，因为工作调动和项目需求等，小V再次与张工程师分配到了同一个工作团队，"张工，好巧，咱们又见面了，听说这次的项目很复杂，我还有点担心不能很好地完成，但是看到您在我就踏实多了！"张工开怀大笑："是啊，没想到咱们还能在一起工作，废话不多说，就进入今天工作的正题吧。"

  首先，我们要了解机械制造业的分类，然后我们从机械制造业的特点、信息化等角度进行全方位的学习。

● 学习目标 ●

◎ **素质目标：**
1. 养成科学严谨的学习态度；
2. 体验工作的成就感，树立热爱劳动的意识。

◎ **知识目标：**
1. 理解机械制造业的含义；
2. 理解机械制造业的主要特点。

◎ **能力目标：**
1. 根据《中华人民共和国国民经济和社会发展第十四个五年规划和2035年远景目标纲要》

（以下简称"十四五"规划纲要），对机械制造业的发展趋势展开讨论；

2. 能阐述机械加工的含义。

● 任务实施指引 ●

1.1.1 机械制造业概述

制造业是将制造资源通过制造过程转化为可应用产品的工业总称。它不仅为人们的物质文化生活提供各种产品，也为工业、农业、国防建设、交通运输等各部门提供技术装备。机械制造业是为用户创造和提供机械产品的行业，它包括机械产品的开发、设计、制造生产、流通和售后服务全过程。机械制造业的产品是用制造方法获得的各种具有机械功能的产品。机械制造业是制造业的最主要的组成部分，也是制造业的核心。

机械制造业主要改变金属原材料物理形状，将其加工组装成为产品，使其增值。机械制造业涉及的工业领域主要有机械设备、汽车、船舶、飞行器、铁路机车、日用器具等。总之，只要是以一个个零部件组装为主要工序的工业领域都属于机械制造业的范畴。

❶ 机械制造业分类

机械制造业拥有从事各种动力机械、起重运输机械、化工机械、纺织机械、机床、工具、仪器、仪表及其他机械设备等生产的工业部门。机械制造业为整个国民经济发展提供技术装备，其发展水平是国家工业化程度的主要标志之一，是国家重要的支柱产业。

机械制造业可以分为以下 3 类。

（1）工业设备制造业

工业设备制造业是指生产装备工业本身的各种机器设备的企业，主要包括重型机械、通用机械、机床工具、仪器仪表、电器制造和轻纺工业设备等。目前，我国工业设备制造业很少有全国意义的大型企业，但各省（自治区、直辖市）都普遍建立了一批中小型企业，不断增加新品种，对地方的经济发展起到了积极的作用。

（2）农业机械制造业

农业机械制造业是建设现代农业必不可少的部分，包括农、林、牧、副、渔业生产所需要的各种机械生产。长期以来，农业生产在我国占据重要的地位，各种农业机械有着广泛的市场和大量的需求。

（3）运输机械制造业

交通运输业是国民经济的重要组成部分，运输机械制造业的发展对促进我国交通运输的现代化具有十分重要的意义。运输机械制造包括铁路机车、汽车、船舶和飞机制造等。

❷ 当代机械制造业的特点

（1）工艺和设计一体化

如果生产的方式是以手工制造为主，那么工艺与设计通常是一体的，没有分割，同步进行。

随着社会需求的发展，小批量的生产慢慢过渡到大规模甚至大批量的生产模式时，因为特定的生产需求，设计与工艺出现了分层，甚至还会出现设计引导工艺这种现象。随着人们生活水平的提高，生产技术的不断发展，产品个性化成为人们目光的焦点。产品更新速度不断加快，小批量形式的产品占据了许多工厂生产的主导位置，这也就促使设计和工艺又一次相结合。

（2）经营模式的多样化、工艺和设备复杂化

现在的机械制造业生产方式多种多样，有单件生产、小批量生产，甚至大批量的生产模式。因为市场需求处于一个变动的平衡，所以相应的设备和资源也会发生变化。在制造各部件的过程中，周期的不一致和工艺路线的不确定等特点使经营管理多以动态多变的形式为主，这就需要根据每一件产品的实际情况进行合理的推断分析，从而能够对每个部件制造进行周密的安排及投入，合理地计算产品应产出数量。

（3）产品的制造设计涉及多学科领域

在如今全球化竞争复杂的大环境下，企业依靠以往的"一对一单打"模式显然缺乏竞争力，现在很多主机厂与设备零件的制造厂之间是分离的，因此跨地区将企业动态地联合必然会成为机械制造业调整产业结构的重要趋势。开发新产品需要经过设计流程，这其中就需要联系许多相关的领域学科进行产品的设计和工艺的改善，通过对设计不断地改进、完善，机械制造产品才具有二次开发的潜力。

（4）全球化的竞争日益激烈

随着全球市场化经济的不断发展，各类型产品竞争的激烈程度加大，许多先进技术被应用于机械制造，以适应当今社会的发展和竞争。一个国家想要立足于世界并站稳脚跟，先进的制造技术是不可缺少的。经济全球化发展趋势向我们表明：发展机械工业的速度和规模，以及产品的质量程度可以决定国家工业的发展程度。它也是衡量一个国家在科学技术和经济实力方面的标志。

❸ 机械制造业信息化建设基本需求

工业互联网深入解决机械制造业痛点，成为时代趋势。目前，我国机械制造业大量设备老旧，数据采集及传输困难，设备"孤岛化"痛点突出，生产管理效率低下。企业需要统一的平台来对接生产线、车间，以及客户需求等，机械制造业产业转型刻不容缓。同时，伴随"互联网+"、物联网和"工业4.0"等的不断推动，制造业信息化成为传统制造业未来发展的趋势。

机械制造业信息化建设主要包括以下3点需求。

第一，应用ERP[1]、WMS[2]、MES[3]等系统。

随着制造行业的利润逐步下降，市场竞争激烈，若继续依靠传统的粗放型管理模式，企业的发展将会陷入困难，甚至面临倒闭的风险。因此，利用信息化系统进行内部精细化管理，实现降本增效目标，已成为制造企业发展的必由之路。新建或完善例如ERP、WMS、MES等企业信息化系统，能极大地提高企业的生产效率，合理利用生产资源，使企业达到降耗增效的目的。

第二，实现底层设备组网、数据采集和数据应用。

---

[1] ERP（Enterprise Resource Planning，企业资源计划）。
[2] WMS（Warehouse Management System，仓库管理系统）。
[3] MES（Manufacturing Execution System，制造执行系统）。

亟须解决的问题如下：

① 设备相对独立，不能集中管控，必须到现场查看设备状态、采集和输入相关数据；

② 不能实时记录和查看设备运行状态、重要参数、加工用时等信息；

③ 生产执行情况不能及时反馈到 MES 或管理层；

④ 生产设备不能及时准确地得到相关的任务信息及设计、工艺和程序数据；

⑤ 不能及时统计分析设备生产效率、设备生产能力和饱和度，设备利用率低且状态显示不直观。

第三，实现智能化制造。

智能化制造是互联网、大数据、人工智能等新一代信息技术在制造业领域的创新应用，实现材料、设备、产品等生产要素与用户之间的在线连接和实时交互。智能化制造手段是产业革命的核心内容，也是未来企业发展的重要趋势，制造企业必须制定相应的企业发展规划。机械制造企业在引进自动化设备的同时，也要及时更换智能化设备、仪器，从而实现企业设备、生产、物流的智能化。

1.1.2 机械加工含义

机械加工是指通过一种机械设备对工件的外形尺寸或性能进行改变的过程，按加工方式不同可分为切削加工和压力加工。

❶ 切削加工

切削加工是指用切削工具（包括刀具、磨具和磨料）把坯料或工件上多余的材料层切去成为切屑，使工件获得规定的几何形状、尺寸和表面质量的加工方法。零部件切削加工如图 1-1 所示。

任何切削加工都必须具备 3 个基本条件：切削工具、工件和切削运动，即切削三要素。切削工具应有刃口，其材质必须比工件坚硬。不同的刀具结构和切削运动形式构成不同的切削方法。用刃形和刃数都固定的刀具进行切削的方法有车削、钻削、镗削、铣削、刨削、拉削和锯切等，用刃形和刃数都不固定的磨具或磨料进行切削的方法有磨削、研磨、珩磨和抛光等。

图 1-1 零部件切削加工

❷ 压力加工

压力加工是利用金属在外力作用下产生的塑性变形，来获得具有一定形状、尺寸和力学性能的原材料、毛坯或零件的生产方法，又称金属塑性加工。冲压机设备如图 1-2 所示。

压力加工可以分为以下几种类型。

轧制：金属坯料在两个回转轧辊的缝隙中受压变形以获得

图 1-2 冲压机设备

各种产品的加工方法,主要产品有型材、圆钢、方钢、角钢、铁轨等。

锻造:在锻压设备及工(模)具的作用下,使坯料或铸锭产生塑性变形,以获得具有一定几何尺寸、形状的锻件的加工方法。

挤压:金属坯料在挤压模内受压被挤出模孔而变形的加工方法。

拉拔:将金属坯料拉过拉拔模的模孔,使之变形的加工方法。

冲压:金属板料在冲模之间受压产生分离或成形。

旋压:在坯料随模具旋转或旋压工具绕坯料旋转中,旋压工具与坯料相对进给,从而使坯料受压并产生连续、逐点的变形。

_____

_____

_____

_____

1.1.3 机械加工工艺

❶ 机械加工工艺定义

机械加工工艺是指利用机械加工的方法,按照图纸的图样和尺寸,使毛坯的形状、尺寸、相对位置和性能均达到合格标准的全过程。

❷ 机械加工工艺流程

机械加工工艺流程是工件或者零件制造加工的步骤。采用机械加工的方法,直接改变毛坯的形状、尺寸和表面质量等,使其成为零件的过程称为机械加工工艺流程。例如,一个普通零件的加工工艺流程包括"粗加工—精加工—装配—检验—包装"。

机械加工工艺是在流程的基础上,改变生产对象的形状、尺寸、相对位置和性质等,使其成为成品或半成品,是每个步骤或每个流程的详细说明。粗加工可以包括毛坯制造、打磨等,精加工主要包括精车、精镗、精铣、精磨和研磨等工艺,其中,每个步骤需要有详细的参数规定,例如,粗糙度的要求、公差的数值。

❸ 机械加工工艺规程

技术人员根据产品数量、设备条件和工人素质等情况,确定采用的工艺,并将有关内容写成工艺文件,这种文件就称为工艺规程。

机械加工工艺规程是规定零件机械加工工艺过程和操作方法等的工艺文件之一,它在具体的生产条件下,把较为合理的工艺过程和操作方法,按照规定的形式书写而成,经审批后用来指导生产。机械加工工艺规程一般包括工件加工的工艺路线、各工序的具体内容及所用的设备和工艺装备、工件的检验项目及检验方法、切削用量、时间定额等。

工艺流程是纲领,加工工艺是每个步骤的详细参数,工艺规程是每个工厂根据实际情况编写的特定加工工艺。

1.1.4 机械加工智能化水平现状

近年来,我国机械制造业自动化加工技术发展较快,先进的生产机床能够根据数控程序完成复杂的零件制造任务,但是自动化设备的制造过程仍必须由人工参与和决策,导致生产的效率较低,且产品的品质受到操作人员的影响较大。机械智能加工技术是在机械自动加工技术的基础上发展而来的,具备"工业4.0"的技术特点,其应用能够通过智能技术替代人力决策,有效提高生产效率和质量。我国的机械智能加工技术起步较晚,直到21世纪初,智能加工技术才在我国得到重点研究与应用。如今,我国很多先进的制造生产线已经具备智能加工技术的雏形,例如,汽车智能生产线、食品智能生产线、零件柔性制造生产线等在我国的龙头企业中已经得到广泛应用。

随着国家对于机械加工制造行业的支持力度加大,机械制造及其相关行业的智能化水平得到了较大提升,受到传统生产习惯和生产模式的影响,智能化技术在机械加工行业的普及率仍不尽如人意,很多企业仍然坚持着传统的单一生产模式,而大批量生产制造对于部分行业已不适用。采用智能化和柔性化的生产技术来迎合市场对机械制造产品的需求是现阶段企业应做的工作,受限于企业的经营成本和劳动密集型的生产模式,智能加工技术与我国现代制造业的融合仍有很多的工作要做。

1.1.5 工业设备数据特征

工业设备数据采集是所有行业实现智慧工厂、数据透明工厂的基础。大数据时代,工业领域也开启了大数据物联网。制造企业在生产产品时,为了确保生产过程的稳定性、高效性,需要在生产过程中实时收集和监控相关数据,达到设备运转的透明化监控。

目前,工业设备数据具有以下特征。

数据体量大:数据体量与数据的价值和其包含的潜在信息相关。工业数据体量比较大,大量设备的高频数据持续涌入,大型工业企业的数据量级达到PB级甚至EB级。

多样性:指数据类型的多样性和来源广泛。工业设备数据采集种类多并且结构复杂,既有结构化和半结构化的传感数据,也有非结构化数据。

快速性:指获得和处理数据的速度。工业设备数据处理速度需求多样,生产现场要求分析时限达到毫秒级,管理与决策应用需要支持交互式或批量数据分析。

时序性:工业数据具有较强的时序性,例如订单、设备状态数据等。

准确性:主要指数据的真实性、完整性和可靠性,更加关注数据质量,以及处理、分析技术和方法的可靠性。这对数据分析的置信度要求较高,仅依靠统计相关性分析不足以支撑故障诊断、预测预警等工业应用,需要将物理模型与数据模型结合,挖掘因果关系。

闭环性：包括产品全生命周期数据链条的封闭和关联，以及智能制造数据采集和处理需要满足在状态感知、分析、反馈、控制等闭环场景下的动态持续调整和优化。

_____
_____
_____
_____

任务考核

认识机械加工考核见表1-1。结合小组的任务实施情况，对每名学生进行任务考核。考核过程参照1+X证书制度试点要求，并将结果记录在表1-1。学生进行互评，再请教师复评。通过任务评价，各小组之间、同学之间可以通过分享实施过程，相互借鉴经验。

表1-1 认识机械加工考核

班级：					姓名：	
小组：					学号：	
项目		要求	应得分		得分	备注
任务实施	信息收集	能够收集机械加工制造流程或环节的信息	方法、途径	10		
			有效率	10		
	信息处理	能够识别机械加工的制造流程或环节中所涉及的重点设备	准确率	10		
			速度	10		
	表达能力	收集并评估工业领域机械加工行业信息化建设需求	文字组织	10		
			沟通	10		
任务评价	小组互评	从信息获取、信息处理、文字组织、工作态度、职业素养等方面进行评价	20			
	教师评价		20			
合计			100			
经验总结						

课后活动

一、填空题

1. 机械制造业拥有从事各种动力机械、_____、_____、_____、机床、工具、仪器、仪表及其他机械设备等生产的工业部门。

2. 机械制造业大致分为3个部分：_____、_____、_____。

3. 机械制造业的主要特点是_____、_____、_____。

4. _____是指通过一种机械设备对工件的外形尺寸或性能进行改变的过程。按加工方式不同可分为_____和_____。

5. _____是利用金属在外力作用下产生的塑性变形，来获得具有一定形状、尺寸和力学性能的原材料、毛坯或零件的生产方法。

二、选择题

工业设备数据不具有的特征是（　　）

A. 数据容量大　　　　　B. 多样性　　　　　C. 快速性　　　　　D. 易用性

三、简答题

1. 根据所学知识，简要阐述机械制造业的主要特点。

2. 简述工业设备数据所具有的特征。

1.2 认识冲压机

● 任务描述 ●

"小V，从今天开始，我们将进入机床的世界，机床是什么？你了解吗？"张工程师问。

小V稍加思考，"张工，我上学时对机床还是有一定研究的，机床是指制造机器的机器，也称工作母机或工具机。机床一般分为金属切削机床、锻压机床和木工机床等。现代机械制造中加工机械零件的方法很多，除了切削加工，还有铸造、锻造、焊接、冲压、挤压等，机床上用切削的方法可得到高精度、表面光滑的零件产品。随着国民经济的发展，人们对机床提出了越来越高的要求，机床成为现代制造工业中不可或缺的一环。因此，机床工业的现代化水平和规模，以及所拥有机床的数量和质量，也是国家工业发达程度的重要标志之一。您看，我说的对吗？"

"对的，机床是机械制造业中最基本的设备，在国民经济现代化的建设中发挥着重大作用，今天咱们先研究其中的一种——冲压机。"

● 学习目标 ●

◎ 素质目标：
1. 养成科学严谨的工作态度；
2. 体验工作的成就感，树立热爱劳动意识；
3. 培养举一反三的学习能力。

◎ 知识目标：
1. 理解冲压机的概念；
2. 掌握冲压机原理；
3. 理解冲压机用途与优点；
4. 掌握冲压机数据类型；
5. 掌握冲压机数据采集方法。

◎ 能力目标：
1. 能够正确表述冲压机原理；
2. 能够正确区分冲压机类型；
3. 能够正确选择冲压机采集数据。

● 任务实施指引 ●

1.2.1 冲压机的概念

冲压机也称冲床，是冲压式压力机。在国民生产中，冲压工艺相比传统机械加工，有节约材料和能源、效率高、对操作者技术要求不高及通过各种模具应用可以获得机械加工无法生产的产品等优点，因而冲压机的用途十分广泛。常用的冲压机设备——龙门冲压机如图1-3所示。

图1-3 常用的冲压机设备——龙门冲压机

冲压生产主要针对板材，冲压机通过模具能做出落料、冲孔、成形、拉深、修整、精冲、整形、铆接及挤压件等冲压工艺，广泛应用于工业的各个领域。

1.2.2 冲压机类型

❶ 按照驱动力分类

冲压机按照驱动力不同可分为机械式冲压机与液压式冲压机两种。

普通钣金冲压加工大部分使用的是机械式冲压机。而液压式冲压机按照使用液体的不同，有油压式冲压机与水压式冲压机两种，使用油压式冲压机机械加工占多数，水压式冲压机多用于巨型机械和特殊机械加工。

❷ 按照滑块运动方式分类

冲压机按照滑块运动方式不同可分为单动、复动、三动等种类。目前使用最多的一类是单动冲压机。复动及三动冲压机主要用于汽车车体及大型加工件的引伸加工，使用数量相对较少。

1.2.3 冲压机原理

冲压机通过电动机驱动飞轮，并通过离合器使传动齿轮带动曲柄连杆，使滑块上下运动，带动拉伸模具让钢板成形。冲压机结构如图1-4所示。复动就是指冲压机有两个滑块，分为内滑块和外滑块，内滑块带动模具的凸模或凹模，外滑块带动模具上的压边圈，在拉伸时压边圈先压住钢板边缘，内滑块再进行拉伸。冲压机组成部分原件如图1-5所示。

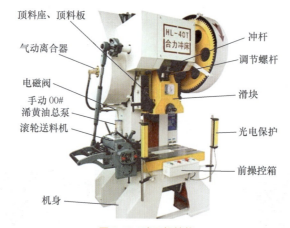

图1-4 冲压机结构

图1-5 冲压机组成部分原件

冲压机对材料施以压力，使其塑性变形，得到符合要求的形状与精度。冲压机需要配合一组模具（分上模与下模）完成。冲压模具如图 1-6 所示，将材料置于其中，由冲压机施加压力，使材料变形，反作用力由冲压机机械本体进行吸收。

图 1-6　冲压模具

1.2.4　冲压基本工序

❶ 分离工序

分离工序是指使板料按一定的轮廓线分离变成具有一定形状、尺寸和切断面质量的冲压件的过程。分离工序见表 1-2。

表 1-2　分离工序

工序名称	简图	特点及应用范围
落料	零件　废料	用冲压模具沿封闭轮廓曲线冲切，封闭线内是制件，封闭线外是废料。用于制造各种形状的平板零件
冲孔	废料　零件	用冲压模具沿封闭轮廓曲线冲切，封闭线内是废料，封闭线外是制件。用于在零件上去除废料
切断		用剪刀或冲压模具沿不封闭曲线切断，多用于加工形状简单的平板零件
切舌		将材料沿敞开轮廓局部分离而不是完全分离的一种冲压工序。被局部分离的材料在工件所要求的位置上，不再位于分离前所处的平面上
切边		将成形零件的边缘修切整齐或切成一定形状
剖切		把冲压加工后的半成品切开成为两个或数个零件，多用于不对称零件的成双或成组冲压成形之后

❷ 成形工序

成形是使冲压件在不被破坏的条件下发生塑性变形，转化成设计人员所设定的形状。成形工序见表 1-3。

表 1-3 成形工序

工序名称	简图	特点及应用范围
弯曲		把材料沿直线弯成各种形状，可以加工形状较复杂的零件
卷圆		把材料端部卷成接近封闭的圆头，用以加工类似铰链的零件
扭曲		把冲裁后的半成品扭转成一定角度
拉深		把材料毛坯制成各种开口空心的零件
变薄拉深		把拉深加工后的空心半成品进一步加工成底部厚度大于侧壁厚度的制件
翻孔		在材料或半成品上冲制成具有一定高度开口的直壁孔部
翻边		在材料或半成品的边缘按曲线或圆弧开成竖立的边缘
拉弯		在拉力与弯矩共同作用下实现弯曲变形，可得到精度较好的制件
胀形		将空心毛坯制成各种凸肚曲面形状的制件
起伏		在材料毛坯或零件的表面上用局部成形的方法制成各种形状的凸起与凹陷
扩口		在空心毛坯或管状毛坯的某个部位上使其径向尺寸扩大的变形方法
缩口		在空心毛坯或管状毛坯的口部使其径向尺寸减小的变形方法
旋压		在旋转状态下用辊轮使毛坯逐步变形的方法
校形		为了提高已成形零件的尺寸精度或获得较小的圆角半径而采用的成形方法

1.2.5 冲压机用途与优点

1 冲压机用途

冲压机广泛应用于电子设备、通信设备、计算机、家用电器、家具、交通工具（汽车、摩托车、自行车）的五金零部件的冲压及成形。

2 冲压机优点

（1）高刚性机架

冲压机采用钢板焊接，并经过热处理消除了机身的内应力。冲压机可以长期稳定工作，确保不变形，结构件负荷均匀，刚性平衡。

（2）稳定的高精度

冲压机主要部件——曲轴、齿轮、传动轴等部位均经硬化热处理，在研磨加工中具有很高的耐磨性，性能长期稳定。

（3）操作性能可靠、安全

冲压机采用了离合器/刹车器的组合装置，具有很高的灵敏度，再加上国际高端设备通用的双联电磁控制阀和过负荷保护装置，确保了冲压机滑块高速运动及停止的精确性与安全性。

（4）生产自动化、成本低、效率高

冲压机可搭配相应的自动送料装置，具有送料出错检测、预裁、预断装置，可完全实现自动化生产，且成本低、效率高。

（5）设计新颖、环保

采用先进技术以及设计理念，具有低噪声、低能耗、无污染的优点。

1.2.6 整理冲压机产生的数据

工业数据是工业领域产品和服务全生命周期产生和应用的数据,包括但不限于工业企业在研发设计、生产制造、经营管理、运维服务等环节中产生和使用的数据,以及工业互联网平台企业在设备接入、平台运行、工业 App 应用等过程中产生和使用的数据。

工业数据分类维度包括但不限于研发数据域(研发设计数据、开发测试数据等)、生产数据域(控制信息、工况状态、工艺参数、系统日志等)、运维数据域(物流数据、产品售后服务数据等)、管理数据域(系统设备资产信息、客户与产品信息、产品供应链数据、业务统计数据等)、外部数据域(与其他主体共享的数据等)。具体来看,冲压机产生的数据见表1-4。

表1-4 冲压机产生的数据

数据类型	数据名称	作用
生产数据	行程数据	冲压机运行过程中的行程次数,用来计算产量
	冲击压力数据	冲压时,用来检测冲击是否正常
能耗数据	设备工作电流	冲压机工作时电流,用来计算能耗
	设备工作电压	冲压机工作时电压,用来计算能耗
环境数据	噪声	检测环境噪声,用来检测设备运行是否产生异常

一般情况下,冲压机的采样周期为每次 50～500ms,从应用场景的设备接入需求来看,在很多的工业部门,例如,汽车、电机、电器、仪器、仪表、电子等,冲压机加工的产品零部件所占的比重相当大。

3 类数据的用途如下。

① 生产数据:为了生产出合格的工业产品零部件,对冲压机的行程次数和冲击压力进行精准控制。

② 能耗数据:适配冲压机的工作运行条件,进一步对企业生产能耗情况进行统计分析。

③ 环境数据:监测所产生的噪声对环境的影响。

1.2.7 设备维护保养

① 设备操作手册(节选)

设备操作手册(节选)见表1-5。

表1-5 设备操作手册(节选)

设备名称	冲压机	设备功能	冲断端子	文件编号	
设备型号	JH 21-250	厂商	××××	版本	
1.操作说明 1.1 接通冲压机电源,观察压力表显示应为 0.6MPa 1.2 检查工作台表面,应干净整洁、无异物、下料杆灵活 1.3 取待切产品置于模具上,以左端挡点为定位基准点,一次最多可放两件 1.4 双手同时按压按钮(安全连锁键、冲压键),刀具才会下行,待模具上下四挡柱完全接触后,同时松手,模具复位					

续表

1.5 右手拔起下料杆，右手取产品，摆放整齐 1.6 刀口内的废料要清除干净，以免影响下次切割 2. 注意事项 2.1 应单人单机操作，严禁多人操作 2.2 按下冲压键和安全连锁键后，禁止再去移动产品，待冲压刀具完全复位后，再去移动产品 2.3 若有异常，应立即停机，通知管理人员，禁止乱操作					
审核		制作		日期	

❷ 设备维护保养手册

冲压机设备维护保养手册

编制：_____ 审核：_____ 批准：_____

发布日期：_____ 实施日期：_____

1 目的
1.1 为了操作人员的人身安全、设备能够正常运行并延长其使用寿命而制定本手册。

2 适用范围
2.1 设备维护人员、设备修理人员、设备操作人员。

3 职责
3.1 由设备维护人员制定本手册，如果需要修改，则由设备维护人员提出本手册的修改申请。

3.2 设备维护及操作人员需要掌握设备安全操作规程，严防设备出现人为安全故障。

4 工作内容
4.1 日常保养

4.1.1 对设备每天进行清扫、清洁，以保证设备表面无积灰、无污垢、无油污、无积水。

4.1.2 检查润滑系统，定期加油。

4.1.3 对压缩空气管路漏气点进行处理，通过紧固或视生产情况更换密封件或接头。

4.2 月保养

4.2.1 用抹布清洁各导轨及传动部位上的油污，清洁后用油枪加注新油，让新油在导轨上均匀分布，并除去多余油污。

4.2.2 检查减速箱是否有异响，润滑是否正常。

4.3 季度保养

4.3.1 紧固机台各部件连接的螺栓，保证机台的正常运行。

4.3.2 确认传动齿条磨损程度及与电机传动齿条的间隙配合是否正常。

4.3.3 检查成形段轴承是否正常。

4.3.4 确认机台各限位开关是否动作正常。

4.4 设备年度大修

4.4.1 紧固电气柜内电气原件、接线头压线、机台与电气柜信号传输线。

4.4.2 调整电机传动齿条与传送齿条的传动精度。

4.4.3 检查齿轮箱油,并更换齿轮箱齿轮油。

❸ 设备维护保养记录

设备维护保养记录示例见表1-6。

表1-6 设备维护保养记录示例

保养项目		1	2	3	4	5	6	7	8	……	24	25	26	27	28	29	30	31
冲压机点检内容	1. 油位是否符合要求																	
	2. 检查液压管路有无油液滴漏																	
	3. 检查电子防护罩部分是否有效																	
	4. 检查操作面板按键,是否撞击安全门,必要时进行调整																	
	5. 检查机身内各行程开关、位置尺是否松动,电线是否破损,检查安全门行程开关,检查各个接线盒情况																	
	6. 检查系统压力及油泵运转情况																	
	7. 检查各油缸漏油及内泄情况																	
	8. 检查各液压发动机运转情况,有无异声、噪声																	
	9. 油温检查:冷却器性能、冷却水配管																	
	10. 检查机身水平状况,动作是否顺畅																	
点检人:						审核人:												

🔍 任务考核

认识冲压机考核见表1-7。结合小组的任务实施情况,对每名学生进行任务考核。考核过程参照1+X证书制度试点要求,并将结果记录在表1-7。学生进行互评,再请教师复评。通过任务评价,各小组之间、同学之间可以通过分享实施过程,相互借鉴经验。

表1-7 认识冲压机考核

项目		要求	应得分		得分	备注
任务实施	冲压机概念	熟知冲压机的定义、分类和原理,了解冲压的基本工序,以及冲压机的用途与优点	准确率	20		
			完整性	10		
	冲压机数据	关注生产数据、能耗数据和环境数据	准确率	20		
			完整性	10		
任务评价	小组互评	从信息获取、信息处理、分析归纳、工作态度、职业素养等方面进行评价	20			
	教师评价		20			
		合计	100			
经验总结						

课后活动

一、填空题

1. 我们日常所说的冲压机,也就是_____,学名是_____。

2. 冲压生产主要是针对_____的。冲压机通过模具能做出落料、_____、_____、_____、修整、精冲、整形、铆接及挤压件等冲压工艺,广泛应用于工业中各个领域。

3. 冲压机按照驱动力不同可分为_____与_____两种。

4. _____工序是指使板料按一定的轮廓线分离而得到具有一定形状、尺寸和切断面质量的冲压件,可分为冲孔、落料、切边等。

5. 在滑块驱动上使用各种连杆的冲压机称为_____。

6. 工业数据分类维度包括但不限于_____、_____、_____、_____、外部数据域(与其他主体共享的数据等)。

二、简答题

1. 根据所学知识,简要阐述冲压机的运行原理。

2. 根据所学知识,简要阐述冲压机优点。

1.3 认识工业互联网设备数据采集实训台

● 任务描述 ●

"张工,早上好,我什么时候能见到真正的冲压机呢?""不急,最近咱们公司引进了几套实训仿真软件产品,一比一还原工厂里面的大型设备。因为你是新手,我特意申请了使用这个软件的机会,等着你都学会并熟练掌握了,咱们再去工业现场实际操作。"

● 学习目标 ●

◎ 素质目标:
1. 养成科学严谨的工作态度;
2. 体验工作的成就感,树立热爱劳动意识;
3. 培养举一反三的学习能力。

◎ 知识目标:
1. 认识工业互联网设备数据采集实训台;
2. 掌握 Mint 仿真软件的登录方法;
3. 掌握 Mint 仿真软件的场景操作方法。

◎ 能力目标:
1. 能够正确登录/退出 Mint 仿真软件;
2. 能够正确操作 Mint 仿真软件;
3. 能够正确统计课程需要采集的数据;
4. 能够正确选择工业智能网关并与仿真软件连接。

● 任务实施指引 ●

工业互联网设备数据采集实训台的仿真软件模拟多种工业场景及其设备数据,针对工业互联网设备数据采集的职业技能岗位人才需求,培养学生对设备通信的认知,教会学生工业设备的数据采集、工业智能网关的配置并通过测试,掌握设备通信协议的种类及应用场所、复杂工业系统的数据采集、数据采集设备的选型、数据采集系统故障原因排查及处理、设备数据处理及应用等。同时满足学生进行工业互联网设备数据采集职业技能初级、中级、高级的教学与实训考核。

1.3.1 工业互联网设备数据采集实训设备

❶ 工业互联网设备数据采集实训台

工业互联网设备数据采集实训台如图 1-7 所示,主要分为工业设备区、智能网关区、数据应用展示区等功能分区。实训台采用模组化设计,方便后续功能的扩展。

工业设备区有实物设备和虚拟设备,实物设备包含多种工业传感器、多种可编程控制器;仿真软件可以仿真多种工业场景,并模拟出对应工业场景的设备产生的数据。这种虚实结合的智能制造云平台将工业场景制作成三维机理模型，满足教学中多元化的工业设备与复杂工业场景的需求。

智能网关区是工业互联网平台的数据入口，涵盖了多种数据采集落地解决方案，实训将更好地培养学生的数据采集及设备上云的实操能力。

数据应用展示区将结合工业现场真实数据源直观地呈现工业软件平台应用。

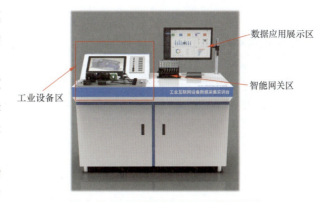

图1-7 工业互联网设备数据采集实训台

❷ 工业智能网关的常见安装方式

（1）壁挂式安装

在工业现场，工业智能网关安装非常普遍，壁挂式安装如图1-8所示。

安装说明如下。

① 用螺丝刀将4枚螺钉全部取下。

② 将拆下的壁挂耳朵180°旋转，对准螺丝孔位后进行二次固定，螺丝松脱或滑丝可能给设备带来致命伤害，请检查螺丝是否已固定到位。

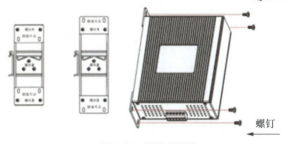

图1-8 壁挂式安装

③ 在壁挂耳朵上预留的壁挂孔位进行固定即可。

（2）DIN[1] 导轨式安装

一般的工业智能网关采用的是DIN导轨式安装，非常方便，安装步骤如下。

① 检查是否具备安装DIN-Rail导轨的工具和配件。

② 将产品调整成正确的安装方向，即电源接线端子向上。

③ 将产品导轨卡上半部分（有卡簧的部分）先卡入导轨条，然后将下半部分稍加用力卡入导轨条。

④ 将DIN导轨卡卡入导轨条后，检查确认产品是否平衡可靠地固定在DIN导轨上。

导轨式安装固定示意如图1-9所示。导轨式拆卸示意如图1-10所示。

（3）平放到桌面安装方式

工业智能网关可以直接平放在光滑、平整、安全的桌面上。要保证工作环境有足够大的空间，保证设备具有通风和散热的空间，另外还需要满足以下两点要求。

① 保证工业智能网关的物理表面能够承受3kg以上的重量。

② 保证工业智能网关的四周有3cm～5cm的空间距离，工业智能网关上不可放置重物。

---

1 DIN指德国标准化协会。DIN导轨指满足德国工业标准的导轨。

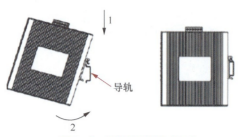
图 1-9 导轨式安装固定示意

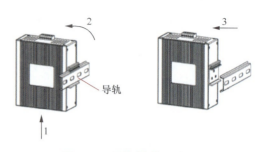
图 1-10 导轨式拆卸示意

（4）上机架安装方式

工业智能网关可以通过支架被固定在机架上。一般在出厂时，工业智能网关已经安装好了两个 L 型的机箱挂耳，一般情况下使用的是标准机箱，也就是需要使用标准的安装机柜。

上机架安装示意如图 1-11 所示。

以上就是工业智能网关的安装方式。工业智能网关按照安装方式的不同也可以分为机架式工业智能网关、导轨式工业智能网关、壁挂式工业智能网关等。

本实训台工业智能网关采用的是 DIN 导轨式安装。

❸ 工业智能网关的安装与拆卸

（1）工业智能网关的安装

步骤一：确保实训台已经断电。

步骤二：将工业智能网关背侧的精密导轨对准网关安装台上的导轨，如图 1-12 所示，左

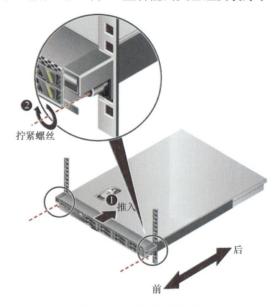
图 1-11 上机架安装示意

侧为工业智能网关模组导轨，右侧为工业智能网关导轨，将精密导轨从侧上方向侧下方滑动至底。

步骤三：然后先把电源接口插入工业智能网关电源端子，再将网线插入工业智能网关输出接口（网口）。工业智能网关接入电源及网口如图 1-13 所示。

图 1-12 将工业智能网关背侧的精密导轨对准网关安装台上的导轨

图 1-13 工业智能网关接入电源及网口

（2）工业智能网关的拆卸

步骤一：确保实训台已经断电。关闭工业智能网关模组电源（模组右侧有电源开关或将实训台断电），工业智能网关指示灯熄灭。工业智能网关指示灯如图 1-14 所示。

步骤二：先将电源端子断开，再将网线拔出输出接口（网口）。工业智能网关电源连接位置如图 1-15 所示。

步骤三：将工业智能网关从侧下方向侧上方滑动并取下，沿箭头方向取下工业智能网关如图 1-16 所示。

图 1-14　工业智能网关指示灯　　图 1-15　工业智能网关电源连接位置　　图 1-16　沿箭头方向取下工业智能网关

❹ 模拟多种工业场景

仿真软件可以模拟多种工业场景，并模拟出对应工业场景的设备产生的数据，仿真软件模拟工业场景如图 1-17 所示。

 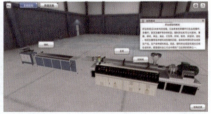

(a)　冶金行业炼铁高炉　　　　　(b)　工业挤出机设备

图 1-17　仿真软件模拟工业场景

1.3.2　Mint 仿真软件使用

Mint 仿真软件提供丰富的在线仿真训练资源，成功拓展了项目实训时间、空间维度和载体内容。精选教学实训载体，能满足大部分高等职业院校智能制造、工业互联网、机电一体化等相关专业课程的教学需求，切实辅助教师提高课程教学质量与效率。

❶ 登录仿真软件

使用鼠标双击桌面 Mint 仿真软件图标，进入登录界面，在登录界面输入账号、密码，单击"登录账号"进入仿真软件。Mint 仿真软件图标如图 1-18 所示。登录界面如图 1-19 所示。

图 1-18　Mint 仿真软件图标

图 1-19　登录界面

❷ 课程进入流程

（1）选择课程

选择课程界面如图 1-20 所示。本节选择"冲压机数据采集"课程。

图 1-20　选择课程界面

（2）下载场景

下载场景界面如图 1-21 所示。

图 1-21　下载场景界面

（3）启动场景

启动场景界面如图 1-22 所示。

图 1-22　启动场景界面

1.3.3　冲压机仿真场景介绍

❶ 系统结构

冲压机系统结构包含飞轮、传动轴及曲轴、连杆、离合器、滑块、机身等。冲压机系统结构界面如图 1-23 所示。

图 1-23　冲压机系统结构界面

（1）飞轮

飞轮储存和释放能量，使冲压机在整个工作周期中负荷均匀，能量利用充分。飞轮结构界面如图 1-24 所示。

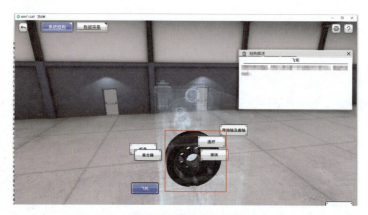

图 1-24　飞轮结构界面

（2）传动轴及曲轴

电动机通过大三角带把能量传给皮带轮，通过传动轴经齿轮传给曲轴，并经连杆将曲轴的旋转运动变成滑块的往复运动。传动轴及曲轴系统结构界面如图 1-25 所示。

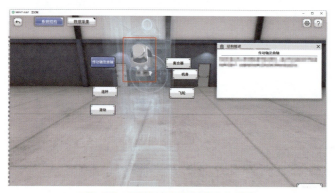

图 1-25　传动轴及曲轴系统结构界面

（3）连杆

连杆上端和曲轴连接，下端和滑块连接。连杆结构界面如图 1-26 所示。

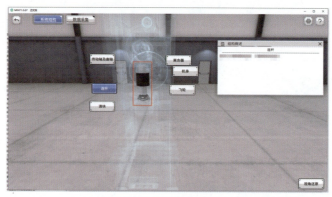

图 1-26　连杆结构界面

（4）离合器

离合器是启动及停止冲压机动作的结构。离合器结构界面如图 1-27 所示。

图 1-27　离合器结构界面

（5）滑块

滑块通过床身的导轨做上下往复运动，主要安装固定在模具上使用。滑块结构界面如图 1-28 所示。

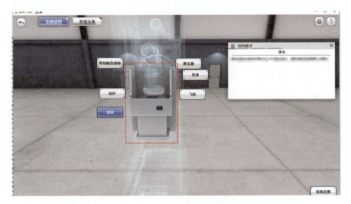

图 1-28　滑块结构界面

（6）机身

机身将冲压机所有结构连接起来，并保证全机所需的精度和强度。机身结构界面如图 1-29 所示。

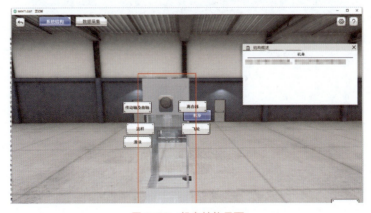

图 1-29　机身结构界面

❷ 数据采集

（1）网络连接

单击系统结构界面的"数据采集"，仿真软件自动连接网络，网络连接正常时，界面左下角会提示绿灯状态。少数情况下会出现连接异常（在界面左下角会提示红灯状态），这时请检查网络配置。

（2）数据采集部分组成

数据采集部分分为任务要求、数据采集操作指引和视角还原。

获取任务要求界面如图 1-30 所示。

图 1-30　获取任务要求界面

（3）数据模拟

单击获取任务要求界面的"启动"按钮，仿真软件通过协议发送数据，界面实时显示发送的数据，此时，"启动"按钮变为"暂停"按钮，单击"暂停"按钮，数据停止发送。"重置"按钮用于修改数据。仿真场景启动、暂停和重置如图 1-31 所示。

图 1-31　仿真场景启动、暂停和重置

仿真场景中，冲压机产生的数据可供工业智能网关采集。

（4）数据采集监控

数据采集界面如图 1-32 所示。场景启动后，单击设备标签会出现仿真的数据，工业智能网关可以采集仿真软件输出的数据，数据在网页端（Web 端）能够实时显示。

第 1 章 采集冲压机数据

图 1-32 数据采集界面

冲压件加工成形的时候会有多道工序，分为分离工序和成形工序两大类，其中，落料和冲孔属于分离工序，拉深和弯曲是成形工序，每道工序都有其加工特点。

冲孔的传统方法是利用冲压模具，在平板上面加工通孔。冲孔的方式有管材冲孔、板材冲孔、液压冲孔等。本仿真场景主要模拟了 JH-21 型号的冲压机对尺寸为 400mm×400mm×10mm 的铝合金板材进行冲孔，冲压孔的半径为 40mm，冲压件作为汽车的板材部件，冲压机模拟冲压频率为 30 件/分钟。

1.3.4 整理设备数据采集评估报告

❶ 整理设备数据采集评估报告

采集冲压机数据评估报告见表 1-8。

表 1-8 采集冲压机数据评估报告

班级：		姓名：	
小组：		学号：	
名称		内容	
冲压机数据	数据名称	数据作用	
仿真软件	数据输出接口		
	总结		

❷ 仿真数据输出接口

采集冲压机数据接口如图 1-33 所示。冲压机模拟设备的数据通信协议为 RS-232，波特率为 9600bit/s，数据长度为 8，停止位为 2，校验位为偶校验。

❸ 选择工业智能网关

根据表 1-8，选择合适的工业智能网关采集设备数据。选择工业智能网关见表 1-9，将结果填入表 1-9。

图 1-33 采集冲压机数据接口

表 1-9 选择工业智能网关

网关型号	采集接口

1.3.5 常用的工业以太网与现场总线介绍

❶ 常用的工业以太网

工业以太网是建立在 IEEE802.3 系列标准和 TCP/IP[1] 上的分布式实时控制通信网络，适用于数据传输量大，传输速度要求较高的场合。

数字化工厂或智能化工厂都离不开基本网络通信的支持。目前，工业网络组态是基于现有的工业以太网技术实现的，主流的工业以太网协议主要有 PROFINET、EtherNet/IP、Modbus TCP。

（1）PROFINET

PROFINET 由 PROFIBUS 国际组织（PROFIBUS International，PI）推出，是新一代基于工业以太网技术的自动化总线标准。作为一项战略性的技术创新，PROFINET 为自动化通信领域提供了一个完整的网络解决方案，囊括了实时以太网、运动控制、分布式自动化、故障安全，以及网络安全等当前自动化领域的热点话题，作为跨供应商的技术，PROFINET 可以完全兼容工业以太网和现有的现场总线技术，保护现有投资。

（2）EtherNet/IP

EtherNet/IP 采用与 DeviceNet 和 ControlNet 相同的应用层协议——CIP[2]。因此，它们使用相同的对象库和一致的行业规范，具有较好的一致性。EtherNet/IP 采用标准的 EtherNet 和 TCP/IP 技术传送 CIP 通信包，这样通用且开放的 CIP 加上已经被广泛使用的 EtherNet 和 TCP/IP，构成了 EtherNet/IP 的体系结构。

---

1 TCP/IP（Transmission Control Protocol/Internet Protocol，传输控制协议/互联网协议）。
2 CIP（Common Industrial Protocol，通用工业协议）。

（3）Modbus TCP

Modbus 协议是一项应用层报文传输协议，包括 ASCII、RTU、TCP 这 3 种报文类型。1996 年，施耐德公司推出基于以太网 TCP/IP 的 Modbus 协议——Modbus TCP。该协议以一种非常简单的方式将 Modbus 帧嵌入 TCP 帧，使 Modbus 与以太网和 TCP/IP 结合，成为 Modbus TCP/IP。这是一种面向连接的方式，每一次呼叫都要求一次应答。这种呼叫 / 应答的机制与 Modbus 的主 / 从机制相互配合，使交换式以太网具有很高的确定性，TCP/IP 协议通过网页的形式使用户界面更加友好。

网页（Web）浏览器便于查看企业网内部设备运行情况。施耐德公司为 Modbus 注册了 502 端口，这样就可以将实时数据嵌入网页，用户在设备中嵌入 Web 服务器，就可以将 Web 浏览器作为设备的操作终端。

❷ 常用工业现场总线

现场总线是指以工厂内的测量和控制机器间的数字通信为主的网络，也称现场网络，是将传感器、各种操作终端和控制器间的通信及控制器之间的通信进行数字化的网络。原来这些机器间的主体配线是 ON/OFF、接点信号和模拟信号，通过通信的数字化，使时间分割、多重化、多点化成为可能，从而实现高性能、高可靠、保养简便、配线节省（配线的共享）。

简单地说，现场总线就是以数字通信替代了传统 4～20mA 模拟信号及普通开关量信号的传输，是连接智能现场设备和自动化系统的全数字、双向、多站的通信系统。

（1）PROFIBUS–DP

PROFIBUS 是一种国际性的、开放式的现场总线标准，它既可以用于高速并且对于时间要求严格的数据传输，也可以用于大范围的复杂通信场合。PROFIBUS 由 3 个兼容部分组成，即 PROFIBUS–DP、PROFIBUS–PA 和 PROFIBUS–FMS。

PROFIBUS-DP 是一种高速、低成本通信，专门用于设备级控制系统与分散式输入 / 输出（Input/Output, I/O）的通信。使用 PROFIBUS-DP 可取代 24V DC（直流电）或 4～20mA 信号传输。PROFIBUS-PA 专为过程自动化设计，可使传感器和执行结构连在一根总线上，并有安全规范。PROFIBUS-FMS 用于车间级监控网络，是一个令牌结构的实时多主网络。

PROFIBUS-DP 这种为高速传输用户数据而优化的 PROFIBUS 特别适用于可编程控制器与现场级分散的 I/O 设备之间的通信。PROFIBUS-DP 用于现场高速数据传送。主站周期性地读取从站的输入信息并周期性地向从站发送输出信息。总线循环时间必须要比主站程序循环时间短。PROFIBUS-DP 还提供智能化设备所需的非周期性通信以进行组态、诊断和报警处理。

传输采用 RS-485 双绞线、双线电缆或光缆，波特率为 9.6kbit/s～12Mbit/s。

（2）Modbus-RTU

Modbus 是一种串行通信协议，是 Modicon 公司（现在的施耐德公司）于 1979 年为使用可编程逻辑控制器（Programmable Logic Controller, PLC）通信发表的。Modbus 成为工业领域通信协议的业界标准，并且现在是工业电子设备之间常用的连接方式之一。

Modbus 具有两种串行传输模式，分别为 ASCII 和 RTU。Modbus 是一种单主站的主从通信模式，其网络上只能有一个主站存在，主站在 Modbus 网络上没有地址，每个从站必须有唯一的地址，从站的地址为 0～247，其中 0 为广播地址，从站的实际地址为 1～247。

Modbus-RTU 通信以主/从机制进行数据传输。在传输的过程中，Modbus-RTU 主站是主动方，即主站发送数据请求报文到从站，Modbus-RTU 从站返回数据响应报文。

Modbus-RTU 主站并不会产生数据。在 Modbus-RTU 协议中，从站不会主动向外发送数据，因此只有主站发送数据请求，从站才会向其返回请求的数据。

（3）CC-Link[1]

CC-Link 在 1996 年 11 月由以三菱电机为主的多家公司联合推出，增长势头迅猛，在亚洲占有较大的市场份额，目前在欧洲和北美发展迅速。CC-Link 系统可以将控制和信息数据同时以 10Mbit/s 高速传送至现场网络，具有性能卓越、使用简单、应用广泛、成本低等优点。

任务考核

认识 Mint 仿真软件考核见表 1-10。结合小组的任务实施情况，对每名学生进行任务考核。考核过程参照 1+X 证书制度试点要求，并将结果记录在表 1-10。学生进行互评，再请教师复评。通过任务评价，各小组之间、同学之间可以通过分享实施过程，相互借鉴经验。

表 1-10　认识 Mint 仿真软件考核

班级：					姓名：	
小组：					学号：	
项目		要求	应得分		得分	备注
任务实施	Mint 仿真软件	熟知并掌握仿真软件的使用方法	准确率	10		
			完整性	10		
	收集设备信息	掌握冲压机设备数据的输出方式，根据接口选择正确型号的工业智能网关	准确率	10		
			完整性	10		
	工业智能网关的安装与拆卸	能够掌握工业智能网关的常见安装形式	准确率	10		
	冲压机仿真课程	掌握冲压机数据采集方法	准确率	10		
任务评价	小组互评	从信息获取、信息处理、分析归纳、工作态度、职业素养等方面进行评价	20			
	教师评价		20			
合计			100			
经验总结						

1　CC-Link（Control & Communication Link，控制与通信链路）。

课后活动

一、填空题

1. 常见的工业智能网关安装方式有：_____、_____、_____、平放到桌面等。
2. 从仿真界面上可以看到，冲压机系统中起到启动及停止压力机动作的结构是_____。
3. 本次任务统计中，需要采集的冲压机数据有_____、_____、_____、_____。
4. 本次使用的工业智能网关采集接口类型是_____。
5. 常见的工业以太网通信协议有_____、_____、_____等。

二、选择题

以下总线形式中，不属于现场总线的是（　　）。
A、Modbus-RTU　　　　B、PC　　　　C、CC-Link　　　　D、PROFIBUS-DP

三、简答题

根据所学知识，简要描述进入仿真课程的步骤。

1.4 配置工业智能网关参数

● 任务描述 ●

了解了待采集的设备数据后，小 V 问张工程师："张工，我们已经学习工业智能网关的参数配置，可是不只是有基本参数配置，还有其他的配置。接下来，是不是要把这些内容也一同教给我？"

张工笑了笑，夸赞小 V 是个聪明又上进的员工："没错，接下来我们要学习怎样在工业智能网关中添加工业设备，以及添加工业设备产生的工业数据。这一系列操作虽然不复杂，但有很多知识点需要你认真记录，不然可能会因为某一个地方出错而无法采集到正确的数据。"

● 学习目标 ●

◎ **素质目标**：

1. 养成科学严谨的工作态度；
2. 体验工作的成就感，树立热爱劳动意识；
3. 培养举一反三的学习能力。

◎ **知识目标**：

1. 掌握工业智能网关网络配置的步骤；

2. 掌握工业智能网关数据采集参数配置的步骤；

3. 掌握冲压机数据采集方法。

◎ 能力目标：

1. 能够正确在 Web 界面进行网络配置；

2. 能够正确在 Web 界面进行数据采集参数配置。

●────────── 任务实施指引 ●──────────

1.4.1 配置前的准备工作

在工业智能网关通电后，用网线连接工业智能网关的上传接口网口（Web 登录网口）与计算机网口，设置计算机的 IP 地址与工业智能网关在同一网段下。计算机 IP 地址设置如图 1-34 所示，具体步骤如下。

步骤一：在 Windows 计算机桌面单击"开始—控制面板—网络和 Internet—网络和共享中心—更改适配器—本地连接—属性"。

步骤二：选取"Internet 协议版本 4（TCP/IPv4）"，单击"属性"，或者直接双击"Internet 协议版本 4（TCP/IPv4）"。

步骤三：选择"使用下面的 IP 地址"和"使用下面的 DNS[1] 服务器地址"，按照以下参数进行填写。

IP 地址：192.168.1.X（X 值：1、100、251、255 除外）。

子网掩码：255.255.255.0。

默认网关：192.168.1.1（可以忽略）。

DNS 服务器：114.114.114.114（可以忽略）。

填写完毕后，单击"确定"保存设置。

图 1-34　计算机 IP 地址设置

通过交换机或网线直连的方式将计算机和工业智能网关连接在同一网络内。

1　DNS（Domain Name System，域名系统）。

1.4.2 工业智能网关的固件升级

在进行工业智能网关参数配置之前,需要把实训内容对应的工业智能网关采集固件升级成相应的实训项目固件。

打开升级软件,软件地址在 D:\固件升级\升级软件\MFCConfig.exe。升级软件地址及名称如图 1-35 所示。

图 1-35 升级软件地址及名称

软件升级界面如图 1-36 所示。单击"检索设备"按钮,可以查看目前局域网中连接的设备。

图 1-36 软件升级界面

单击"选择程序"弹出对话框,选择对应的实训项目固件,中级固件在"D:\固件升级\中级-BIN"目录内。选择实训项目固件如图 1-37 所示。

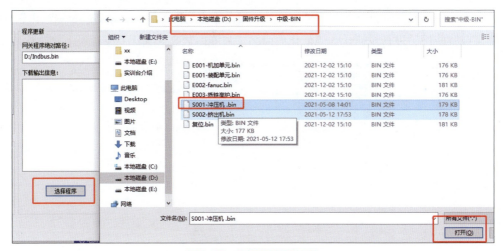

图 1-37 选择实训项目固件

单击"下载程序",下载程序完成如图1-38所示。如果下载出现错误,那么可能是网络出现问题,可以在检查网络后,再次单击"下载程序",直至下载成功。

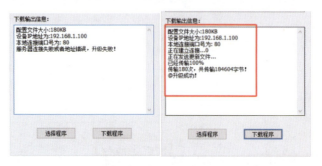

图1-38 下载程序完成

登录工业智能网关数据采集参数配置界面,界面右侧显示对应的实训项目名称。此时说明下载成功。工业智能网关数据采集参数配置界面如图1-39所示。

图1-39 工业智能网关数据采集参数配置界面

1.4.3 工业智能网关的系统信息配置

工业智能网关系统信息配置界面如图1-40所示。在本配置界面中,只有"设备ID"可以填写。通常来说不对此处做修改,但是如果现场设备繁多、种类复杂,需要进行规范化管理时,建议对工业智能网关进行规律化、规范化的命名(只能由数字、大小写字母及下划线构成)。

图1-40 工业智能网关系统信息配置界面

1.4.4　工业智能网关的网络配置

ETH2 以太网口为数据接口，与计算机端连接，其 IP 地址可进行重新配置，但是需要注意，其应与计算机的网络配置在同一网段，但不相同。子网掩码、网关、DNS 按网络要求设置，默认 255.255.255.0、192.168.1.1、8.8.8.8。其余参数，例如 Modbus 映射区域默认值为 1，不可随意改动。工业智能网关网络配置界面如图 1-41 所示。

图 1-41　工业智能网关网络配置界面

1.4.5　工业智能网关的数据采集参数配置

工业智能网关数据采集参数配置参考图 1-39。

（1）设备 ID 号

冲压机设备 ID 号为 1。

（2）Modbus 功能码

Modbus 功能码为 3。

1.4.6　工业智能网关的串口配置

我们使用的是工业智能网关的串口 COM1 与仿真软件设备 COM 口通信，因此还需要对它进行配置。工业智能网关串口配置界面如图 1-42 所示。

图 1-42　工业智能网关串口配置界面

串口COM1作为通信端口与设备通信，需要根据设备通信协议进行配置。

通信协议为RS-232，波特率为9600bit/s，数据长度为8，停止位为2，校验位为偶校验。

1.4.7 MQTT协议上传数据配置

根据项目实际需要，工业智能网关可以把采集的设备数据按照数据传输协议上传至服务器端，例如设备管理系统或其他应用，工业智能网关支持的协议有MQTT[1]、Modbus TCP等。

MQTT协议上传数据配置界面如图1-43所示。

图1-43　MQTT协议上传数据配置界面

任务考核

配置工业智能网关参数考核见表1-11。结合小组的任务实施情况，对每名学生进行任务考核。考核过程参照1+X证书制度试点要求，并将结果记录在表1-11。学生进行互评，再请教师复评。通过任务评价，各小组之间、同学之间可以通过分享实施过程，相互借鉴经验。

表1-11　配置工业智能网关参数考核

班级：					姓名：	
小组：					学号：	
项目		要求	应得分		得分	备注
任务实施	配置准备工作	能够配置计算机端网络参数与工业智能网关在同一网段内；能够根据所学知识进入工业智能网关配置界面	准确率	15		
			速度	5		
	进行信息配置和网络配置	熟知配置界面内容，注意命名规范；熟知配置参数的含义和默认数值，并完成网络配置	准确率	15		
			完整性	5		
	数据采集配置	填写正确的采集信息	准确率	10		
	串口配置	根据设备通信协议配置	准确率	10		

1　MQTT（Message Queuing Telemetry Transport，消息队列遥测传输）。

续表

项目		要求	应得分	得分	备注
任务评价	小组互评	从信息获取、信息处理、分析归纳、工作态度、职业素养等方面进行评价	20		
	教师评价		20		
合计			100		
经验总结					

课后活动

一、填空题

1. 通过计算机端配置工业智能网关参数时，连接的工业智能网关以太网端口是_____。
2. 通过计算机端配置工业智能网关参数时，设置计算机的 IP 地址与工业智能网关在_____网段。
3. 我们使用的是工业智能网关的_____与仿真软件设备 COM 口通信。

二、简答题

根据所学知识，简要阐述工业智能网关数据采集参数配置的步骤。

1.5 测试工业互联网设备数据采集系统

● 任务描述 ●

经过网关选型、网关连接、参数配置等一系列操作后，小 V 感觉自己离成功只有一步之遥，"小 V，先别急着采集冲压机数据，这里还有一个重要的步骤，那就是测试咱们所搭建的工业互联网设备数据采集系统是否能正常运行。"

● 学习目标 ●

◎素质目标：
1. 养成科学严谨的工作态度；
2. 体验工作的成就感，树立热爱劳动意识；
3. 培养举一反三的学习能力。

◎知识目标：
1. 掌握工业智能网关网络连接状态检测方法；

2. 掌握 Mint 仿真软件的使用方法；
3. 掌握工业互联网设备数据采集系统测试方法。

◎ **能力目标：**
1. 能够通过计算机正确检测网关设备网络连接状态；
2. 能够分析设备网络连接质量；
3. 能够正确判断工业智能网关与计算机端的网络通信数据；
4. 能够正确判断工业智能网关采集数据的实时性。

● 任务实施指引 ●

冲压加工在工业批量生产与材料加工中扮演着重要的角色，由于制造技术的提升，冲压加工已成为工业生产中高效率、低成本的生产方式之一。

冲压机靠冲压模具对加工材料施加外力，使之发生塑性变形或分离，从而获得符合形状和尺寸需求的工件。我们将用 Mint 仿真软件模拟冲压机这一生产过程，通过工业智能网关采集滑块行程数据、冲压压力数据，进而对进入工业现场进行实际的冲压机设备数据采集打下基础。

下面我们测试搭建的数据采集系统，验证数据采集系统的各项性能。

1.5.1　选择并配置工业智能网关

❶ 计算机连接工业智能网关

打开浏览器，在地址栏输入工业智能网关的默认地址（如果工业智能网关 IP 地址已修改，那么输入修改后的实际 IP 地址）。

通过交换机或网线直连的方式将计算机和工业智能网关连接在同一网络内，通过浏览器登录工业智能网关配置界面。

❷ 配置工业智能网关参数

（1）数据采集参数

根据图 1-39 设置数据采集参数，例如冲压机 ID 号、Modbus 功能码。

（2）串口参数

我们使用工业智能网关的串口 COM1 与仿真软件设备 COM 口通信，因此还需要配置工业智能网关的串口 COM1。

串口 COM1 作为通信端口需要根据设备通信协议与设备通信，设备通信协议为 RS-232，波特率为 9600bit/s，数据长度为 8，停止位为 2，校验位为偶校验。

1.5.2　工业智能网关连接 Mint 仿真软件

我们了解了冲压机的数据类型及通信协议，确定了使用的工业智能网关类型，下面使用通信电缆连接工业智能网关与仿真软件数据接口。仿真软件数据接口如图 1-44 所示。

第 1 章 采集冲压机数据

图 1-44 仿真软件数据接口

1.5.3 启动冲压机应用场景

启动 Mint 仿真软件，进入冲压机数据采集界面，等待连接状态指示灯变为绿色，然后单击"启动"按钮，仿真软件模拟冲压机输出生产数据，数据供工业智能网关采集。数据采集界面如图 1-45 所示。

图 1-45 数据采集界面

1.5.4 测试数据采集系统

❶ 验证采集数据的准确性

使用客户端查看采集的数据。

（1）登录客户端

打开浏览器输入 http://localhost:8081，进入客户端界面。登录工业互联网设备数据采集系统如图 1-46 所示。

选择"中级"项目，单击"进入系统"。选择中级项目界面如图 1-47 所示。

· 39 ·

图1-46 登录工业互联网设备数据采集系统

图1-47 选择中级项目界面

（2）进入对应任务

输入对应的工业智能网关IP地址（192.168.1.100，选择的工业智能网关不同，IP地址会不同）和端口号（默认502），单击"连接"，左侧就会出现采集到的冲压机的相关数据。

采集的冲压机数据如图1-48所示。

图1-48 采集的冲压机数据

将上述数据与Mint仿真软件中模拟的冲压机数据对比，可验证采集数据的准确性。

❷ 验证采集数据的实时性

在Mint仿真软件场景启动后，工业智能网关采集相应的冲压机产生的数据，在数据监控界面能够实时显示采集的数据，并能显示网络连接状态。数据监控界面如图1-49所示。

图1-49 数据监控界面

在图1-49中,依次单击"重置"和"启动"按钮修改数据,通过对比仿真软件中模拟的数据和客户端展现的数据就可以验证采集数据的实时性。

❸ 设备数据的存储及历史查询

(1)进入对应任务

进入采集冲压机数据项目界面如图1-50所示。单击左侧"采集冲压机数据",进入相应实训项目,界面右侧为采集数据配置区及采集数据展示区。

图1-50 采集冲压机数据项目界面

(2)采集数据存储设置

采集数据存储设置如图1-51所示,根据所采集的设备数据需求设置存盘时间间隔即采样周期。单击图1-51右上方的"数据存储",进入存储设置界面,可以设置存盘时间间隔和选择是否存盘。

图1-51 采集数据存储设置

（3）历史数据查询及导出

采集的数据存储完成后，我们可以查看历史数据。查看历史数据界面如图 1-52 所示，单击界面右上方的"历史数据"，进入相应界面后选择查询的时间段，单击"查询"，界面右侧列表显示查询结果。

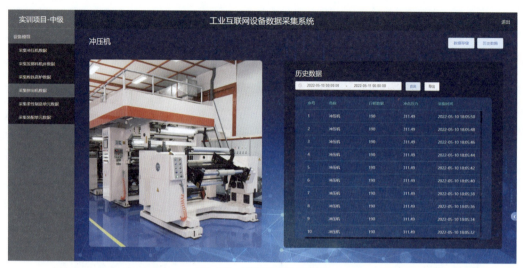

图 1-52　查看历史数据界面

单击"导出"，导出所查询的历史数据，以 Excel 方式保存。

实训结束后，按照关闭计算机、断开工业设备电源、关闭工业智能网关电源、拔出采集连接线、关闭实训台总电源的顺序完成操作，并整理好实训台上的各种物品。

计划决策

测试工业互联网设备数据采集系统分工明细见表 1-12。为了保证任务顺利实施，我们应该先做好相应的计划。根据任务内容，各小组做好计划，分工到每个组员，然后按照小组决策将本组的工作计划填入表 1-12。

表 1-12　测试工业互联网设备数据采集系统分工明细

序号	任务分工	操作人员	注意事项
1	查看冲压机数据类型，选择对应的工业智能网关		
2	连接冲压机及工业智能网关采集接口		
3	配置工业智能网关参数		
4	测试工业智能网关与计算机端的网络连通性		
5	测试工业智能网关数据通信的准确性、实时性		
6	存储采集数据，根据条件查询历史数据		
7	填写工业互联网设备数据采集测试报告		

任务实施

测试工业互联网设备数据采集系统检查明细见表 1-13。以小组为单位，组内学员每两人一组，互换任务单，对已设置的工业智能网关采集数据是否全面、准确、合理进行检查，并将检查结果记录在表 1-13。

表 1-13 测试工业互联网设备数据采集系统检查明细

班级：				
小组：		姓名：		
		学号：		
序号	检查项目	是	否	分值
1	能够正确连接工业智能网关与采集数据接口			10
2	能够正确进入仿真软件课程场景			20
3	能够正确使用仿真软件模拟数据			30
4	能够正确判断工业智能网关与计算机端的网络通信数据			10
5	能够掌握工业智能网关采集数据实时性的测试方法			30
	小计分数			

任务考核

测试工业互联网设备数据采集系统考核见表 1-14。结合小组的任务实施情况，对每名学生进行任务考核。考核过程参照 1+X 证书制度试点要求，并将结果记录在表 1-14。学生进行互评，再请教师复评。通过任务评价，各小组之间、同学之间可以通过分享实施过程，相互借鉴经验。

表 1-14 测试工业互联网设备数据采集系统考核

班级：					
小组：			姓名：		
			学号：		
	项目	要求	应得分	得分	备注
任务实施	能够明确采集数据	能够明确采集设备数据；能够明确采集方式、设备数据采集接口	准确率	10	
	选择并连接工业智能网关	能够选择正确的工业智能网关；能够正确配置采集参数；能够正确连接工业互联网设备与工业智能网关	准确率	20	
			完整性	10	
	登录场景	能够正确进入仿真场景；能够正确设置模拟数据	准确率	10	
			完整性	10	
	验证采集数据的实时性、准确性	能够通过仿真软件验证采集数据的实时性、准确性	准确率	20	

续表

项目		要求	应得分	得分	备注
任务评价	小组互评	从信息获取、信息处理、分析归纳、工作态度、职业素养等方面进行评价	10		
	教师评价		10		
合计			100		
经验总结					

任务实施评价

测试工业互联网设备数据采集系统项目评价见表1-15。综合小组的任务实施情况，对照项目评价表，学生进行互评，再请教师复评。通过任务实施评价，各小组之间、同学之间可以通过分享实施过程，相互借鉴经验，最后将评价结果记录在表1-15。

表1-15 测试工业互联网设备数据采集系统项目评价

专业：			姓名：		
班级：			学号：		
各位同学：为了考查"测试工业互联网设备数据采集系统"的教学效果，请针对下列评价项目并参考评价标准于自评部分填写A、B、C、D、E其中一项后，再请教师复评					
评价标准					
符号向度	A	B	C	D	E
1.安全操作（10%）	能很好地执行安全操作守则，操作过程无任何安全隐患	能很好地执行安全操作守则，操作过程有极少的安全隐患	能较好地执行安全操作守则，操作过程有少量安全隐患	能基本执行安全操作守则，操作过程存在隐患	不能执行安全操作守则，操作过程发生安全事故
2.信息获取（15%）	能准确识读任务信息，准确使用信息	能准确识读任务信息，使用信息错误极少	能基本识读任务信息，使用信息错误较少	能基本识读任务信息，使用信息错误较多	不能准确识读任务信息，使用信息完全错误
3.工作能力（50%）	能很好地根据任务工单完成指定操作项目，实施方案准确，操作过程正确熟练	能较好地根据任务工单完成指定操作项目，实施方案准确，操作过程较为正确熟练	能根据任务工单完成指定操作项目，实施方案准确，操作过程基本正确，较为熟练	能根据任务工单基本完成指定操作项目，实施方案基本准确，操作过程基本正确	不能根据任务工单完成指定操作项目，实施方案不准确，操作过程不正确
4.工作态度（15%）	操作过程熟练、规范、正确	操作过程较熟练、较规范、正确	操作过程较熟练、较规范、基本正确	操作过程较规范、基本正确	操作过程不规范、不正确

续表

符号向度	评价标准				
	A	B	C	D	E
5.职业素养（10%）	6S 操作规范，有很强的职业素养	6S 操作规范，有较强的职业素养	6S 操作较为规范，有一定的职业素养	6S 操作较为规范，有基本的职业素养	6S 操作不规范，职业素养欠缺

注：在各项目中，A、B、C、D、E 依次占配分的 100%、80%、60%、30%、0

评价项目	自评与教师复评（A～E）		
	自评	校内教师复评	企业教师复评
1.安全操作（10%）			
2.信息获取（15%）			
3.工作能力（50%）			
4.工作态度（15%）			
5.职业素养（10%）			
合计：		评价教师：	
经验分享：			

注：6S 是指整理、整顿、清扫、规范、素养、安全共 6 项操作规范。

任务实施处理

在任务实施的过程中，我们往往会忽视很多问题，使实施过程和结果不尽如人意。只有不断反思和训练，我们的技能才能提高。任务实施问题改进见表 1-16。请总结自己在实施任务过程中遇到的问题，反思并完成表 1-16。

表 1-16 任务实施问题改进

专业：	班级：
姓名：	学号：
任务实施问题点	
改进计划	

续表

改进后任务实施达标情况	□达到预期	□未达到预期
没达到预期效果的原因		
再次改进计划		

注：后续改进计划可附表。

课后活动

一、填空题

1. 本次实训项目仿真软件数据输出接口类型为_____。
2. 本次实训项目使用的数据采集接口类型是_____。
3. 仿真软件在冲压机数据采集课程中能够实时查看采集数据的界面是_____。
4. 仿真软件在冲压机数据采集课程中能够模拟数据的方式有_____和_____。

二、简答题

根据本实训项目所学知识，简要阐述验证数据采集实时性的步骤。

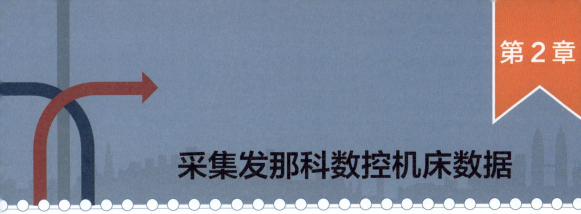

第 2 章

采集发那科数控机床数据

经过第 1 章的学习,我们已经充分了解机械加工在制造业中的地位、概念和分类。本章开始涉及难度系数较高的数控机床,数控加工中心属于高精度的数控机床,数控系统是整个加工中心的核心控制中枢。数控系统通过一系列的电子元件以及遍布机床的电路发号施令,进而完成机床的各项加工工序。

本章从数控机床的行业应用出发,总结制造装备信息模型,结合仿真软件,着眼实际应用中发那科(FANUC)机床数据采集项目的全流程,通过了解数控机床,认识数控机床,认识待采集设备数据信息,配置工业智能网关参数,测试工业互联网设备数据采集系统 5 个步骤,掌握数据采集各个实施步骤中的知识点和技能点。

2.1 认识数控机床行业

● 任务描述 ●

新的一周已经到来,小 V 干劲十足。经过上周的学习,小 V 对冲压机的各个方面和数据采集项目的实施已经有了极其深入的认识和了解,上周末,张工程师说任务将全新升级,开始数控机床的学习,小 V 心想:"趁着张工没来,我自己先熟悉一下吧。"

打开搜索引擎,相关知识映入眼帘:数控机床是机床的一种。数控机床较好地解决了复杂、精密、小批量、多品种的零件加工问题,是一种柔性的、高效能的自动化机床,代表了现代机床控制技术的发展方向,是一种典型的机电一体化产品。

没看一会,张工程师便提着公文包走进了办公室,看到小 V 正在认真学习新知识,对小 V 赞不绝口,"我帮着你一起梳理一下今天的知识点吧。"

● 学习目标 ●

◎ **素质目标:**
1. 养成科学严谨的工作态度;
2. 体验工作的成就感,树立热爱劳动意识。

◎ **知识目标:**
1. 了解数控机床的概念和组成;
2. 理解数控机床的特点;

3. 理解数控机床的分类及其他信息。

◎ **能力目标：**

1. 能够准确表述数控机床的组成部分；
2. 能够准确表述数控机床的特点；
3. 能够掌握数控机床的分类；
4. 能够正确选择数控机床采集数据。

● **任务实施指引** ●

2.1.1 数控机床的概念

数控机床是采用数字控制技术对机床加工过程进行自动控制的一类机床。它是数字控制技术的典型应用，数控机床实物如图 2-1 所示。数控系统能够有序地处理具有控制编码或其他符号指令规定的程序，并用代码化的数字表示，通过信息载体输入数控装置。数控机床经运算处理由数控装置发出的各种控制信号，控制机床的动作，按图纸要求的形状和尺寸自动将零件加工出来。

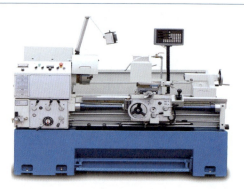

图 2-1 数控机床实物

2.1.2 数控机床的组成

数控机床一般由输入/输出装置、数控装置（PLC 装置）、伺服系统（执行机构）、辅助控制装置、机床本体及测量反馈系统组成。数控机床组成如图 2-2 所示。

图 2-2 数控机床组成

❶ 输入／输出装置

输入装置将各种加工信息传至计算机的外部设备。在数控机床产生初期，输入装置为穿孔纸带，现已淘汰，后发展成盒式磁带，再发展成键盘、磁盘等便携式硬件，方便了信息输入工作。

输出装置是指输出内部工作参数（含机床正常、理想工作状态下的原始参数和故障诊断参数等），一般在机床初始工作的状态时需输出这些参数作为记录保存，待机床工作一段时间后，再将输出参数与原始资料作比较对照，可帮助判断机床工作是否维持正常。

❷ 数控装置

计算机数控（Computer Numerical Control，CNC）装置是数控机床的核心。CNC 装置由信息的输入、处理和输出 3 个部分组成。CNC 装置接受数字化信息，经过数控装置的控制软件和逻辑电路进行译码、插补、逻辑处理后，将各种指令信息输出给伺服系统，伺服系统驱动执行部件做进给运动。

❸ 伺服系统

伺服系统由驱动器、驱动电机组成，并与机床上的执行部件和机械传动部件组成数控机床的进给系统。它的作用是把来自数控装置的脉冲信号转换成机床移动部件的运动。对于步进电机来说，每一个脉冲信号可使电机转过一个角度，进而带动机床的移动部件移动一个微小距离。每个进给运动的执行部件都有相应的伺服系统，整个机床的性能主要取决于伺服系统。

❹ PLC 装置

PLC 是一种以微处理器为基础的通用型自动控制装置，专门为在工业环境下应用而设计。由于最初研制这种装置的目的是解决生产设备的逻辑及开关控制问题，故称它为 PLC。当 PLC 用于控制机床顺序动作时，也可称之为编程机床控制器（Programmable Machine Controller，PMC）。PLC 已成为数控机床不可缺少的控制装置。CNC 装置和 PLC 协调配合，共同完成对数控机床的控制。

❺ 机床本体

数控机床的机床本体与传统机床相似，由主轴传动装置、进给传动装置、床身、工作台，以及辅助运动装置、液压气动系统、润滑系统、冷却装置等组成。但数控机床在整体布局、外观造型、传动系统、刀具系统的结构和操作机构等方面已发生很大的变化，这种变化的目的是满足数控机床的使用需求和充分发挥数控机床的优势。

❻ 测量反馈系统

测量装置也称反馈元件，包括光栅、旋转编码器、激光测距仪、磁栅等，通常安装在机床的工作台或丝杠上，它把机床工作台的实际位移转变成电信号反馈给 CNC 装置，供 CNC 装置与指令值比较，产生误差信号，以控制机床向消除该误差的方向移动。

2.1.3 数控机床的特点

数控机床的操作和监控全部在数控单元中完成，它是数控机床的大脑。普通机床如图2-3所示。数控机床如图2-4所示。

图2-3 普通机床

图2-4 数控机床

与普通机床相比，数控机床有以下特点。

❶ 具有高度柔性

在数控机床上加工零件，主要取决于加工程序。与普通机床不同，数控机床不必更换许多模具、夹具，不需要经常调整机床。因此，数控机床适用于所加工的零件频繁更换的场景，也适合单件、小批量产品的生产及新产品的开发，从而缩短了生产准备周期，节省了大量工艺装备的费用。金属加工数控铣削机床如图2-5所示。

图2-5 金属加工数控铣削机床

❷ 加工精度高

数控机床的加工精度一般为0.05mm～0.1mm。数控机床是按数字信号形式控制的，数控装置每输出一个脉冲信号，则数控机床的移动部件移动一个脉冲当量（一般为0.001mm），而且数控机床进给传动链的反向间隙与丝杆螺距的平均误差可由数控装置进行补偿。因此，数控机床的定位精度比较高。

❸ 加工质量稳定

在同一台机床加工同一批零件，在相同的加工条件下，使用相同的刀具和加工程序，刀具的走刀轨迹完全相同，零件的一致性好，质量稳定。

❹ 生产效率高

数控机床可有效减少零件的加工时间和辅助时间，数控机床的主轴声速和进给量的范围大，允许机床进行大切削量的强力切削。数控机床正进入高速加工时代，数控机床移动部件的快速移动、定位及高速切削加工,极大地提高了生产效率。另外,与加工中心的刀库配合使用,可实现在一台数控机床上进行多道工序的连续加工,减少了半成品的工序间周转时间,提高了生产效率。

❺ 改善劳动条件

在加工前要调整数控机床,输入程序并启动,机床就能够自动连续地进行加工,直至加工结束。机床操作人员要做的只是程序的输入、编辑、零件装卸、刀具准备、加工状态的观测、零件的检验等工作,这些劳动趋于智力型工作,劳动强度大幅降低,且数控机床既清洁又安全。

❻ 促进生产管理现代化

数控机床在加工前,可预先精确估计加工时间,对所使用的刀具、夹具进行规范化管理,易于实现加工信息的标准化,已与计算机辅助设计与制造(Computer Aided Design/Computer Aided Manufacture,CAD/CAM)有机地结合起来,是现代化集成制造技术的基础。

2.1.4 数控机床的分类

数控机床的种类很多,可以按不同的方法对数控机床进行分类:按工艺用途分类、按运动控制方式分类和按伺服控制方式分类。

❶ 按工艺用途分类

① 普通数控机床:普通数控机床一般是指在加工工艺过程中的一个工序上实现数字控制的自动化机床,例如数控铣床、数控车床、数控钻床、数控磨床与数控齿轮加工机床等。普通数控机床在自动化程度上还不够完善,刀具的更换与零件的装夹仍需机床操作人员来完成。

② 加工中心:加工中心是带有刀库和自动换刀装置的数控机床,它将数控铣床、数控镗床、数控钻床的功能组合在一起,零件在一次装夹后,可以对大部分加工面进行铣削。

❷ 按运动控制方式分类

① 点位控制数控机床:数控系统只控制刀具从一点到另一点的准确位置,不需要控制运动轨迹,各坐标轴之间的运动是不相关的,在移动过程中不对工件进行加工。这类数控机床主

要有数控钻床、数控坐标镗床、数控冲床等。

② 直线控制数控机床：数控系统除了控制点与点之间的准确位置，还要保证两点间的移动轨迹为一条直线，并且对移动速度也要进行控制，即点位直线控制，这类数控机床主要有数控车床、数控铣床、数控磨床等。单纯用于直线控制的数控机床已不多见。

③ 轮廓控制数控机床：轮廓控制数控机床的特点是能够对具有两个或两个以上的运动坐标的位移和速度同时进行连续相关的控制，它不仅要控制机床移动部件的起点与终点的坐标，而且要控制整个加工过程的每一点的速度、方向和位移量，也被称为连续控制数控机床。这类数控机床主要有数控车床、数控铣床、数控线切割机床、数控加工中心等。

❸ 按伺服控制方式分类

① 开环控制数控机床：这类机床没有位置检测反馈装置，通常用步进电机作为执行机构。输入数据经过数控系统的运算，发出脉冲指令，使步进电机转过一个步距角，再通过机械传动机构转换为工作台的直线移动，移动部件的移动速度和位移量由输入脉冲的频率和脉冲个数决定。

② 半闭环控制数控机床：在电机的端头或丝杠的端头安装检测元件（例如感应同步器或光电编码器等），通过检测其转角来间接检测移动部件的位移，然后反馈到数控系统中。由于大部分机械传动环节未包括在系统闭环环路内，所以机床可获得较稳定的控制特性。其控制精度虽不如闭环控制数控机床，但调试方便，因而被广泛采用。

③ 闭环控制数控机床：这类数控机床带有位置检测反馈装置，装置采用直线位移检测元件，可直接安装在机床的移动部件上，测量结果会直接反馈到数控装置中，通过反馈可消除从电机到机床移动部件整个机械传动链中的传动误差，最终实现精确定位。

2.1.5 工业中常见的数控系统

数控系统种类繁多，形式各异，组成结构上有各自的特点。目前，工业中广为使用的有以下6种数控系统。

❶ 日本发那科数控系统

发那科公司是目前数控系统科研、设计、制造、销售实力最强大的企业之一，占据了我国中端数控机床市场的大部分份额。发那科数控系统的产品规格、产品系列较为齐全，涵盖车床系统、磨床系统、铣床系统和加工中心系统。发那科数控系统的最大优点是耐用。

❷ 德国西门子数控系统

西门子公司是全球电子电气工程领域的领先企业，其主要业务集中在工业、能源、医疗、基础设施与城市四大业务领域。

❸ 日本三菱数控系统

工业中常用的三菱数控系统有 M700V 系列、M70V 系列、M70 系列、M60S 系列、E68 系列、

E60 系列、C6 系列、C64 系列、C70 系列。其中 M700V 系列属于高端产品，采用完全纳米控制系统，高精度、高品位加工，支持 5 轴联动，可加工表面形状复杂的工件。

❹ 德国海德汉数控系统

海德汉公司主要研制生产光栅尺、角度编码器、旋转编码器、数显装置和数控系统。海德汉公司的产品被广泛应用于机床、自动化机器，尤其是半导体和电子制造业等领域。

❺ 华中数控

华中数控公司具有自主知识产权的数控装置，形成高、中、低 3 个档次的系列产品，研制了华中 8 型系列高档数控系统新产品，已有数十台（套）产品与列入国家重大专项的高档数控机床配套应用，具有自主知识产权的伺服驱动和主轴驱动装置性能指标达到国际先进水平。

❻ 广州数控

广州数控公司拥有车床数控系统、钻床数控系统、铣床数控系统、加工中心数控系统、磨床数控系统等多个领域的数控系统产品。

随堂笔记

_____

_____

_____

_____

任务考核

认识数控机床考核见表 2-1。结合小组的任务实施情况，对每名学生进行任务考核。考核过程参照 1+X 证书制度试点要求，并将结果记录在表 2-1。学生进行互评，再请教师复评。通过任务评价，各小组之间、同学之间可以通过分享实施过程，相互借鉴经验。

表 2-1 认识数控机床考核

班级：				姓名：		
小组：				学号：		
项目		要求	应得分		得分	备注
任务实施	信息收集	能够收集数控机床行业制造流程或环节的信息	方法、途径	10		
			有效率	10		

续表

项目		要求	应得分		得分	备注
任务实施	信息处理	能够识别数控机床行业的制造流程或环节中所涉及的重点设备	准确率	10		
			速度	10		
	表达能力	能够描述工业领域数控机床的组成及特点	文字组织	10		
			沟通	10		
任务评价	小组互评	从信息获取、信息处理、文字组织、工作态度、职业素养等方面进行评价	20			
	教师评价		20			
合计			100			
经验总结						

课后活动

一、填空题

1. 数控机床是采用_____技术对机床加工过程进行自动控制的一类机床。

2. 数控机床一般由_____、_____、_____、辅助控制装置、机床本体及测量反馈系统组成。

3. 数控机床的种类很多，可以按不同的方法对数控机床进行分类，按工艺用途分类，数控机床可以分为_____和_____。

4. 在数控机床上加工零件，主要取决于加工程序，它与普通机床不同，更换许多模具、夹具，_____经常调整机床。

5. 伺服系统由_____、_____组成，并与机床上的执行部件和机械传动部件组成数控机床的进给系统。

二、选择题

1. 下列设备中属于数控机床的是（　　）。

A.

B.

C.

D.

2. 数控机床的特点不包括（　　）。

A. 具有高度柔性　　　　　　　　B. 加工质量稳定

C. 促进生产管理现代化　　　　　D. 无人化管理

三、简答题

根据所学知识，简要阐述与普通机床相比，数控机床有哪些特点。

2.2　认识发那科数控机床

● 任务描述 ●

"小V，通过去年的学习，我们已经对西门子 PLC 有了深入了解。相信西门子这个品牌对于你来说已经不再陌生。今天，我将给你介绍一种全新的品牌——发那科。"发那科最早将数控系统应用于机床设备，为世界工业自动化的进程发展做出了卓越贡献。

因此，本任务将围绕发那科数控机床展开，并进行操作实训。

● 学习目标 ●

◎ **素质目标：**

1. 养成科学严谨的工作态度；
2. 体验工作的成就感，树立热爱劳动意识；
3. 培养举一反三的学习能力。

◎ **知识目标：**

1. 了解发那科数控机床的分类；
2. 理解发那科数控系统的特点；
3. 理解发那科数控系统的典型数据。

◎ **能力目标：**

1. 能够准确表述发那科数控系统的特点；
2. 能够准确表述发那科数控机床的分类；
3. 能够了解发那科数控机床的信息模型；
4. 能够正确选择发那科数控机床需要采集的数据。

2.2.1 发那科数控机床的介绍

1956年,发那科公司创建于日本,英文名为FANUC,是目前数控系统科研、设计、制造、销售实力较强的企业。发那科数控机床如图2-6所示。

发那科CNC产品是数控机床的核心部件,被称为工业"母机"的"大脑",在行业发展中占有非常重要的地位。数控机床是装备制造业的核心设备,是制造业的

图2-6 发那科数控机床

"母机",是一个国家工业化水平的重要体现。目前,中国成长为全球数控机床非常重要的市场,数控机床在今后很长一段时间内会有良好的发展前景。

发那科CNC产品广泛应用于汽车、机床工具、通信设备制造、轴承、模具、工程机械、电工电器、仪器仪表、齿轮传动、铁路运输设备等多个行业。我国把新一代信息技术产业、高档数控机床和机器人、航空航天装备、海洋工程装备及高技术船舶、先进轨道交通装备、节能与新能源汽车、电力装备、农机装备、新材料、生物医药及高性能医疗器械列为重点振兴产业,在政策及资金上给予巨大支持。

发那科公司目前生产的数控装置有F0、F10、F11、F12、F15、F16、F18系列。F00/F100/F110/F120/F150系列是在F0/F10/F12/F15的基础上增加了人机通信(Man Machine Communication,MMC)功能,即CNC、PMC、MMC三位一体的CNC。

2.2.2 发那科数控机床的分类

发那科数控机床如图2-7所示。发那科数控机床是车间里常见的数控机床,其操作面板简洁易懂。

图2-7 发那科数控机床

发那科数控机床可以分为高性能、中性能、一般性能系列,各个系列又分为多种型号,发那科数控机床产品一览如图2-8所示。

第 2 章　采集发那科数控机床数据

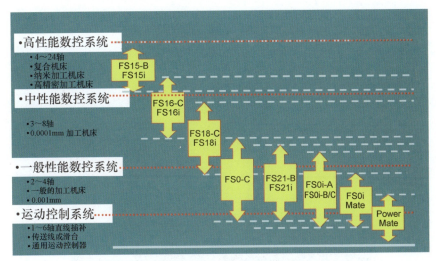

图 2-8　发那科数控机床产品一览

❶ 高可靠性的 PowerMate 0 系列

该系列用于控制 2 轴的小型车床，取代步进电机的伺服系统，可配画面清晰、操作方便、中文显示的 CRT/MDI 面板，也可配性价比高的 DPL/MDI 面板。[1]

❷ 普及型 CNC 0-D 系列

0-D 系列见表 2-2。发那科 CNC 0-D 系列如图 2-9 所示。

表 2-2　0-D 系列

系列	应用	备注
0-TD	车床	
0-MD	铣床及小型加工中心	
0-GCD	圆柱磨床	
0-GSD	平面磨床	
0-PD	冲床	

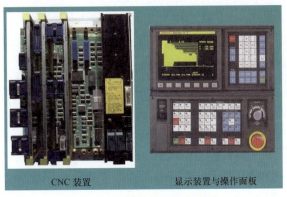

图 2-9　发那科 CNC 0-D 系列

---

[1] CRT/MDI 面板和 DPL/MDI 面板是用于数控系统的显示和输入装置。

❸ 全功能型的 0-C 系列

0-C 系列见表 2-3。发那科 CNC 0-C 系列如图 2-10 所示。

表 2-3　0-C 系列

系列	应用	备注
0-TC	通用车床、自动车床	
0-MC	铣床、钻床、加工中心	
0-GCC	内、外圆磨床	
0-GSC	平面磨床	
0-TTC	双刀架 4 轴车床	

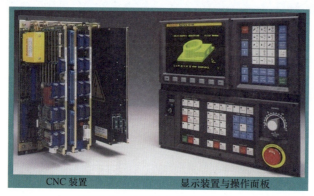

图 2-10　发那科 CNC 0-C 系列

❹ 高性价比的 0i 系列

该系列具有整体软件功能包和网络功能，可以高速、高精度加工。0i 系统见表 2-4。

表 2-4　0i 系列

系列	应用	备注
0i-MB/MA	加工中心和铣床	4 轴 4 联动
0i-TB/TA	车床	4 轴 2 联动
0i-mate MA	铣床	3 轴 3 联动
0i-mate TA	车床	2 轴 2 联动

❺ CNC 16i/18i/21i 系列

该系列是具有网络功能的超小型、超薄型数控系统，控制单元与 LCD 集于一体，具有网络功能，能进行超高速串行数据通信。其中，FS16i-MB 的插补、位置检测和伺服控制以纳米为单位。16i 最大可控 8 轴，6 轴联动；18i 最大可控 6 轴，4 轴联动；21i 最大可控 4 轴，4 轴联动。发那科 CNC 系列如图 2-11 所示。

图 2-11 发那科 CNC 系列

2.2.3 发那科数控系统主要特点

发那科公司的数控系统具有高质量、高性能、全功能，适用于各种机床和生产机械，市场占有率远远超过其他数控系统。

❶ 系统在设计中大量采用模块化结构

这种结构易于拆装，各个控制板高度集成，极大地提高了可靠性，而且便于维修、更换。

❷ 具有很强的抵抗恶劣环境影响的能力

发那科数控系统的工作环境温度为 0℃～ 45℃，相对湿度为 75%。

❸ 有较完善的保护措施

发那科公司会对自身的系统采用比较好的保护电路。

❹ 系统软件功能丰富

发那科数控系统配置的软件具有比较齐全的基本功能和选项功能。对于一般的机床来说，基本功能可完全满足使用要求。

❺ 提供大量丰富的 PMC 信号和 PMC 功能指令

这些丰富的信号和编程指令便于用户编制机床侧 PMC 程序，而且增加了编程的灵活性。

❻ 具有很强的 DNC[1] 功能

发那科数控系统提供串行 RS-232C 传输接口，使通用计算机和机床之间的数据传输能够方便、可靠地进行，从而实现高速的 DNC 操作。

❼ 提供丰富的维修报警和诊断功能

发那科公司的维修手册为用户提供了大量的报警信息，并且以不同的类别进行分类。

---

1 DNC（Distribute Numerical Control，分布式数字控制）。

2.2.4 制造装备信息模型

基于信息模型的数控机床能够进行预测性维护、监测监控、程序下载等不同业务应用。

❶ 信息需求

随着企业数字化转型的逐步推进，数字化车间与智能工厂作为主要的实施载体，存在着大量的异构设备与系统，例如，数控机床、可编程逻辑控制器、机器人、检测设备、物流设备、生产单元与子系统。设备与系统的数据有互联互通互操作的需求，由于不同接口和不同协议的存在，例如，串口、网络、无线、Modbus、PROFIBUS等，互联互通互操作功能的实现需要投入大量的人力、物力和时间成本，是目前实施工业互联网的主要障碍。

❷ 信息处理

制造装备（例如，数控机床、机器人等）由若干部件、物理属性及各类操作组成，每个部件又可以包含其他子部件和物理属性，通过定义相关的信息模型元素可对制造装备进行抽象和描述，例如，信息模型的属性元素、属性、属性集、组件元素和服务集。构建制造装备的信息模型可以为制造装备的互联互通互操作功能提供基础。

❸ 典型应用

以某数控机床的信息模型为例，快速集成的信息模型可以实现信息交互，具体步骤如下。
① 按照建模规则构建数控机床信息模型。
② 输出数控机床信息模型 XML 描述文件。
③ 以数控机床信息模型 XML 描述文件为输入，信息模型加载器对其进行解析。
④ 构建信息模型后的数控机床可以被 MES 等系统访问。

❹ 信息模型

数控机床信息模型如图 2-12 所示，在该信息模型中，标识表现为设备 ID，属性元素是信息模型元素的基本单元，属性由一系列属性元素组成，属性集由属性和子属性集组成，属性集分为静态属性集和动态属性集。数控机床的系列组件和子组件共同组成信息模型的类和子类，服务集信息模型元素是多个服务的集合。

静态属性集：数控机床设备的静态属性集合，包含的属性信息自制造装备出厂后不会变化或者变化不频繁，例如，制造商名称、设备型号等信息。

动态属性集：数控机床设备的动态属性集合，包含的属性信息一般与制造装备的使用有关，例如，制造装备运行状态、报警状态、运行时间等信息。

数控系统信息：构成数控机床信息模型类的信息，包含数控系统组件的自身信息（集合 ID、集合名称）和组件列表信息，数控系统组件引用了多个控制器组件，这些组件表示数控机床用到的运动控制器、可编程逻辑控制器等。

功能部件信息：构成数控机床信息模型类的信息，包含刀具管理、门信息、传感器、工作台等子组件。

伺服驱动信息：构成数控机床信息模型类的信息，包含主轴驱动、主轴电机、进给轴驱动、进给轴电机、辅助轴驱动等子组件。

辅助系统信息：构成数控机床信息模型类的信息，包含组件的自身信息（集合 ID、集合名称）和组件列表信息，辅助系统信息包括液压系统、气动系统、冷却系统、润滑系统子组件。

服务集：构建数控机床信息模型的服务，包括 NC 程序加载、NC 程序选择、NC 程序执行等。

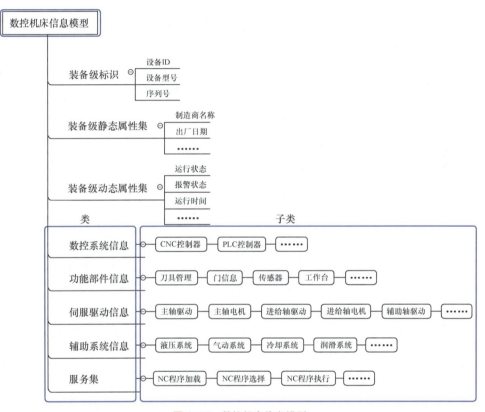

图 2-12　数控机床信息模型

2.2.5　发那科数控系统的典型数据

发那科公司生产的数控系统是全球数控机床装备的主要系统之一。

自 20 世纪 70 年代以来，发那科公司生产的系统种类较多，较常用的有早期的发那科 F0/F6/F15/F18 系统等，随着数字驱动技术和网络技术等的发展，又推出了 i 系列系统，例如发那科 0i/15i/16i/18i/21i/31i 等数控系统。早期的发那科数控系统开放性差，通常使用宏程序和硬件连接方式进行数据采集，但采集的数据较少，而且实时性差，对加工和操作产生影响。但这类系统目前已逐渐被淘汰，使用量比较小。在 i 系列数控系统中，根据配置的不同使用不同的方法进行数据采集。

在配有网卡的数控系统中，可利用发那科系统的数据服务功能实现数据采集。在许多发那科系统中网卡都是选件,而在最新的系统中,网卡逐渐变成标准配置,例如 FANUC 0i-D 等。对于具有以太网的发那科数控系统,可采集的数据也非常多。

典型的数据如下。

① 操作方式:手动连续进给、手动输入自动执行、自动、编辑等。

② 程序运行状态:运行、停止、暂停等。

③ 主轴数据:主轴转速、主轴倍率,主轴负载,主轴运转状态。

④ 进给数据:进给速度、进给倍率。

⑤ 轴数据:轴坐标,轴负载。

⑥ 加工数据:当前执行的程序号,当前使用的刀具。

⑦ 报警数据:报警代码、报警和信息内容。

这里说明一下数据的使用用途,总体用途是实现工厂在无人监管的情况下,完成高精密度产品加工,具体如下。

① 操作方式数据:用来控制设备的运行模式。

② 程序运行状态:用来控制设备的运行状态。

③ 主轴数据:用来驱动主轴运转。

④ 进给数据:控制刀具加工的切削速度。

⑤ 轴数据:用于轴定位。

⑥ 加工数据:明确加工过程中的各种信息。

⑦ 报警数据:当系统运行不正常或生产数据不正常时,系统输出报警信息。

一般情况下,发那科数据机床的采样周期为每次 1~5s,从应用场景的设备接入需求来看,发那科数据机床作为制造业的加工母机,用途非常广泛,涵盖我国制造业的方方面面,包括汽车、通用零部件、3C 电子、模具、航空航天、工程机械等。其中应用占比最高的 3 个行业分别为汽车、通用零部件和 3C 电子,合计占比达到 64%。

任务考核

认识发那科数控机床考核见表 2-5。结合小组的任务实施情况,对每名学生进行任务考核。考核过程参照 1+X 证书制度试点要求,并将结果记录在表 2-5。学生进行互评,再请教师复评。通过任务评价,各小组之间、同学之间可以通过分享实施过程,相互借鉴经验。

表 2-5 认识发那科数控机床考核

班级:						
小组:			姓名:			
			学号:			
项目		要求	应得分		得分	备注
任务实施	发那科数控机床的概念	熟知发那科数控机床的分类和构成,了解发那科数控系统的功能和主要特点	准确率	20		
			完整性	10		

续表

项目		要求	应得分		得分	备注
任务实施	发那科数控系统数据	关注发那科数控系统典型数据（操作方式数据、程序运行状态数据、主轴数据、进给数据、轴数据、加工数据、报警数据等）	准确率	20		
			完整性	10		
任务评价	小组互评	从信息获取、信息处理、分析归纳、工作态度、职业素养等方面进行评价	20			
	教师评价		20			
合计			100			
经验总结						

课后活动

一、填空题

1. 发那科数控机床的主要产品类型为_____、_____和_____。

2. 发那科数控系统典型的数据中主轴数据包括_____、_____、_____、主轴运转状态。

3. 发那科控制器单元又叫_____，是整个发那科数控系统的核心，所有的指令和动作都是通过其发出的，相当于人类的大脑。

二、简答题

1. 根据所学知识，简要描述发那科数控机床的典型数据。

2. 以制造装备数控机床的信息模型为例，描述快速集成信息模型的步骤。

2.3 认识待采集设备数据信息

● 任务描述 ●

从上一任务中我们认识了发那科数控机床,了解了它的工作原理、生产中产生的数据。本次任务需要归集数据采集所需要的数据及数据采集方法,先从仿真软件工业场景的学习入手。

● 学习目标 ●

◎ 素质目标:

1. 养成科学严谨的工作态度;
2. 体验工作的成就感,树立热爱劳动意识;
3. 培养举一反三的学习能力。

◎ 知识目标:

1. 掌握 Mint 仿真软件登录方法;
2. 掌握 Mint 仿真软件工业场景的使用方法;
3. 掌握归集数据采集所需要数据的方法。

◎ 能力目标:

1. 能够正确登录 / 退出 Mint 仿真软件;
2. 能够正确操作 Mint 仿真软件;
3. 能够正确进入相应课程;
4. 能够正确统计课程所需要采集的数据;
5. 能够正确选择工业智能网关并与仿真软件连接。

● 任务实施指引 ●

2.3.1 回顾发那科数控系统的典型数据

在配有网卡的数控系统中可利用发那科(FANUC)数控系统的数据服务功能实现数据采集。根据 2.2.5 小节的内容,我们了解到发那科数控系统的典型数据如下。

① 操作方式:手动连续进给、手动输入自动执行、自动、编辑等。
② 程序运行状态:运行,停止,暂停等。
③ 主轴数据:主轴转速、主轴倍率,主轴负载,主轴运转状态。
④ 进给数据:进给速度、进给倍率。
⑤ 轴数据:轴坐标,轴负载。
⑥ 加工数据:当前执行的程序号、当前使用的刀具。
⑦ 报警数据:报警代码、报警和信息内容。

2.3.2 Mint 仿真软件登录启动场景

❶ 登录仿真软件

使用鼠标双击桌面 Mint 仿真软件图标，进入登录界面，在登录界面输入账号、密码，单击"登录账号"进入仿真软件。Mint 仿真软件图标如图 2-13 所示。登录界面如图 2-14 所示。

图 2-13　Mint 仿真软件图标　　　　　图 2-14　登录界面

❷ 课程进入流程

（1）选择课程

选择课程界面如图 2-15 所示，界面会出现课程列表（根据个人权限、授课情况不同，课程界面会有所不同）。本节选择"FANUC 数控机床数据采集"课程。

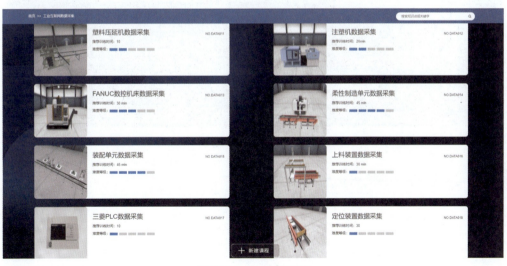

图 2-15　选择课程界面

（2）下载场景

下载场景界面如图 2-16 所示。如果已下载，则直接进入启动场景。

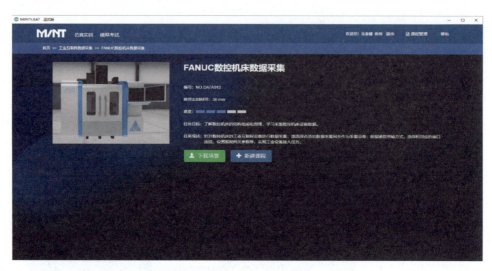

图 2-16 下载场景界面

（3）启动场景

启动场景界面如图 2-17 所示。

图 2-17 启动场景界面

2.3.3 发那科数控机床仿真场景介绍

❶ 系统结构界面

进入场景后默认进入系统结构界面，系统结构界面展示了数控机床的结构，数控机床由伺服系统、机床本体、驱动装置、CNC装置、辅助装置组成。系统结构界面如图 2-18 所示。

机床本体构成如图 2-19 所示。机床本体是数控机床的本体，它包括床身、底座、立柱、横梁、滑座、工作台、主轴箱、进给机构、刀架及自动换刀装置等机械部件，它是在数控机床上自动完成各种切削加工的机械部分。

第 2 章　采集发那科数控机床数据

图 2-18　系统结构界面

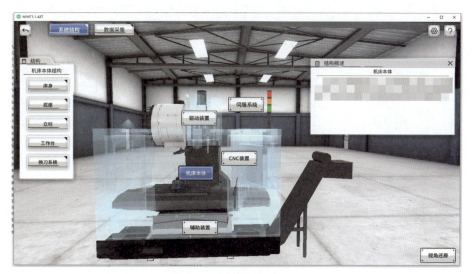

图 2-19　机床本体构成

❷ 数据采集界面

（1）网络连接

单击"数据采集"时，软件会自动连接网络，连接正常界面如图 2-20 所示。在少数情况下，会出现连接异常的情况，连接异常界面如图 2-21 所示，出现该情况请检查网络配置。

数据采集界面如图 2-22 所示，数据采集分为任务要求、数采操作指引和视角还原。

（2）任务要求

获取任务要求如图 2-23 所示，针对本课程提出任务要求。

（3）数采操作指引

数采操作指引包括操作步骤描述和关键任务点描述。操作指引说明如图 2-24 所示，IP 地址需要根据实际环境填写。

图 2-20　连接正常界面

图 2-21　连接异常界面

图 2-22　数据采集界面

图 2-23 获取任务要求

图 2-24 数采操作指引说明

（3）数据模拟

单击"启动"按钮，仿真软件通过协议发送数据，仿真界面实时显示发送的数据。此时，"启动"按钮变成"暂停"按钮，单击"暂停"按钮，数据停止发送。"重置"按钮用于修改数据。仿真场景启动、暂停和重置界面如图 2-25 所示。

（4）数据采集监控

正常运行状态界面如图 2-26 所示，场景启动后，单击设备标签会出现仿真的数据。工业智能网关采集仿真软件输出的数据，数据在 Web 端能够实时显示。

故障报警状态界面如图 2-27 所示。

重置状态界面如图 2-28 所示。

图 2-25　仿真场景启动、暂停和重置界面

图 2-26　正常运行状态界面

图 2-27　故障报警状态界面

数控机床加工是将刀具与工件的运动坐标分割成一些最小的单位量，即最小位移量，由数控系统按照零件程序的要求，使坐标移动若干个最小位移量（即控制刀具运动轨迹），从而实现刀具与工件的相对运动，完成对零件的加工。本场景主要模拟了数控机床对一个灰铸铁HT350的六面物体的加工，主要是对尺寸为 50mm×50mm×40mm 的六面体上端面进行铣削。

图 2-28 重置状态界面

2.3.4 整理设备数据采集评估报告

❶ 整理设备数据采集评估报告

采集发那科数控机床数据评估报告见表 2-6。

表 2-6 采集发那科数控机床数据评估报告

班级：		姓名：	
小组：		学号：	
名称		内容	
发那科数控机床数据	数据名称	数据作用	
仿真软件	数据输出接口		
	总结		

❷ 仿真数据输出接口

查看实训台发那科数控机床数据采集所需要的硬件设备及连接方式。发那科数控机床数据输出接口如图 2-29 所示。

图 2-29　发那科数控机床数据输出接口

发那科数控机床模拟设备数据通信协议（发那科私有协议），通信接口为 RJ-45。

❸ 选择工业智能网关

根据表 2-6 总结的评估报告，选择合适的工业智能网关采集设备数据。选择工业智能网关见表 2-7。

表 2-7　选择工业智能网关

网关型号	采集接口

任务考核

认识待采集设备数据考核见表 2-8。结合小组的任务实施情况，对每名学生进行任务考核。考核过程参照 1+X 证书制度试点要求，并将结果记录在表 2-8。学生进行互评，再请教师复评。通过任务实施评价，各小组之间、同学之间可以通过分享实施过程，相互借鉴经验。

表 2-8　认识待采集设备数据考核

班级：						
小组：				姓名：		
				学号：		
	项目	要求	应得分		得分	备注
任务实施	收集设备信息	了解发那科通信协议，根据接口选择正确型号的工业智能网关	准确率	20		
			完整性	10		
	发那科数控机床仿真课程	掌握发那科数控机床数据采集方法	准确率	20		
			完整性	10		
	整理评估报告	整理设备数据采集评估报告	准确率	10		
			完整性	10		

续表

项目		要求	应得分	得分	备注
任务评价	小组互评	从信息获取、信息处理、分析归纳、工作态度、职业素养等方面进行评价	10		
	教师评价		10		
		合计	100		
经验总结					

课后活动

一、填空题

1. 发那科数控机床典型的操作方式数据包括_____、_____、自动、编辑等。

2. 仿真课程中，数控机床仿真场景中数控机床由_____、_____、_____、CNC 装置组成。

3. _____是数控机床的本体，它包括床身、底座、立柱、横梁、滑座、工作台、主轴箱、进给机构、刀架及自动换刀装置等机械部件，它是在数控机床上自动完成各种切削加工的机械部分。

4. 仿真课程中，数控机床仿真场景中数据采集部分分为任务要求、数采操作指引和_____。

二、简答题

根据所学知识，简要描述登录仿真软件进入 FANUC 数控机床数据采集课程的步骤。

2.4 配置工业智能网关参数

● 任务描述 ●

新的一天又开始了，张工程师对小 V 说："今天我们要学习如何在工业智能网关中添加工业设备,以及添加工业设备产生的工业数据。这一系列操作更为烦琐和专业,话不多说,咱们开始吧。"

● 学习目标 ●

◎ **素质目标:**
1. 养成科学严谨的工作态度;
2. 体验工作的成就感,树立热爱劳动意识;
3. 培养举一反三的学习能力。

◎ **知识目标:**
1. 掌握工业智能网关网络配置的步骤;
2. 掌握工业智能网关数据采集参数配置的步骤。

◎ **能力目标:**
1. 能够正确在 Web 界面进行网络配置;
2. 能够正确在 Web 界面进行数据采集参数配置。

● 任务实施指引 ●

2.4.1 配置前的准备工作

在工业智能网关通电后,用网线连接工业智能网关的上传接口网口(Web 登录网口)与计算机网口,设置计算机的 IP 地址与工业智能网关在同一网段下。具体步骤如下。

步骤一:在 Windows 计算机桌面单击"开始—控制面板—网络和 Internet—网络和共享中心—更改适配器—本地连接—属性"。

步骤二:选取"Internet 协议版本 4(TCP/IPv4)",然后单击"属性",或者直接双击"Internet 协议版本(TCP/IPv4)"。

步骤三:选择"使用下面的 IP 地址"和"使用下面的 DNS 服务器地址",按照以下参数进行填写。

IP 地址:192.168.1.X(X 值:1、100、251、255 除外)。

子网掩码:255.255.255.0。

默认网关:192.168.1.1(可以忽略)。

DNS 服务器:114.114.114.114(可以忽略)。

填写完毕后,单击"确定"保存设置。

通过交换机或网线直连的方式,使计算机和工业智能网关在同一段网络内。计算机 IP 地址设置如图 2-30 所示。

第 2 章 采集发那科数控机床数据

图 2-30 计算机 IP 地址设置

2.4.2 工业智能网关的固件升级

在进行工业智能网关参数配置之前需要把实训内容对应的工业智能网关采集固件升级成相应的实训项目固件。

打开升级软件，软件地址在 D：\ 固件升级 \ 升级软件 \MFCConfig.exe。升级软件地址及名称如图 2-31 所示。

图 2-31 升级软件地址及名称

升级软件界面如图 2-32 所示。单击"检索设备"可以查看目前局域网中连接的设备。

图 2-32 升级软件界面

单击"选择程序"弹出对话框,选择对应的实训项目固件,中级固件在"D:\固件升级\中级-BIN"目录内。选择实训项目固件如图2-33所示。

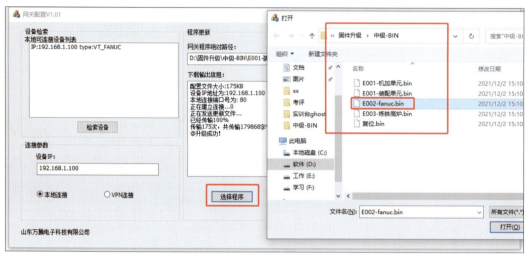

图2-33 选择实训项目固件

下载实训项目固件如图2-34所示。单击"下载程序",如果下载出现错误,检查网络再次执行"下载程序",直至下载成功。

登录工业智能网关数据采集配置界面,若在数据采集界面右侧显示对应的实训项目名称,则说明下载成功,可进行后续配置。工业智能网关数据采集参数配置界面如图2-35所示。

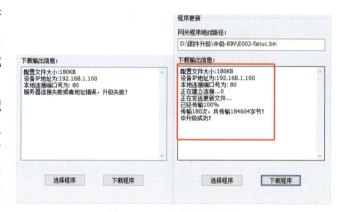

图2-34 下载实训项目固件

图2-35 工业智能网关数据采集参数配置界面

2.4.3　工业智能网关的系统信息配置

工业智能网关系统信息配置界面如图 2-36 所示。在本配置界面中，只有"设备 ID"可以进行配置。通常来说不做修改，但是当现场设备繁多、种类复杂，需要进行规范化管理时，建议对工业智能网关的命名进行规律化、规范化的命名（只能由数字、大小写字母及下划线构成）。

图 2-36　工业智能网关系统信息配置界面

2.4.4　工业智能网关的网络配置

ETH2 以太网口为数据接口，与计算机端连接。其 IP 地址可进行重新配置，但是需要注意，应与计算机的网络配置在同一网段，但不相同。子网掩码、网关、DNS 按网络要求设置，默认为 255.255.255.0、192.168.1.1、8.8.8.8。其余参数不可随意改动，例如 Modbus ID 默认值为 1。工业智能网关网络配置界面如图 2-37 所示。

图 2-37　工业智能网关网络配置界面

2.4.5 工业智能网关的采集网口配置

ETH3 以太网口为采集接口，与仿真设备输出口连接。其 IP 地址可进行重新配置，但是需要注意，应与设备的网络配置在同一网段，但不相同。子网掩码、网关、DNS 按网络要求配置，默认为 255.255.255.0、192.168.1.1、8.8.8.8。工业智能网关采集网口配置界面如图 2-38 所示。

图 2-38　工业智能网关采集网口配置界面

2.4.6 工业智能网关的数据采集参数配置

工业智能网关数据采集参数主要包括数控机床的 IP 地址、通信端口号。这些内容大多固定或已由现场工程师提前提供，需要按照要求进行配置。

实训时可参照图 2-35 所示的数据采集界面参数进行配置。

2.4.7 MQTT 协议上传数据配置

根据实际项目需要，工业智能网关可以把采集的设备数据根据数据传输协议上传至服务器端，例如设备管理系统或其他应用，网关支持的上传协议有 MQTT、Modbus TCP 等。

MQTT 协议上传数据配置界面如图 2-39 所示。

图 2-39　MQTT 协议上传数据配置界面

任务考核

配置工业智能网关参数考核见表 2-9，结合小组的任务实施情况，对每名学生进行任务考核。考核过程参照 1+X 证书制度试点要求，并将结果记录在表 2-9。学生进行互评，再请教师复评。通过任务评价，各小组之间、同学之间可以通过分享实施过程，相互借鉴经验。

表 2-9 配置工业智能网关参数考核

班级：				姓名：	
小组：				学号：	
项目		要求	应得分	得分	备注
任务实施	配置准备工作	能够将计算机端网络参数与工业智能网关配置在同一网段内；能够根据所学知识进入工业智能网关配置界面	准确率 15		
			速度 5		
	进行信息配置和网络配置	熟知配置界面内容，注意命名规范；熟知配置参数的含义和默认数值，并完成网络配置	准确率 15		
			完整性 5		
	数据采集配置	填写正确的采集信息	准确率 15		
			完整性 5		
任务评价	小组互评	从信息获取、信息处理、分析归纳、工作态度、职业素养等方面进行评价	20		
	教师评价		20		
		合计	100		
经验总结					

课后活动

一、填空题

1. 工业智能网关 ETH2 以太网口为_____，与计算机端连接。
2. 工业智能网关参数配置分为 5 个部分，分别为系统信息配置、_____、_____、_____和 MQTT 协议上传数据配置。

二、简答题

根据所学知识,简要阐述配置工业智能网关参数的步骤。

2.5 测试工业互联网设备数据采集系统

● 任务描述 ●

经过网关选型、网关连接、参数配置等一系列过程后,小V胸有成竹地说:"张工程师,您在一旁歇着就成,我来测试一下咱们搭建的工业互联网设备数据采集系统是否能正常运行。"

● 学习目标 ●

◎ 素质目标:

1. 养成科学严谨的工作态度;
2. 体验工作的成就感,树立热爱劳动意识;
3. 培养举一反三的学习能力。

◎ 知识目标:

1. 掌握工业智能网关网络连接状态检测方法;
2. 掌握常用网络工具的使用方法。

◎ 能力目标:

1. 能够通过计算机正确检测网关设备的网络连接状态;
2. 能够分析设备网络连接质量;
3. 能够正确判断网关与计算机端的网络通信数据;
4. 能够正确判断工业智能网关采集数据的实时性;
5. 能够正确判断工业智能网关采集数据的准确性。

● 任务实施指引 ●

发那科数控机床在我国的工业市场中占有很大的份额,今天我们将用Mint仿真软件模拟发那科数控机床的生产过程,在软件中我们可以看到:一台仿真发那科数控机床正在通过数控系统接收控制编码或指令程序,经运算处理后,由控制装置发出控制信号,完成对机床动作的控制,按照图纸的形状和尺寸要求,确定加工位置、加工步骤和装夹位置,选择加工刀具,编制加工程序,最终将零件自动加工出来。通过工业智能网关,将生产过程中的主轴转速、主轴负载、轴坐标 $x/y/z$、操作方式数据和程序运行状态全部实时采集出来,完成"采集发那科数控机床数据"任务。

根据表2-6我们可以了解待采集设备输出的数据及接口形式,根据表2-7我们可以选择合适的工业智能网关,下面我们就可以测试搭建的数据采集系统,验证数据采集系统的各项性能。

2.5.1 选择并配置工业智能网关

打开浏览器,在地址栏中输入工业智能网关的默认地址(如果工业智能网关 IP 地址已修改,则输入修改后的实际 IP 地址)。

① 计算机连接工业智能网关

通过交换机或网线直连的方式将计算机和工业智能网关连接在同一网络内,通过浏览器登录工业智能网关配置界面。

② 配置工业智能网关参数

数据采集主要包括发那科数控机床的 IP 地址、通信端口号。这些内容大多固定或已由现场工程师提前提供,需要按照要求进行配置。

实训可参照图 2-35 所示的数据采集界面参数进行配置。

2.5.2 工业智能网关连接 Mint 仿真软件

根据 2.3 节的内容,我们了解了发那科数控机床需要采集的数据参数及通信协议,确定使用的工业智能网关类型。下面我们通过通信电缆连接工业智能网关与仿真接口,利用 T568B 线序网线连接仿真软件接口与工业智能网关。仿真数据接口所在位置如图 2-40 所示。

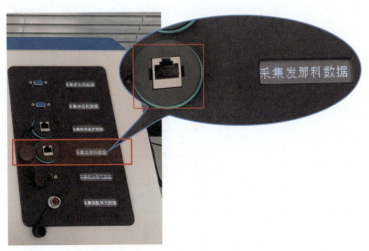

图 2-40　仿真数据接口所在位置

2.5.3 启动发那科数控机床应用场景

启动仿真软件,进入发那科数控机床应用场景中的数据采集界面,等待连接状态变为绿色,然后单击"启动"按钮,发那科数控机床输出模拟的生产数据,数据供工业智能网关采集。仿真软件场景操作界面如图 2-41 所示。

图 2-41 仿真软件场景操作界面

2.5.4 测试数据采集系统

❶ 测试工业智能网关上传协议

（1）使用 Modbus Poll 与工业智能网关连接

Modbus Poll 是 Modbus 主机仿真器，用于测试和调试 Modbus 从设备。该软件支持 Modbus-RTU、ASCII、TCP/IP，可帮助开发人员测试 Modbus 从设备，或者用于其他 Modbus 协议的测试和仿真。它支持多文档接口，即可以同时监控多个从设备/数据域。每个窗口简单地设定从设备 ID、功能、地址、大小和轮询间隔，可以从任意一个窗口读写寄存器和线圈。如果想改变一个单独的寄存器，双击该值即可。也可以改变多个寄存器/线圈值。Modbus Poll 可提供数据的多种格式，例如浮点、双精度、长整型（可以按字节序列交换）。

Modbus Poll 软件图标如图 2-42 所示。双击 Modbus Poll 软件图标打开客户端，然后单击"Connection"，选择"Connect"。Modbus Poll 连接工业智能网关如图 2-43 所示。

图 2-42 Modbus Poll 软件图标

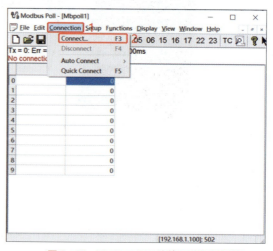

图 2-43 Modbus Poll 连接工业智能网关

第 2 章 采集发那科数控机床数据

在 Connection Setup 下选择"Modbus TCP/IP",输入工业智能网关 IP 地址(以实际连接的工业智能网关 IP 地址为准)及 Modbus 端口号(502),然后单击"OK",Modbus Poll 配置如图 2-44 所示。

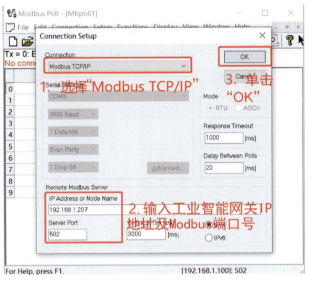

图 2-44 Modbus Poll 配置

Modbus Poll 连接工业智能网关错误显示如图 2-45 所示。图 2-45 中左上角的 Tx 指通信次数,Err 指错误次数(没通信成功的次数),ID 指设备的通信 ID,F 指功能,SR 指通信时间。

如果出现"No Connection",说明通信没有连接上,可能是因为连接参数没有选对,或是设备 ID(通信接口)错误。

全部设置好后,就可以正式调试。

(2)使用 Modbus Poll 与工业智能网关连接并测试上传协议

使用 Modbus Poll 与工业智能网关正确连接后,获取工业智能网关采集的设备数据,可以通过 Modbus Poll 界面查看。Modbus Poll 连接工业智能网关采集数据显示如图 2-46 所示。

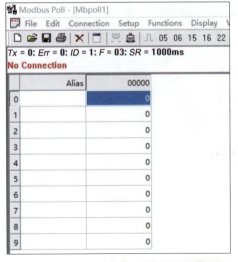 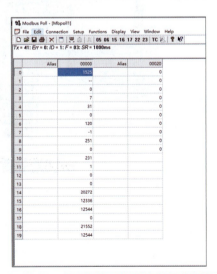

图 2-45 Modbus Poll 连接工业智能网关错误显示　　图 2-46 Modbus Poll 连接工业智能网关采集数据显示

Modbus Poll 连接工业智能网关的读取数据错误及连接超时错误如图 2-47 所示。如果寄存器数据能根据设备实时数据而产生变化，说明采集协议正常，如果出现图 2-47 中的读取数据错误或连接超时错误，就需要检查采集步骤、采集参数是否匹配。

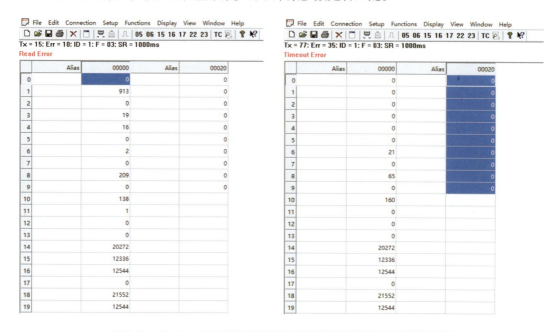

图 2-47　Modbus Poll 连接工业智能网关的读取数据错误及连接超时错误

（3）数据采集连接错误检查步骤

① 检查仿真软件仿真设备输出。

进入仿真软件对应场景——"数据采集"界面，确保仿真软件左下角连接状态为绿色。仿真软件连接状态如图 2-48 所示。

图 2-48　仿真软件连接状态

② 检查连接线路。

工业智能网关 ETH3 以太网口为采集接口，与仿真设备输出口连接。检查设备端线路至工业智能网关之间的线路连接是否正常，是否正确使用采集线缆。

第 2 章 采集发那科数控机床数据

③ 工业智能网关采集协议是否正常。

登录工业智能网关的配置界面,在数据采集中的右侧显示对应的实训项目名称,具体如图 2-37 所示,确保所采用的工业智能网关已更新对应的采集实训功能。

④ 检查工业智能网关采集参数。

a. 工业智能网关的采集网口设置。ETH3 以太网口为采集接口,与仿真设备输出口连接。其 IP 地址可重新配置,但是需要注意,应与设备的网络配置在同一网段,但不相同。

b. 工业智能网关的数据采集配置。数据采集主要包括发那科数控机床的 IP 地址、通信端口号。实训可参照图 2-35 数据采集界面参数配置。

❷ 验证采集数据的准确性

数据采集展示如图 2-49 所示,Mint 仿真软件场景启动后,界面实时显示设备的主轴转速、轴坐标和状态等数据。

图 2-49 数据采集展示

(1) 登录客户端

打开浏览器输入 http://localhost:8081,进入客户端界面选择"中级",然后单击"进入系统"。登录工业互联网设备数据采集系统如图 2-50 所示。

图 2-50 登录工业互联网设备数据采集系统

(2) 进入对应任务

单击左侧"采集发那科机床数据"项目,进入采集发那科机床数据界面。采集发那科机床数据界面如图 2-51 所示。左侧为实训项目名称，单击项目名称可进入相应的实训项目，右侧为采集配置区及采集数据展示区。输入对应的 IP 地址和端口号，单击"连接"，界面会显示采集到的发那科机床数据。将上述数据与 Mint 仿真软件中模拟的数据对比，可验证采集数据的准确性。

图 2-51　采集发那科机床数据界面

❸　验证采集数据的实时性

数控机床数据采集启动和重置界面如图 2-52 所示，依次单击"重置"和"启动"按钮修改数据，在界面能够显示数据的实时变化情况，通过对比仿真软件中模拟的数据和客户端展现的数据就可以验证数据采集的实时性。

图 2-52　数控机床数据采集启动和重置界面

❹　验证采集数据的稳定性

通过记录一定时间段内连续采集的数据，查看采集的历史数据，如果在采集时间段内未出现采集数据异常（例如数据丢失、采集数据不准确）、工业智能网关网络掉线等情况，则可以认定数据采集系统运行稳定。

❺ 设备数据的存储及历史查询

（1）存盘时间设置

根据采集的设备数据需求设置存盘时间间隔即采样周期，通过单击图2-52右上方的"数据存储"按钮，进入存储设置页面（采集数据存储设置如图2-53所示），可以设置存盘时间间隔和是否保存数据。

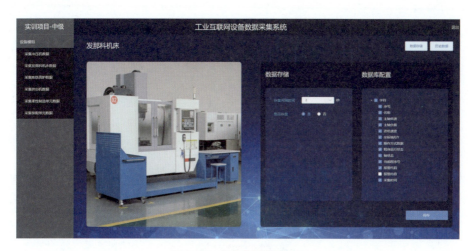

图2-53　采集数据存储设置

（2）历史数据查询及导出

如果选择了存储采集数据，那么之后就可以查看历史数据。查看采集的历史数据界面如图2-54所示，单击界面右上方的"历史数据"按钮，进入相应页面选择查询的时间段，单击"查询"，右侧列表显示查询结果。

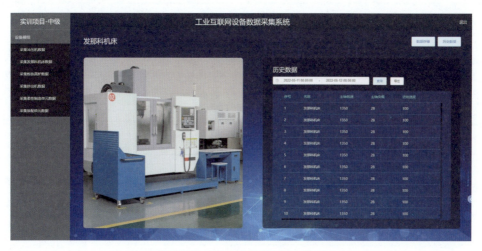

图2-54　查看采集的历史数据界面

通过"导出"按钮导出所查询的历史数据，以Excel形式保存。

实训结束后,按照关闭计算机、断开工业设备电源、关闭工业智能网关电源、拔出采集连接线、关闭实训台总电源的顺序完成操作,并整理好实训台上的各种物品。

计划决策

测试工业互联网设备数据采集系统分工明细见表 2-10。为了保证任务顺利实施,我们应该先做好相应的计划。根据任务内容,各小组做好计划,分工到每个组员,然后按照小组决策将本组的工作计划填入表 2-10。

表 2-10 测试工业互联网设备数据采集系统分工明细

序号	任务分工	操作人员	注意事项
1	查看发那科机床数据类型,选择对应的工业智能网关		
2	连接发那科数控机床及工业智能网关采集接口		
3	配置工业智能网关参数		
4	测试工业智能网关与计算机端的网络连通性		
5	测试工业智能网关数据通信的准确性、实时性		
6	存储采集数据,根据条件查询存储的历史数据		
7	填写工业互联网设备数据采集测试报告		

任务实施

测试工业互联网设备数据采集系统检查明细见表 2-11。以小组为单位,组内学员每两人一组互换任务单,对已设置的工业智能网关采集数据是否全面、准确、合理进行检查,并将检查结果记录在表 2-11。

表 2-11 测试工业互联网设备数据采集系统检查明细

班级:			姓名:		
小组:			学号:		
序号	检查项目		是	否	分值
1	能够通过计算机正确检测网关设备的网络连接状态				10
2	能够正确判断工业智能网关与计算机端的网络通信数据				10
3	能够正确判断工业智能网关采集数据的实时性				30
4	能够正确判断工业智能网关采集数据的准确性				20
5	能够选择正确的方法测试数据采集系统				30
小计分数					

任务考核

测试工业互联网设备数据采集系统考核见表 2-12。结合小组的任务实施情况，对每名学生进行任务考核。考核过程参照 1+X 证书制度试点要求，并将结果记录在表 2-12。学生进行互评，再请教师复评。通过任务评价，各小组之间、同学之间可以通过分享实施过程，相互借鉴经验。

表 2-12 测试工业互联网设备数据采集系统考核

班级：				姓名：	
小组：				学号：	
	项目	要求	应得分	得分	备注
任务实施	能够明确采集数据	能够明确采集设备数据； 能够明确采集方式、设备数据采集接口	准确率 10		
	选择并连接工业智能网关	能够选择正确的工业智能网关； 能够正确配置采集参数； 能够正确连接工业互联网设备与工业智能网关	准确率 20		
			完整性 10		
	登录场景	能够正确进入仿真场景； 能够正确设置模拟数据	准确率 10		
			完整性 10		
	验证采集数据的实时性、准确性	能够通过仿真软件验证采集数据的实时性、准确性	准确率 20		
任务评价	小组互评	从信息获取、信息处理、分析归纳、工作态度、职业素养等方面进行评价	10		
	教师评价		10		
		合计	100		
经验总结					

任务实施评价

测试工业互联网设备数据采集系统项目评价见表 2-13，综合小组的任务实施情况，对照项目评价表，学生进行互评，再请教师复评。通过任务实施评价，各小组之间、同学之间可以通过分享实施过程，相互借鉴经验，最后将评价结果记录在表 2-13。

表2-13 测试工业互联网设备数据采集系统项目评价

专业：		姓名：		
班级：		学号：		

各位同学：
　　为了考查"测试工业互联网设备数据采集系统"的教学效果，请针对下列评价项目并参考评价标准于自评部分填写 A、B、C、D、E 其中一项后，再请教师复评

	评价标准				
符号向度	A	B	C	D	E
1.安全操作（10%）	能很好地执行安全操作守则，操作过程无任何安全隐患	能很好地执行安全操作守则，操作过程有极少的安全隐患	能较好地执行安全操作守则，操作过程有少量安全隐患	能基本执行安全操作守则，操作过程存在隐患	不能执行安全操作守则，操作过程发生安全事故
2.信息获取（15%）	能准确识读任务信息，准确使用信息	能准确识读任务信息，使用信息错误极少	能基本识读任务信息，使用信息错误较少	能基本识读任务信息，使用信息错误较多	不能准确识读任务信息，使用信息完全错误
3.工作能力（50%）	能很好地根据任务工单完成指定操作项目，实施方案准确，操作过程正确熟练	能较好地根据任务工单完成指定操作项目，实施方案准确，操作过程较为正确熟练	能根据任务工单完成指定操作项目，实施方案准确，操作过程基本正确较为熟练	能根据任务工单基本完成指定操作项目，实施方案基本准确，操作过程基本正确	不能根据任务工单完成指定操作项目，实施方案不准确，操作过程不正确
4.工作态度（15%）	操作过程熟练、规范、正确	操作过程较熟练、较规范、正确	操作过程较熟练、较规范、基本正确	操作过程较规范、基本正确	操作过程不规范、不正确
5.职业素养（10%）	6S操作规范，有很强的职业素养	6S操作规范，有较强的职业素养	6S操作较为规范，有一定的职业素养	6S操作较为规范，有基本的职业素养	6S操作不规范，职业素养欠缺

注：在各项目中，A、B、C、D、E 依次占配分的 100%、80%、60%、30%、0

评价项目	自评与教师复评（A～E）		
	自评	校内教师复评	企业教师复评
1.安全操作（10%）			
2.信息获取（15%）			
3.工作能力（50%）			
4.工作态度（15%）			
5.职业素养（10%）			
合计：		评价教师：	

经验分享：

任务实施处理

在任务实施的过程中，我们往往会忽视很多问题，使实施过程和结果不尽如人意。只有不断反思和训练，我们的技能才能提高。任务实施问题改进见表 2-14。请总结自己在实施任务过程中遇到的问题，反思并完成表 2-14。

表 2-14 任务实施问题改进

专业：		班级：	
姓名：		学号：	
任务实施问题点			
改进计划			
改进后任务实施达标情况	□达到预期		□未达到预期
没达到预期效果的原因			
再次改进计划			

注：后续改进计划可附表。

一、填空题

1. 检测计算机端与工业智能网关的网络连通性使用的命令是_____。
2. 通过_____或_____的方式连接计算机和工业智能网关在同一网络内，通过_____登录工业智能网关配置界面。

3. 仿真软件中发那科机床数据采集课程中能够模拟采集数据的界面是_____。

4. 本次任务通过工业智能网关采集的数据有_____、_____、_____、报警代码、报警信息等。

5. 本次使用的网关型号为_____，使用的采集接口是_____。

二、简答题

根据本实训内容所学知识，简要阐述本任务中验证采集数据准确性的步骤。

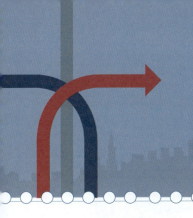

第3章

采集炼铁高炉数据

冶金是国民经济建设的基础,是国家实力和工业发展水平的标志,它为机械、能源、化工、交通、建筑、航空航天工业、国防军工等各行各业提供所需的材料产品。

本章从冶金行业讲起,以仿真软件模拟实际生产数据为基础,着眼炼铁高炉实际生产中数据采集项目的全流程,通过认识冶金行业、认识炼铁高炉、认识待采集设备数据信息、设置工业智能网关参数、测试工业互联网设备数据采集系统等步骤,掌握数据采集各个实施步骤中的知识点和技能点。

3.1 认识冶金行业

● 任务描述 ●

小V在前几天的学习和实操中,对于机械制造行业中的普通机床、数控机床有了深入的了解和学习,今天我们再来看看另一个传统制造行业——冶金行业。作为传统的重工业行业,冶金行业的高质量发展需要依托5G、物联网、大数据、人工智能、云计算等先进技术和关键产品解决方案,从而进一步提质增效并提升冶金行业的国际竞争力。

● 学习目标 ●

◎素质目标:
1. 养成科学严谨的学习态度;
2. 体验工作的成就感,树立热爱劳动意识。

◎知识目标:
1. 了解冶金行业的发展现状;
2. 理解冶金行业节能降耗的措施。

◎能力目标:
1. 根据"十四五"规划纲要,对冶炼行业的未来展开讨论;
2. "绿水青山就是金山银山",分析传统冶金行业如何走可持续发展道路;
3. 了解目前阶段冶金行业存在的问题。

● 任务实施指引 ●

冶金行业是指与冶炼金属相关,提供矿石(包括开采、选矿、勘探外贸等)、金属材料加工等方面的行业，有关冶金设备（例如耐火材料），与冶金相关的外贸（例如精矿进口、金属出口）等方面的行业，冶金行业为国民经济的各部门提供丰富的金属材料，是工业经济发展的物质基础之一。冶金工厂全景如图3-1所示。

图3-1 冶金工厂全景

3.1.1 行业介绍

冶金具有悠久的发展历史，从石器时代到青铜器时代，再到近代钢铁冶炼的大规模发展。人类的发展历史融合了冶金的发展历史。冶金，是指从矿物中提取金属或金属化合物，用各种加工方法将金属制成具有一定性能的金属材料工艺。冶金可以分为黑色冶金工业、有色冶金工业、稀有金属冶金工业和粉末冶金工业。

近年来，中国冶金行业保持着高速发展，冶金企业的生产经营规模急剧扩张，企业间的兼并重组成为潮流，行业集中度不断提升，企业的管理幅度迅速扩大，冶金企业出现了集团化的发展趋势，资源整合成为冶金企业生产经营的重要课题。

经济的不断发展使钢材的需求量不断增加。中国钢铁行业在这种趋势下快速发展，近年来尤为迅速，中国的钢铁年产量持续位居世界第一。

中国作为世界第一冶金产业大国，钢产量、常用的有色金属产量都接近全球产量的一半。为改善冶金产业产能过剩、逐步实现冶金行业可持续发展，我国从政策等方面推进冶金行业转型升级。2015年5月，工业和信息化部重新修订了《钢铁行业规范条件》，并配套发布了《钢铁行业规范企业管理办法》，以进一步规范钢铁行业的生产和管理。在有色冶金方面也出台了相关的规范文件，例如《铝行业规范条件》《铜冶炼行业规范条件》等。2019年8月27日，工业和信息化部批准《铜锌合金粉》等436项行业标准，其中冶金行业标准包括《钢格栅板及配套件 第1部分：钢格栅板》《连续铸钢电磁搅拌器》《锂电池用四氧化三锰》《炼钢铁素炉料（废钢铁）加工利用技术条件》《钢芯铝绞线用锌-5%铝-镁合金镀层钢丝》《商用车用高强度冷弯空心型钢》等。

中国冶金行业的现状是冶金工业科技水平正在走强，"大而弱"的声音已经降调。我国应进一步提高冶金工业科技水平。要对冶金行业安全问题高度重视，解决安全问题要采用综合性措施，常抓不懈。完善中国冶金行业的标准从一定意义上来讲可以构建安全标准体系和保障行业健康发展。今后中国有色金属行业要充分利用国内外两种有色金属再生资源，大幅度提高再生资源回收利用率，主要有色金属铜、铝、铅、锌的再生利用量达到 650 万吨，2020 年再生金属利用量达到 1200 万吨，占总量的 40%，再生资源循环利用能力显著增强。

3.1.2　冶金行业存在的问题

冶金钢铁行业具有流程长、工序多、过程复杂等诸多特点，普遍存在低端产品产能过剩、技术能力与创新能力薄弱、节能减排绿色发展意识不够等问题。

❶　低端产品产能过剩

我国的粗钢产量一直位于世界前列，但粗钢的大量产出导致资源浪费、产量过剩。钢铁产品大量囤积，企业减少生产，产能利用率较低。随着中国经济逐步转向高质量发展，单位 GDP 钢材消费强度呈下降趋势，钢材需求处于减量调整阶段。受国际贸易摩擦频发、其他国家与地区钢铁产量持续快速增长的影响，我国钢材出口量整体呈下降态势。特别是受新型冠状病毒肺炎疫情的影响，全球产业链、供应链受到巨大冲击。在需求端明显收缩的同时，我国供给端仍保持增长态势。钢铁产能短时间内集中释放，难免会对市场产生较大冲击。冶金尤其是钢铁行业很可能再次出现供大于求的局面，防范产能过剩压力将长期存在。

❷　技术能力与创新能力薄弱

虽然我国相关政府部门加大了对冶金技术的研发，但是一些比较先进的冶金技术仍然要靠引进国外技术，很多高档钢材和设备还不能自给自足，技术能力与创新能力薄弱。

❸　节能减排绿色发展意识不够

我国钢铁等有色金属生产技术不够精，冶炼过程中资源浪费严重，利用率不高，冶金企业在节能减排方面还可以做得更好。

❹　冶金企业的产品售后服务有待提高

我国冶金企业经过一系列的改革，发生了很大的变化，有些企业改变了传统的营销管理模式，提出并开始实施"一条龙"服务措施，但仍有部分企业（特别是大企业）习惯当"坐商"，具体表现在订货程序复杂，有些签订合同手续多达十二三道，产品售后服务还需要增强。

3.1.3　冶金对环境的影响

冶金工业是一个以开发金属矿产资源、生产各类金属产品为主的原料工业，与国计民生息息相关。冶金企业在生产过程中，需要处理大量物料，这些物料在整个流程中具有不同的物理、化学状态，在冶炼提取主金属的同时，会产生大量的"三废"（废水、废气、废渣）。这些废水、废气、废渣的排放会造成严重的环境污染，如何让这些污染物实现减量化、资源化、无害化是当前冶金工作者的主要任务之一。

冶金工业会对大气造成污染，主要包含颗粒物、二氧化硫、氮氧化物等。钢铁工业或有色金属工业产生的烟气和烟尘是大气污染的主要因素之一。这些烟气温度高、含尘量大、湿度高，还含有腐蚀性气体和有毒有害气体。

冶金也会导致水污染。污水中的酸、碱、氧化剂，以及铜、镉、汞、砷等化合物，苯、酚、二氯乙烷、乙二醇等有机毒物，会毒死水生生物，影响饮用水源、景区景观。污水中的有机物被微生物分解时会消耗水中的溶解氧，威胁鱼类等水生生物的生命，水中溶解氧耗尽后，有机物进行厌氧分解，产生硫化氢、硫醇等难闻气体，使水质进一步恶化。

冶金导致渣污染主要是指炼铁炉中产生的高炉渣、钢渣，有色金属冶炼产生的各种有色金属渣，例如铜渣、铅渣、锌渣、镍渣等；从铝土矿中提炼氧化铝时排出的赤泥及轧钢过程中产生的少量氧化铁渣。每炼 1 吨生铁排出 0.3 吨～ 0.9 吨高炉渣，每炼 1 吨钢排出 0.1 吨～ 0.3 吨钢渣，每炼 1 吨氧化铝排出 0.6 吨～ 2 吨赤泥。早在 20 世纪 40 年代，国际上就已感受到解决冶金污染"渣害"的迫切性，经过努力，美国高炉渣在 50 年代已达到产用平衡，钢渣在 70 年代也达到产用平衡，这些渣主要用于制造各种建筑或工业用材。我国冶金污染利用起步较晚，目前高炉渣利用率在 70%～ 85%，钢渣利用率仅在 25% 左右。

3.1.4 冶金行业信息化建设需求

在现代社会中，冶金行业的发展越来越重要，而随着冶金行业的发展规模越来越大，各个国家也越来越重视冶金行业的建设，引进信息化技术能够更好地建设冶金行业，促进冶金行业的发展，提高经济效益。信息化逐渐深入社会的各个方面，成为现今社会的发展潮流，并且是未来社会的发展主流，因此在冶金行业的创新发展之中引进信息化技术具有极其重要的作用。冶金行业的信息化建设能够提升冶金企业的发展价值，激发冶金行业的升级与发展潜力。依靠信息化建设，冶金行业能够形成一个更加完善与符合社会发展潮流的组织结构框架，企业的功能会更加全面，信息流程在冶金行业内的发展会更加顺畅。

近年来，冶金企业面临的市场竞争环境发生了巨大的改变，客户对钢材的品种、规格（例如板材的宽度、厚度、镀层和机械性能指标等）需求越来越多样化，对产品的质量和交货期要求也越来越高。而传统冶金企业工艺过程的"惯性"较大，因此如何适应对产品需求的多样化，是这些企业面临的严峻的挑战。

为此，大多数冶金企业为适应竞争的需要，在全球生产制造集成化和信息化潮流的推动下，开始实施先进的生产与经营管理模式，在企业乃至整个行业的技术改造和管理创新中起到了很好的效果，并造就了一批具有较强竞争力的冶金企业。

冶金企业信息化已经引起了我国政府部门和冶金行业的高度重视和支持。

对于冶金企业来说，从企业领导的宏观决策到岗位工人的具体操作，其基本组织方式可分为 5 级，即决策级、管理级、车间调度级、过程控制级和设备控制级。冶金生产制造企业信息化的基础和主要内容必须与企业的核心业务组织方式紧密联系在一起。

① 设备基础自动化改造，是生产高质量、低成本产品的基本要求。在企业管理方面引入一些简单的计算机辅助系统，可以帮助企业实现计算机辅助订单管理、库存管理和财务管理。

设备较先进、设备自动化水平较高的冶金厂基本实现了主要生产过程的自动控制、处理和数据采集，取得了一些局部成效。这类企业的信息化应采用重点突破的思路。

② 在企业管理层面引入系统的管理工具和方法，做到企业资源规划（ERP）。冶金企业应注重订单生产计划和作业排程的优化管理，以显著提升企业的竞争力。

这些管理水平和生产自动化水平都达到较高水平的冶金企业，已经在信息化方面积累了较多的经验，并且建设较为完善的基础控制和管理信息系统，可以做到企业级的产销信息一体化管理及全生产过程的自动控制和数据采集处理。

③ 企业系统创新。领先的冶金企业为了保持竞争优势，必须结合业务流程创新对已有信息系统的薄弱环节进行改造和充实。典型做法是，引入以 APS[1] 为核心的 SCM[2] 系统，用其强有力的需求管理、综合销售计划、询单应答、订单配料、订单生产计划与作业排程等功能替代或补充 ERP/ 整体产销系统的相应功能。

目前，国内外领先的冶金企业越来越多地将信息化的注意力集中到塑造企业的核心竞争力上。它们纷纷投资供应链高级计划系统（SCM/APS），以弥补传统产销系统和 ERP 系统的不足，实现产能计划的优化和平衡、客户询单的迅速应答和客户订单准时交货，从而提高客户服务水平，降低整体成本，提高企业的盈利能力。

随堂笔记

任务考核

认识冶金行业考核见表 3-1。结合小组的任务实施情况，对每名学生进行任务考核。考核过程参照 1+X 证书制度试点要求，并将结果记录在表 3-1。学生进行互评，再请教师复评。通过任务实施评价，各小组之间、同学之间可以通过分享实施过程，相互借鉴经验。

---

1 APS（Advanced Planning &Scheduling，高级计划与排程）。
2 SCM（Supply Chain Management，供应链管理）。

表 3-1 认识冶金行业考核

项目		要求	应得分		得分	备注
班级：				姓名：		
小组：				学号：		
任务实施	信息收集	能够收集冶金行业制造流程或环节的信息	方法、途径	10		
			有效率	10		
	信息处理	能够识别冶金行业的制造流程或环节中所涉及的重点设备	准确率	10		
			速度	10		
	表达能力	收集并评估工业领域冶金行业信息化建设需求	文字组织	10		
			沟通	10		
任务评价	小组互评	从信息获取、信息处理、文字组织、工作态度、职业素养等方面进行评价	20			
	教师评价		20			
		合计	100			
经验总结						

课后活动

一、填空题

1. _____ 是从矿石中提取金属或金属化合物，用各种加工方法将金属制成具有一定性能的金属材料的工艺。

2. _____ 是一个以开发金属矿产资源、生产各类金属产品为主的原料工业，与国计民生息息相关。

二、简答题

1. 根据所学知识，简要阐述我国冶金企业节能降耗的措施。

2. 整理并评估冶金行业信息化建设的需求。

3.2 认识炼铁高炉

● 任务描述 ●

在对冶金行业有了深刻了解之后,我们对行业对应的数据采集设备的认知也是必不可少的。

"高炉炼铁作为现代炼铁的主要方法,是钢铁生产中的重要环节。炼铁高炉用钢板作为炉壳,壳内砌耐火砖内衬。高炉本体自上而下分为炉喉、炉身、炉腰、炉腹、炉缸5个部分。由于高炉炼铁技术具有经济指标良好、工艺简单、生产量大、劳动生产效率高、能耗低等优点,故用这种方法生产的铁占世界铁总产量的绝大部分。"小V仔细读着查阅到的资料,今天要学习的是炼铁高炉的相关知识。

● 学习目标 ●

◎ **素质目标**:
1. 养成科学严谨的学习态度;
2. 体验工作的成就感,树立热爱劳动意识。

◎ **知识目标**:
1. 理解炼铁高炉工作原理;
2. 了解炼铁高炉工艺流程;
3. 理解炼铁高炉技术优化方式。

◎ **能力目标**:
1. 能理解炼铁高炉的工作原理;
2. 能够掌握炼铁高炉生产过程的数据类型;
3. 能够理解炼铁高炉数据采集的意义。

● 任务实施指引 ●

近些年,我国的高炉炼铁技术快速发展,不断向自动化、大型化、高效化发展,以低成本、低消耗、低污染为目标,但相较于国外先进的高炉炼铁技术还存在一定的差距。炼铁高炉场景如图3-2所示。

竖炉炼铁是一种经济而有效的炼铁方法,从上部装料,下部鼓风,形成炉料下降和煤气上升的相对运动。燃烧产生的高温煤气上升穿过料层把热量传给炉料,其中所含的一氧化碳同时对氧化铁起还原作用。这样燃烧的热能和化学能可同时得到比较充分的利用。下层的炉料被逐渐还原至熔化,上层的炉料便从炉顶徐徐下降,炉料被预热后能达到更高的温度。现代炼铁高炉如图3-3所示。

图 3-2 炼铁高炉场景

图 3-3 现代炼铁高炉

3.2.1 高炉炼铁的发展

高炉炼铁是钢铁生产的重要环节。这种方法是由古代竖炉炼铁、改进而成的。尽管世界各国研究发展了很多新的炼铁法，但由于高炉炼铁技术经济指标良好、工艺简单、生产量大、劳动生产率高、能耗低，使用这种方法生产的铁仍占世界铁总产量的 95% 以上。

高炉炼铁是在高炉中采用还原剂对铁矿石进行经济而高效的还原，从而得到温度和成分符合要求的液态生铁的过程。

由于人们对铁的需求量不断增加，人们把视线投向了地球本身，希望能在地球找到所需要的铁，而不再是坐等"天外来客"的馈赠。

青铜时代，人们学会了从矿石中提炼铁，在人类历史上，担当革命作用原材料的铁应该居于首位，无论在世界的哪个地区，冶铁技术的发明都是划时代的重大事件。

早期的冶铁技术大多采用"固体还原法"，即冶铁时将铁矿石和木炭一层夹一层地放在炼炉中，点火焙烧，在 650℃～1000℃ 的温度下，利用炭的不完全燃烧，产生一氧化碳，使铁矿石中的氧化铁被还原成铁。但是由于炭火温度不够高，被还原出的铁只能沉到炉底而不能保持熔化状态流出。人们只好待炼炉冷却后，再设法将铁取出。这种铁块的表面因夹杂渣滓而显得粗糙，有的还不如青铜坚韧。后来人们发现，对炼出的铁反复加热，压延锤打，铁才能柔韧不脆。

最原始的炼铁炉是碗式炉。在地上或岩石上挖出一个坑，风可以通过鼓风器从风嘴直接鼓入，碎矿石和木炭混装或分层装在烧红的炭火上，温度至少应达 1150℃。这种炼炉没有出渣口，炉渣向下流到底部会结成渣饼或渣底，有时则结成圆球，即渣球或渣粒，坯铁留在渣上面。在冶炼过程结束后，打开黏土上部结构，取出坯铁，清理炼炉。这种无出渣口的碗式炉（即竖炉）是欧洲早期铁器时代的代表。

在中世纪的欧洲，只有修道院或者主教人士才有充足的资金投入炼铁工业。炼铁工业的大规模发展仰仗于宗教机构。例如 1408 年，达勒姆主教建立了第一座有文件为证的、利用水力鼓风器的熟铁吹炼炉，它的出渣口在炼炉侧面。

16 世纪的高炉在两侧各开一个口，一个是风口，另一个是出铁口。高炉在一个冶炼期内（6天）只能出 4 吨～5 吨铸铁。一座高炉贮存不了这么多的铸铁，由于受到容积的限制，遂发展成早期的双炉。1549年，双炉能生产出重2200kg的铁炉铸件。

在欧洲高炉的发展过程中，有两种基本炉型相互竞争，一种是矮炉腹型高炉，另一种是高陡面炉腹型高炉。

1750年，英国的工业革命开始了。在燃料上用焦炭代替木炭，这种转变使炼铁业打破了束缚，不再为木炭的短缺而困扰。到了18世纪末，煤和蒸汽机使英国的炼铁业彻底改革，铁的年产量从1720年的2.05万吨/年（大多是木炭铁）增加到1806年的25万吨/年（绝大部分是焦炭铁）。据估计，每生产1吨焦炭需燃烧3.3吨煤。但是，高炉烧焦炭势必会增加碳含量，以致早期的焦炭生铁含碳量在1.0%以上，全部成为灰口铁，即石墨铁。

18世纪，高炉的尺寸一直在增大。1650年高炉高度约7m，到了1794年，俄国的涅夫扬斯克高炉已增高到13.5m。因为焦炭的强度大，足以承担加入的炉料的重量。大多数炼炉采用炉缸、炉腹和炉身3个部分，按比例构成。19世纪末，平滑的炉衬被公认为标准的炉衬，这基本上就是现在的炉型。炉底直径约10m，炉高约30m。全部高炉都设有两只以上的风嘴。高炉的另一个巨大进步就是采用热风。

近代高炉由于鼓风机能力的进一步提高，原料燃料处理更加精细，高炉炉型向"大型横向"发展。最近几年，大型钢铁企业多采用3000m³以上的大型高炉。

3.2.2 炼铁高炉结构组成

密闭的高炉本体是冶炼生铁的主体设备。它由耐火材料砌筑成竖式圆筒形，外有钢板炉壳加固密封，内嵌冷却设备保护。高炉是一种竖炉，其内部工作空间的轮廓被称为高炉内型。现代高炉本体自上而下分为炉喉、炉身、炉腰、炉腹、炉缸5个部分。炼铁高炉剖面如图3-4所示。

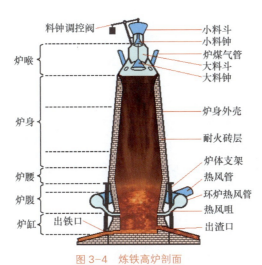

图3-4 炼铁高炉剖面

高炉本体各部分的介绍如下。

炉喉：高炉本体最上面的部分，呈圆筒形。炉喉既是炉料的加入口，也是煤气的导出口。它对炉料和煤气的上部分起控制和调节作用。炉喉直径应和炉缸直径、炉腰直径及大料钟直径比例适当。炉喉高度要允许装一批以上的料，以能起到控制炉料和煤气流分布为限。

炉身：高炉铁矿石间接还原的主要区域，呈圆台形。炉身由上向下逐渐扩大，用以使炉料在遇热发生体积膨胀后不会形成料拱，并减小炉料下降阻力。炉身角的大小对炉料下降和煤气流分布有很大影响。

炉腰：高炉直径最大的部位。它使炉身和炉腹得以合理过渡。炉腰部位有炉渣形成，并且黏稠的初成渣会使炉料透气性恶化，为减小煤气流的阻力，在渣量大时可适当扩大炉腰直径，但仍要使它和其他部位的尺寸保持合适的比例关系，比值以取上限为宜。炉腰的高度对高炉冶炼过程的影响不明显，一般只在很小范围内变动。

炉腹：高炉熔化和造渣的主要区段，呈倒锥台形。为适应炉料熔化后体积收缩的特点，炉腹的直径自上而下逐渐缩小，形成一定的炉腹角。炉腹的存在，使燃烧带处于合适位置，有利于气流均匀分布。炉腹高度随高炉的容积而定，不能过高或过低，一般为 3.0～3.6m。炉腹角一般为 79°～82°；炉腹角过大，不利于煤气流分布；炉腹角过小，则不利于炉料顺行。

炉缸：高炉燃料燃烧、渣铁反应和贮存及排放区域，呈圆筒形。出铁口、出渣口和出风口都设在炉缸部位，因此，它也是承受高温煤气及渣铁物理和化学侵蚀最剧烈的部位，对高炉煤气的初始分布、热制度、生铁质量和品种都有极其重要的影响。

3.2.3 高炉炼铁使用原料

高炉炼铁使用的原料主要有铁矿石、燃料（焦炭）和熔剂（石灰石）。通常，冶炼 1 吨生铁需要 1.5 吨～2.0 吨铁矿石，0.4 吨～0.6 吨燃料，0.2 吨～0.4 吨熔剂，总计需要 2 吨～3 吨原料。为了保证高炉生产的连续性，原料供应量要充足。因此，无论是生铁厂家还是钢厂，采购原料的工作尤其重要。虽然生铁的冶炼原理相同，但由于方法不同、冶炼设备不同，所以冶炼工艺流程也不同。

高炉生产是连续进行的。一代高炉（从开炉到大修停炉为一代）能连续生产几年到十几年。生铁是高炉产品（指高炉冶炼生铁），但高炉的产品不只有生铁，还有锰铁等，锰铁属于铁合金产品。锰铁高炉不参加炼铁高炉各种指标的计算。高炉炼铁过程中还会产生副产品（例如，水渣、矿渣棉和高炉煤气等）。

3.2.4 高炉炼铁工艺原理

炼铁过程实质上是将铁从其自然形态（矿石等含铁化合物）中还原出来的过程。

炼铁方法主要有高炉法、直接还原法、熔融还原法等，其原理是矿石在特定的环境中（还原物质 CO、H_2、C，适宜温度等）通过物理化学反应获取还原后的生铁。生铁除了少部分用于铸造，绝大部分被当作炼钢原料。

炼铁工艺流程和主要排污节点如图 3-5 所示，炼铁工艺是将含铁原料（烧结矿、球团矿或铁矿石）、燃料（焦炭、煤粉等）及其他辅助原料（石灰石、白云石、锰矿等）按一定比例自高炉炉顶装入高炉，并由热风炉在高炉下部沿炉周的风口向高炉内鼓入热风，助焦炭燃烧，在高温下焦炭中的碳同鼓入空气中的氧燃烧生成一氧化碳和氢气。原料、燃料随着炉内熔炼等过程的进行而减少，炉料和上升的煤气相遇，先后发生传热、还原、熔化、脱炭作用而生成生铁，铁矿石原料中的杂质与加入高炉内的熔剂相结合形成炉渣，炉底铁水间断地被放出并装入铁水罐，送往炼钢厂。同时产生高炉煤气和高炉渣铁两种副产品，高炉渣铁主要由矿石中不还原的杂质和石灰石等熔剂结合生成，自渣口排出后，经水淬处理后全部作为水泥生产原料；产生的煤气从炉顶导出，经除尘后，作为热风炉、加热炉、焦炉、锅炉等的燃料。炼铁高炉全部工艺流程如图 3-6 所示。

图 3-5　炼铁工艺流程和主要排污节点

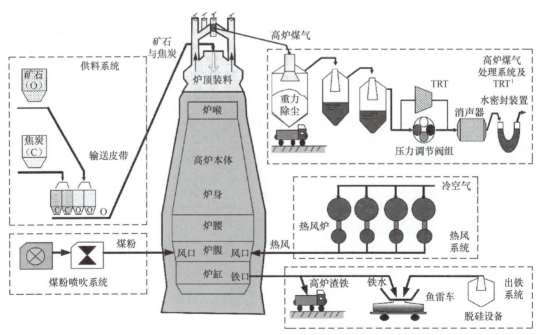

注：1. TRT（Blast Furnace Top Pressure Recovery Turbine Power Generation，炉顶煤气余压透平发电）。

图 3-6　炼铁高炉全部工艺流程

3.2.5 炼铁高炉中冶金技术

现阶段，冶金技术广泛应用于炼铁高炉中，在一定程度上节约了燃料，保护了环境，同时还提高了企业的经济效益。目前炼铁高炉中的冶金技术主要包括以下3种。

（1）高炉除尘技术

高炉除尘技术可以分为干法除尘和湿法除尘两种。通常，干法除尘需要将湿法除尘作为备用。干法除尘分为高压静电除尘和布袋除尘两种，其中，布袋除尘的成本低且除尘效果较好，适用于水资源缺乏的地区。但是，我国初期引进该技术后，由于其操作麻烦，没有推广使用。随着技术发展的成熟，我国自主研发的高炉煤气低压脉冲布袋除尘技术已在 $2600m^3$ 以下的高炉炼铁中得到广泛应用，使炼铁工艺又一次获得飞跃式发展。目前，我国已经解决了高炉开炉、长期休风、炉况失常时煤气的处理等问题，逐渐呈现出湿法除尘被淘汰的趋势。

（2）高炉喷煤技术

焦炭是高炉炼铁的必需品，一方面，焦炭的主要成分碳具有还原作用，可以将矿石中的金属还原出来，是工业冶金的重要还原剂；另一方面，焦炭需要大量的热才能发生物理化学反应，焦炭可以提供冶炼过程需要的高温，催生物理化学反应。高炉喷煤技术的主要目的是降低高炉炼铁的焦比，以减少炼焦设施，并保护环境。高炉喷煤技术将煤粉从高炉风口吹向高炉内，使煤粉接触面积增大，促使其充分燃烧，进而放出大量的热，使其在燃烧中直接提供热量，并起到还原剂的作用。该技术是现代高炉炼铁的一项重要技术，通常1吨煤粉可以节约800元的生产成本。

（3）高炉双预热技术

炼铁高炉中的热量通常来自两个方面：一是焦炭和煤粉燃烧所释放的热量，二是由热风和炉内化学反应放热所提供的热量，其中，前者是主要的热量来源，占全部热量的80%左右。而在高炉反应中，通常煤炭会有30%左右的热量转换为高炉煤气、焦炉和转炉煤气等副产煤气，这是因为煤炭通常不能完全燃烧，因此，在实际生产中，对煤气的回收利用，不仅可以节能减排，还能降低生产成本。而高炉预热技术就是把高炉内焦炭燃烧所产生的高温煤气等废气与热风炉烟道的废气混合在一起，作为热源，通常混合废气可见煤气和助燃空气预热至300℃以上，例如，宝钢、昆钢通过高炉双预热技术取得了1200℃的高风温，极大地节约了资源。

3.2.6 冶金设备信息模型

① 信息需求

设备间的直连与双向通信可以使业务决策快速下达到生产流程中，并在跨地域互联的基础上同步操作。通过实时化远程操作，设备不需要工程师手动更新，支持双向通信的设备可以远程完成故障诊断、故障排除、编程和更新等工作，降低人力成本、节省时间并提高效率。设备双向通信还可以提高数据的实时性，提高预测性维护效率。直接将操作信息反馈到设备中，可以完成自动停机、重启。例如，在热风炉系统电机运行过程中，如果检测到异常振动，工厂可以直接给设备下达降低功率的指令，以便在维护前把停机风险降到最低。当检测到温控设备效率下降时，可以尽早干预，并设置温度周期，从而保障生产效率。

❷ 信息处理

炼铁高炉由若干部件、物理属性及各类操作组成,每个部件又包含其他子部件和物理属性,通过定义相关的信息模型元素,可对炼铁高炉进行抽象描述,例如,信息模型的属性元素、属性、属性集、组件元素和服务集。构建炼铁高炉的信息模型可以为设备的互联互通互操作提供基础。设备与系统的数据需要互联互通互操作如图3-7所示。

图3-7 设备与系统的数据需要互联互通互操作

❸ 典型应用

以炼铁高炉的信息模型为例,快速集成的信息模型可以实现信息交互,具体步骤如下。
① 按照建模规则构建炼铁高炉信息模型。
② 输出炼铁高炉信息模型 XML 描述文件。
③ 以炼铁高炉信息模型 XML 描述文件为输入,信息模型加载器对其进行解析。
④ 构建信息模型后的炼铁高炉数据可以被相关系统访问。

❹ 信息模型

炼铁高炉信息模型如图 3-8 所示,在该信息模型中,标识表现为设备 ID,属性元素是信息模型元素的基本单元,属性由一系列属性元素组成,属性集由属性和子属性集组成,属性集分为静态属性集和动态属性集。炼铁高炉的系列组件和子组件共同组成信息模型的类和子类,服务集信息模型元素是多个服务的集合。

静态属性集:炼铁高炉设备的静态属性集合,包含的属性信息在设备出厂后不会变化或者变化不频繁,例如制造商名称、出厂日期等信息。

动态属性集:炼铁高炉设备的动态属性集合,例如设备运行状态、报警状态、运行时间等信息。

控制系统信息:构成炼铁高炉信息模型类的信息,包含控制系统组件的自身信息(集合 ID、集合名称)和组件列表信息,控制系统引用了多个控制器、传感器组件,这些组件表示炼铁高炉用到的温度传感器、压力传感器、炉温控制器等。

送料系统信息:构成炼铁高炉信息模型类的信息,包含原料信息管理、送料状态信息、输送带状态等子组件。

出料系统信息:构成炼铁高炉信息模型类的信息,包含炉温检测、出料控制等子组件。

辅助系统信息:构成炼铁高炉信息模型类的信息,包含组件的自身信息(集合 ID、集合名称）和组件列表信息，辅助系统信息包括热风炉系统、炉渣处理系统等子组件。

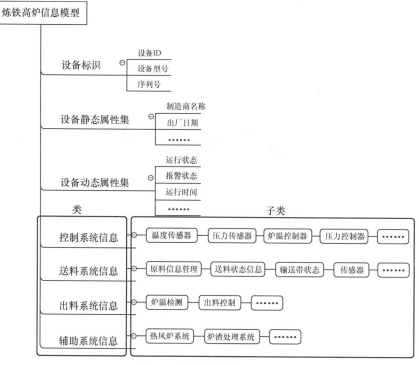

图 3-8　炼铁高炉信息模型

任务考核

认识炼铁高炉考核见表 3-2。结合小组的任务实施情况，对每名学生进行任务考核。考核过程参照 1+X 证书制度试点要求，并将结果记录在表 3-2。学生进行互评，再请教师复评。通过任务评价，各小组之间、同学之间可以通过分享实施过程，相互借鉴经验。

表 3-2　认识炼铁高炉考核

班级：						
小组：				姓名：		
				学号：		
项目		要求	应得分		得分	备注
任务实施	炼铁高炉概念	熟知炼铁高炉的定义、结构和原理，了解高炉冶炼工艺的功能和应用场景	准确率	20		
			完整性	10		
	炼铁高炉数据	关注炼铁高炉典型数据（炉温等）	准确率	20		
			完整性	10		
任务评价	小组互评	从信息获取、信息处理、分析归纳、工作态度、职业素养等方面进行评价	20			
	教师评价		20			
合计			100			

续表

经验总结	

课后活动

一、填空题

1. 高炉炼铁是由_____炼铁发展、改进而成的。

2. _____是一种经济而有效的炼铁方法。

3. 现代高炉本体自上而下分为炉喉、_____、_____、_____、炉缸 5 个部分。

4. 高炉产品有_____、_____等。高炉炼铁过程中还产生副产品_____、_____和_____。

5. 炼铁方法主要有高炉法、_____、_____等，其原理是矿石在特定的环境中（还原物质 CO、H_2、C，适宜温度等）通过物理和化学反应获取还原后的生铁。

二、简答题

1. 根据所学知识，简要阐述高炉炼铁原理。

2. 以炼铁高炉的信息模型为例，描述快速集成信息模型的步骤。

3.3 认识待采集设备数据信息

● 任务描述 ●

在上一任务中我们认识了炼铁高炉，了解了它的工作原理、生产过程中产生的数据。本次任务需要归集数据采集所需要的数据并学习数据采集方法。小 V 对连接设备和采集数据的方法可谓是驾轻就熟。

> 学习目标

◎ **素质目标：**

1. 养成科学严谨的工作态度；
2. 体验工作的成就感，树立热爱劳动意识；
3. 培养举一反三的学习能力。

◎ **知识目标：**

1. 掌握 Mint 仿真软件登录方法；
2. 掌握 Mint 仿真软件使用方法；
3. 掌握归集数据采集所需要数据的方法。

◎ **能力目标：**

1. 能够正确登录 / 退出 Mint 仿真软件；
2. 能够正确操作 Mint 仿真软件；
3. 能够正确地进入相应课程；
4. 能够正确地统计课程需要采集的数据；
5. 能够正确地选择工业智能网关并与仿真软件连接。

> 任务实施指引

3.3.1 Mint 仿真软件登录启动场景

❶ 登录仿真软件

使用鼠标双击桌面 Mint 仿真软件图标，进入登录界面，在登录界面输入账号、密码，单击"登录账号"进入仿真软件。Mint 仿真软件图标如图 3-9 所示，登录界面如图 3-10 所示。

图 3-9　Mint 仿真软件图标

图 3-10　登录界面

❷ 课程进入流程

（1）选择课程

选择课程界面如图 3-11 所示，界面会出现课程列表（根据个人权限、授课情况不同，课程界面会有所不同）。本节选择"炼铁高炉数据采集"课程。

图 3-11　选择课程界面

（2）下载场景

下载场景界面如图 3-12 所示。如果已下载，直接进入启动场景。

图 3-12　下载场景界面

（3）启动场景

启动场景界面如图 3-13 所示。

图 3-13　启动场景界面

3.3.2 炼铁高炉仿真场景介绍

1 系统结构

（1）系统结构

系统结构界面如图 3-14 所示，高炉本体构成如图 3-15 所示，炼铁高炉本体包含炉喉、炉身、炉腰、炉腹、炉缸。

图 3-14 系统结构界面

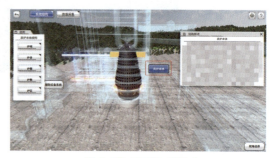

图 3-15 高炉本体构成

（2）辅助设备系统构成

辅助设备系统构成如图 3-16 所示，辅助设备系统包含高炉上料系统、送风系统、煤气除尘系统、渣铁处理系统、喷吹系统。

图 3-16 辅助设备系统构成

2 数据采集

（1）网络连接

单击"数据采集"时，软件会自动连接网络，连接正常界面如图 3-17 所示，界面左下角会提示绿灯状态。少数情况下，会出现连接异常的情况（界面左下角会提示红灯状态），连接异常界面如图 3-18 所示，此时请检查网络配置。

数据采集部分如图 3-19 所示，数据采集部分分为任务要求、数采操作指引和视角还原。

（2）任务要求

获取任务要求如图 3-20 所示。

第3章 采集炼铁高炉数据

图3-17 连接正常界面

图3-18 连接异常界面

图3-19 数据采集部分

图3-20 获取任务要求

（3）数据模拟

仿真场景启动、暂停和重置界面如图3-21所示。单击"启动"按钮，仿真软件通过协议发送数据给工业智能网关，界面实时显示发送的数据。此时，"启动"按钮变为"暂停"按钮。单击"暂停"按钮，数据停止发送。"重置"按钮用于修改数据。

图3-21 仿真场景启动、暂停和重置界面

仿真软件通过仿真场景模拟炼铁高炉设备输出生产过程数据，数据供工业智能网关采集。

（4）数据采集监控

数据采集展示如图3-22所示，场景启动后，单击设备标签会出现仿真的数据。工业智能网关采集仿真软件输出的数据，数据在Web端能够实时显示。

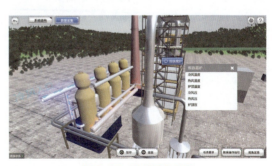

图3-22 数据采集展示

·111·

本场景主要模拟了炼铁高炉在稳态环境下的部分运行数据，例如，热风系统中的冷/热风温度、冷/热风压、炉顶压、炉顶温度等，充分了解炼铁高炉设备的相关数据。

3.3.3 整理设备数据采集评估报告

炉温是状态变量，它受输入变量的影响，例如配料、送风、富氧、喷煤等；也受控制变量的影响，例如高炉本体的温度、煤气流状态、铁量差状态等。

炼铁高炉外部可以观测的参数为状态参数。风口状况、铁水成分、炉渣成分、料速、透气性是比较重要的状态参数，状态参数可通过计算机自动采集得到，也可通过人工观察得到。

根据炼铁原理，影响炉温的控制参数有风量、风温、喷煤及焦炭负荷等。如果炼铁高炉即将或已经出现炉况失常，那就要及时调节各种参数，达到使高炉恢复正常的目的。

❶ 整理设备数据采集评估报告

采集炼铁高炉数据评估报告见表3-3。

表3-3 采集炼铁高炉数据评估报告

班级：		姓名：	
小组：		学号：	
	数据名称	数据作用	
炼铁高炉数据	温度数据		
	压力数据		
仿真软件	数据输出接口		
总结			

❷ 仿真数据输出接口

查看实训台炼铁高炉数据采集需要的硬件设备及连接方式。炼铁高炉数据输出接口如图3-23 所示。

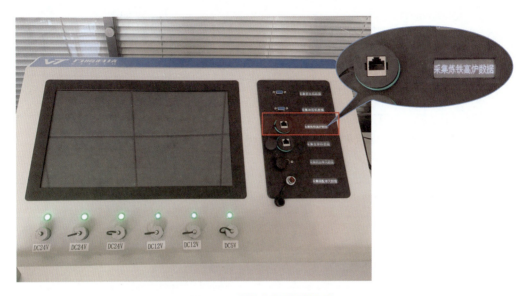

图 3-23　炼铁高炉数据输出接口

炼铁高炉模拟设备数据通信协议为私有协议，通信接口为 RJ-45。

❸ 选择工业智能网关

根据表 3-3 总结的评估报告，选择合适的工业智能网关采集设备数据。选择工业智能网关见表 3-4。

表 3-4　选择工业智能网关

网关型号	采集接口

🔍 任务考核

认识待采集设备数据信息考核见表 3-5。结合小组的任务实施情况，对每名学生进行任务考核。考核过程参照 1+X 证书制度试点要求，并将结果记录在表 3-5。学生进行互评，再请教师复评。通过任务评价，各小组之间、同学之间可以通过分享实施过程，相互借鉴经验。

表 3-5 认识待采集设备数据信息考核

班级：					姓名：	
小组：					学号：	
项目		要求		应得分	得分	备注
任务实施	收集设备信息	了解炼铁高炉通信协议，根据接口选择正确型号的工业智能网关	准确率	20		
			完整性	10		
	炼铁高炉仿真课程	掌握炼铁高炉数据采集方法	准确率	20		
			完整性	10		
任务评价	小组互评	从信息获取、信息处理、分析归纳、工作态度、职业素养等方面进行评价		20		
	教师评价			20		
合计				100		
经验总结						

课后活动

一、填空题

1. 根据炼铁原理，影响炉温的控制参数有_____、_____、喷煤及焦炭负荷等。
2. 炉温是状态变量，它受_____的影响，例如配料、送风、富氧、喷煤等；也受_____的影响，例如高炉本体的温度、煤气流状态、铁量差状态等。
3. Mint 仿真软件中炼铁高炉包含炉喉、炉身、_____、_____和_____。
4. Mint 仿真软件中炼铁高炉采集的温度数据有_____、_____、_____。
5. Mint 仿真软件中炼铁高炉采集的压力数据有_____、_____、_____。
6. 本次使用的工业智能网关采集接口类型是_____。

二、简答题

根据所学知识，简要描述登录 Mint 仿真软件并进入炼铁高炉应用场景的步骤。

3.4 配置工业智能网关参数

● 任务描述 ●

我们要先学习在工业智能网关中添加工业设备,以及添加工业设备产生的工业数据,这关系到数据是否能被正确采集。

此外,这次我们还会涉及常用的 MQTT 协议,介绍服务器的连接方式、配置方法,使用工业智能网关 MQTT 协议上传的数据。

对于有的设备在现场没有有线网络的情况,我们可以用 4G 工业智能网关,通过电信运营商的 4G 网络上传采集的数据。

● 学习目标 ●

◎ **素质目标**:
1. 养成科学严谨的工作态度;
2. 体验工作的成就感,树立热爱劳动意识;
3. 培养举一反三的学习能力。

◎ **知识目标**:
1. 掌握工业智能网关网络配置的步骤;
2. 掌握工业智能网关数据采集参数配置的步骤。

◎ **能力目标**:
1. 能够正确在 Web 界面进行网络配置;
2. 能够正确在 Web 界面进行数据采集参数配置;
3. 能够正确在 Web 界面进行 MQTT 协议上传数据配置。

● 任务实施指引 ●

3.4.1 配置前的准备工作

在工业智能网关通电后,用网线连接工业智能网关的上传接口网口(Web 登录网口)与计算机网口,设置计算机的 IP 地址与工业智能网关在同一网段下。具体步骤如下。

步骤一:在 Windows 计算机桌面单击"开始—控制面板—网络和 Internet—网络和共享中心—更改适配器—本地连接—属性"。

步骤二:选取"Internet 协议版本 4(TCP/IPv4)",然后单击"属性",或者直接双击"Internet 协议版本 4(TCP/IPv4)"。

步骤三:选择"使用下面的 IP 地址"和"使用下面的 DNS 服务器地址",按照以下参数进行填写。

IP 地址：192.168.1.*X*（*X* 值：1、100、251、255 除外）。

子网掩码：255.255.255.0。

默认网关：192.168.1.1（可以忽略）。

DNS 服务器：114.114.114.114（可以忽略）。

填写完毕后，单击"确定"保存设置。

计算机 IP 地址设置如图 3-24 所示。

图 3-24　计算机 IP 地址设置

通过交换机或网线直连的方式，使计算机和工业智能网关在同一段网络内。

3.4.2　工业智能网关的固件升级

在进行工业智能网关参数配置之前，需要把实训内容对应的工业智能网关采集固件升级成相应的实训项目固件。

打开升级软件，软件地址在 D:\固件升级\升级软件\MFCConfig.exe。升级软件地址及名称如图 3-25 所示。

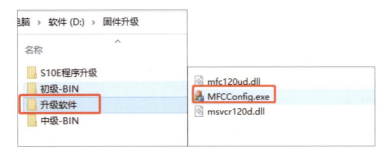

图 3-25　升级软件地址及名称

升级软件界面如图 3-26 所示。单击"检索设备"可以查看目前局域网中连接的设备。

第3章 采集炼铁高炉数据

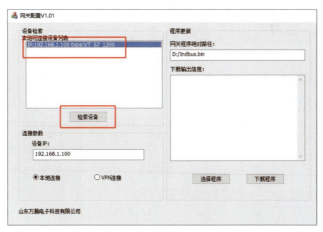

图 3-26 升级软件界面

单击"选择程序"弹出对话框,选择对应的实训项目固件,中级固件在"D:\固件升级\中级-BIN"目录内。选择实训项目固件如图 3-27 所示。

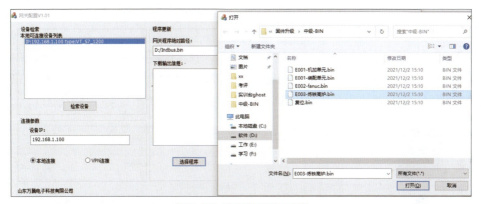

图 3-27 选择实训项目固件

单击"下载程序",下载实训项目固件如图 3-28 所示,如果出现下载错误,检查网络没有问题后,再次执行下载程序,直至下载成功。

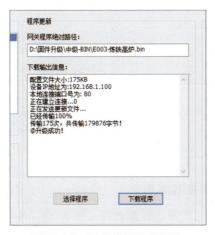

图 3-28 下载实训项目固件

登录工业智能网关数据采集配置界面,界面右侧显示对应的实训项目名称,说明下载成功,可进行后续配置,工业智能网关数据采集配置界面如图 3-29 所示。

图 3-29　工业智能网关数据采集配置界面

3.4.3　工业智能网关的系统信息配置

工业智能网关系统信息配置界面如图 3-30 所示。在本配置界面中,只有"设备 ID"可以进行配置,通常并不做修改,但是如果现场设备繁多、种类复杂,需要进行规范化管理时,建议对工业智能网关进行规律化、规范化的命名(只能由数字、大小写字母及下划线构成)。

图 3-30　工业智能网关系统信息配置界面

3.4.4　工业智能网关的网络配置

ETH2 以太网口为数据接口,与计算机端连接,其 IP 地址可进行重新配置,但是需要注意,IP 地址应与计算机的网络配置在同一网段,但不相同。子网掩码、网关、DNS 按网络要求配置,默认 255.255.255.0、192.168.1.1、8.8.8.8。其余参数不可随意改动，例如，Modbus 映射区域默认值为 1。工业智能网关网络配置界面如图 3-31 所示。

图 3-31　工业智能网关网络配置界面

3.4.5　工业智能网关的采集网口配置

ETH3 以太网口为采集接口，与设备端连接，其 IP 地址可进行重新配置，但是需要注意，IP 地址应与设备的网络配置在同一网段，但不相同。子网掩码、网关、DNS 按网络要求配置，默认 255.255.255.0、192.168.1.1、8.8.8.8。工业智能网关采集网口配置界面如图 3-32 所示。

图 3-32　工业智能网关采集网口配置界面

3.4.6　工业智能网关的数据采集参数配置

工业智能网关数据采集配置参数主要包括炼铁高炉的 IP 地址、端口号、Modbus 采集 ID、Modbus 采集功能码。这些参数大多已固定或由现场工程师提前提供，需要按照要求进行配置。

3.4.7 工业智能网关的 4G 功能

4G 物联网网关也可接入物联云平台，通过云短信、云语音、邮件、网页弹窗直接远程监测、管理、设置远程终端，从而实现对远程工业现场的监控。4G 物联网网关广泛应用于无人值守的机房、水泵控制、污水处理、气象环境、智慧养殖等场合。

带有 LTE 4G 功能的工业智能网关内置 LTE 4G 模块和 4G 物联网卡，通过 4G 网络上传工业智能网关采集的数据。

因 4G 卡流量已开通，设置完成后即可使用 MQTT 协议上传功能。

3.4.8 MQTT 协议上传数据配置

❶ 参数设置介绍

MQTT 协议上传数据配置界面如图 3-33 所示。它是工业智能网关使用 MQTT 协议上传数据时的参数配置界面。内容主要包括 MQTT 服务器、发布主题及现场设备所要采集的数据信息等参数配置。

图 3-33 MQTT 协议上传数据配置界面

MQTT 协议上传数据的配置说明如下。

Server IP：MQTT 服务器的 IP 地址。服务器可以部署在云端或本地，需要建立并启动服务才能进行 MQTT 协议的数据通信。

端口号：一般 1883 为 MQTT 服务器默认使用的端口号。在特殊情况下（例如多个 MQTT 服务器同时提供服务时）可指定其他端口号被 MQTT 服务器使用，并不唯一。

开启：勾选表示启用 MQTT 协议上传数据，反之则不启用 MQTT 协议上传功能。

登录账号和登录密码：MQTT 服务器如果要求连入的客户端输入账号和密码，此时网关作为连入的客户端就需要配置此参数。一般在无安全要求的情况下，MQTT 服务器开放客户端的连入，不需要配置账号和密码。

ID：是使用 MQTT 协议上传数据唯一的身份标识，客户端 ID 必须唯一，不能重复。数值可修改但应保证所有连入 MQTT 服务器中的每个客户端 ID 唯一，一般默认即可，因为网关的设备 ID 也必须唯一，所以网关出厂配置时便将两个 ID 设置为同一个且出厂时每个网关的 ID 均不同。设备 ID 如图 3-34 所示。图中的网关"设备 ID"和 MQTT 协议上传数据配置界面的"ID"都是"002F1035"。

图 3-34　设备 ID

设备名称：不支持输入汉字及个别特殊符号，可简单定义命名。

令牌：工业智能网关针对个别厂家配合其上层软件的格式新增的一个设置项，一般不需要设置。

发布主题 1：填写主题内容。

QoS：MQTT 服务质量优先级，数值有 0、1、2 共 3 种。

QoS0：至多一次确保消息到达服务器。

QoS1：至少一次确保消息到达服务器。

QoS2：服务器肯定会收到消息且只收到一次，服务器收到客户端确认消息后才能对订阅者投递消息，开销最大。

① 可根据实际需求合理选择优先级。QoS2 比 QoS0 传输数据更可靠但占用时间及带宽，QoS0 相较于 QoS2，可能会出现数据丢失但效率高。对于数据丢失情况，QoS0 最大，QoS2 最小。

② 对于发布主题和 key 的数量（变量）的说明：工业智能网关 MQTT 协议上传数据配置界面可增加或删除多个发布主题，每个发布主题下可增加或删除多个需要采集的设备参数值信息（key）；但发布主题 1 及其下面的第一个 key 只能增加。每个 MQTT 主题最多的 key 的数量

为 20，即一个发布主题可同时发布 20 个设备参数值信息，超过 20 个以上的信息为无效信息，应选择再增加一个发布主题后继续增加剩余的设备参数值信息。

注：在本地计算机 MQTT.fx 客户端或云端 MQTT.fx 客户端查看工业智能网关上传的数据时，其客户端的订阅主题必须为设备名称 / 发布主题，两者结合组成客户端的订阅主题。发布主题是发送消息，订阅主题是接收消息。

例如，设备名称定义为"vtstarA12/jijiagong/AS1/840D"，发布主题 1 定义为"840D/04"，其客户端查看时的订阅主题为"vtstarA12/jijiagong/AS1/840D/840D/04"。工业智能网关 MQTT 协议发布主题如图 3-35 所示。

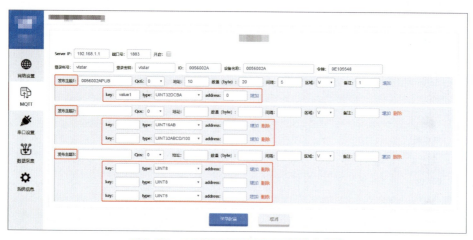

图 3-35　工业智能网关 MQTT 协议发布主题

使用 MQTT.fx 客户端订阅主题，MQTT.fx 客户端订阅主题示意如图 3-36 所示。

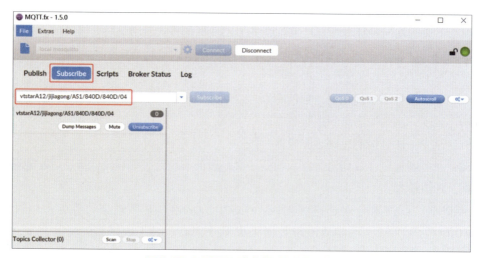

图 3-36　MQTT.fx 客户端订阅主题示意

❷ 配置步骤及示例

MQTT 协议上传数据配置步骤如图 3-37 所示。

第 3 章 采集炼铁高炉数据

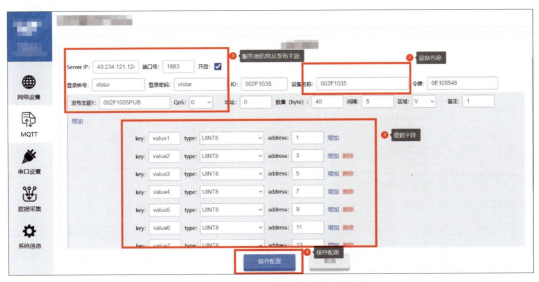

图 3-37 MQTT 协议上传数据配置步骤

配置完成后，可通过远程固件更新程序保存配置参数，并可快速将其配置到其他采集同类型机器的网关上。

❸ 本项目 MQTT 协议上传数据配置

根据实际项目的需要，工业智能网关可以把采集的设备数据根据数据传输协议上传至服务器端，例如设备管理系统或其他应用，工业智能网关支持的上传协议有 MQTT、Modbus TCP 等。

本项目 MQTT 协议上传数据配置如图 3-38 所示。

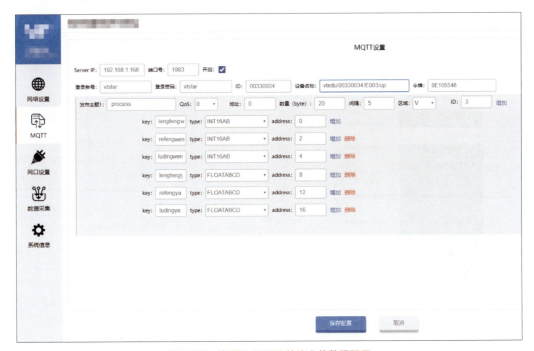

图 3-38 本项目 MQTT 协议上传数据配置

· 123 ·

3.4.9 工业智能网关数据库配置方法

如果网络连接不畅，工业智能网关会自动将数据保存在本地数据库中，说明如下。

❶ 工业智能网关默认 IP 地址

IP 地址：192.168.1.10。

❷ 存储管理界面配置

（1）存储管理界面的功能和结构

该界面的主要功能是反应数据存储能力，实时采集频率要求的配置项。

界面中红色显示的"Redis 记录阈值"为工业智能网关实时采集频率范围的最大超出比例限值，是关键参数。标号选项卡 1、2、3 为实时缓存数据存储，选项卡 4、5 为磁盘数据存储；选项卡 1、2 参数配置对应选项卡 4、5，区别在于一个为缓存，一个为磁盘。存储管理界面如图 3-39 所示。

图 3-39　存储管理界面

界面中 5 个选项卡显示的是当前默认配置状态下的参数状态。单击界面中 5 个选项卡中的任意一个，均可跳转至对应的参数配置界面。存储管理参数配置界面如图 3-40 所示。

图 3-40　存储管理参数配置界面

（2）存储管理参数配置界面

在工业智能网关实际参数配置中，此界面内容为默认，不需要配置。针对一些特殊要求，此界面可做适当参数调整配置。以下为各项值的介绍。

① Redis 最大记录（项）：在网关缓存中，按时间戳保存记录的数据量；取值为100项～2000项。

② Redis 记录间隔（毫秒）：在网关缓存中，按时间戳新增记录的时间间隔；最小为1毫秒，默认时间间隔为100毫秒；时间间隔越小，记录数据量越多，反之则数据量越少。

③ Redis 记录阈值（%）：新增数据量的最大比例，与 Redis 最大记录（项）有关，数据量超过阈值比例将不再新增；阈值比例默认20%，参数范围在100%以内。例如，Redis 最大记录（项）设置为1000项，阈值比例为20%，则网关可新增的数据量为1000×20%=200，即Redis 网关承受的最大记录（项）为1000+200=1200项。

④ Sqlite3 最大记录（项）：在网关磁盘中，按时间戳保存记录的数据量；取值为1项～1000000项。数据来源于缓存，网关内置了高性能关系数据库系统，主要作用是对数据存盘、断点续传、断网保护等功能进行开发。数据量最大值为1000000项。按照最新时间戳来更新数据量，例如，前一个时间戳达到1000000项，下一个时间戳新增的一项会将上一个时间戳最早的一项删除。

⑤ Sqlite3 记录间隔（毫秒）：在网关磁盘中，按时间戳新增记录的时间间隔；取值为5000毫秒～20000毫秒。

任务考核

配置工业智能网关参数考核见表3-6，结合小组的任务实施情况，对每名学生进行任务考核。考核过程参照1+X证书制度试点要求，并将结果记录在表3-6。学生进行互评，再请教师复评。通过任务评价，各小组之间、同学之间可以通过分享实施过程，相互借鉴经验。

表3-6 配置工业智能网关参数考核

班级：					姓名：	
小组：					学号：	
项目		要求		应得分	得分	备注
任务实施	配置准备工作	能够配置计算机端网络参数与工业智能网关在同一网段内；能够根据所学知识进入工业智能网关配置界面	准确率	15		
			速度	5		
	进行信息配置和网络配置	熟知配置界面内容，注意命名规范；熟知配置参数的含义和默认数值，并完成网络配置	准确率	15		
			完整性	5		
	数据采集配置	填写正确的采集信息	准确率	15		
			完整性	5		
任务评价	小组互评	从信息获取、信息处理、分析归纳、工作态度、职业素养等方面进行评价		20		
	教师评价			20		
合计				100		

续表

经验总结	

课后活动

一、填空题

1. MQTT 协议上传数据配置界面中_____表示启用 MQTT 协议上传数据，反之则不启用 MQTT 协议上传功能。

2. QoS 是指的 MQTT 服务质量优先级，其数值有 0、1、2 共 3 种。_____比_____传输数据更可靠但占用时间及带宽，_____与_____相比，可能发生数据丢失但效率高。

3. 我们使用的是工业智能网关的_____与仿真软件设备网口通信。

二、判断题

1. 工业智能网关以 4G 信号上传数据时，需要配置特殊参数。（   ）

2. ID 是 MQTT 协议上传数据唯一的身份标识，客户端 ID 不能修改。（   ）

3. 工业智能网关系统信息配置界面中"设备 ID"不可修改。（   ）

三、简答题

根据所学知识，简要阐述在工业智能网关参数配置时，计算机端的设置步骤。

3.5 测试工业互联网设备数据采集系统

● 任务描述 ●

经过网关选型、网关连接、配置参数等一系列过程后，小 V 感觉自己离成功又近了一步，张工程师说道："小 V，在采集炼铁高炉数据时，我们还有一个重要的步骤，那就是测试咱们所搭建的工业互联网设备数据采集系统是否能正常运行工作。"

● 学习目标 ●

◎ **素质目标：**

1. 养成科学严谨的工作态度；
2. 体验工作的成就感，树立热爱劳动意识；
3. 培养举一反三的学习能力。

◎知识目标：

1. 掌握工业智能网关网络连接状态检测方法；
2. 掌握常用网络工具的使用方法；
3. 掌握 Mint 仿真软件的使用方法。

◎能力目标：

1. 能够通过计算机正确检测网关设备网络连接状态；
2. 能够正确判断网关与计算机端的网络通信数据；
3. 能够正确判断工业智能网关采集数据的实时性；
4. 能够正确判断工业智能网关采集数据的准确性。

● 任务实施指引 ●

尽管世界各国研发了很多炼铁方法，但由于高炉炼铁工艺相对简单、产量大、劳动生产率高、能耗低，故高炉炼铁仍然是目前最佳的炼铁方法，是其他炼铁方法不可比拟的。

我们将通过仿真软件模拟高炉炼铁这一生产过程：应用焦炭、含铁矿石（天然富块矿、烧结矿和球团矿）和熔剂（石灰石、白云石）在高炉内连续生产液态生铁。在运行过程中，通过工业智能网关采集冷/热风温度、炉顶温度、冷/热风压、炉顶压等充分了解炼铁高炉设备的生产数据和数据采集全过程，从而给进入工业现场进行炼铁高炉数采实操打下坚实基础。

根据表 3-1 可以了解待采集设备输出的数据及接口形式，根据表 3-4 选择合适的工业智能网关，下面就可以测试搭建的数据采集系统，验证数据采集系统的各项性能。

3.5.1 选择并配置工业智能网关

在浏览器地址值栏中输入工业智能网关的默认地址（如果工业智能网关 IP 地址已修改，输入修改后的实际 IP 地址）。

❶ 计算机连接工业智能网关

通过交换机或网线直连的方式使计算机和工业智能网关在同一网络内，通过浏览器登录工业智能网关配置界面。

❷ 配置工业智能网关参数

根据 3.4 节操作步骤，所选工业智能网关的采集网口配置如图 3-32 所示；工业智能网关数据采集配置如图 3-29 所示。

3.5.2 工业智能网关连接 Mint 仿真软件

通过 3.3 节，我们了解了炼铁高炉需要采集的数据参数及通信协议，确定使用的工业智能网关类型。下面，我们通过通信电缆连接工业智能网关与仿真接口。

通过 T568B 线序网线连接仿真接口与工业智能网关。仿真数据接口所在位置如图 3-41 所示。

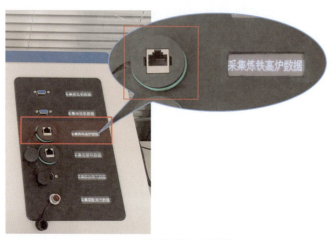

图 3-41　仿真数据接口所在位置

3.5.3　启动炼铁高炉应用场景

启动仿真软件，进入炼铁高炉应用场景的数据采集界面，等待连接状态变为绿色，然后单击"启动"按钮，炼铁高炉输出模拟的生产数据，数据供工业智能网关采集。炼铁高炉数据采集界面如图 3-42 所示。

图 3-42　炼铁高炉数据采集界面

3.5.4　测试数据采集系统

❶　验证采集数据的准确性

打开浏览器，进入客户端界面。登录工业互联网设备数据采集系统如图 3-43 所示。

第 3 章 采集炼铁高炉数据

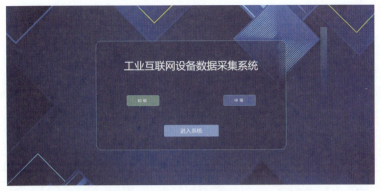

图 3-43 登录工业互联网设备数据采集系统

选择"中级",单击"进入系统"。选择中级项目界面如图 3-44 所示。

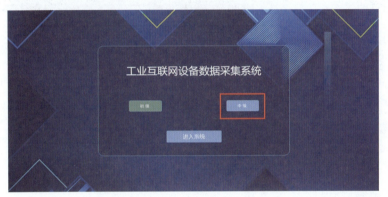

图 3-44 选择中级项目界面

采集炼铁高炉数据界面如图 3-45 所示。单击左侧"采集炼铁高炉数据",进入采集炼铁高炉数据界面,左侧为实训项目名称,单击项目名称可进入相应的实训项目,右侧为采集配置区及采集数据展示区。输入对应的 IP 地址和端口号,单击"连接",界面会显示采集到的炼铁高炉数据。将上述数据与 Mint 仿真软件中模拟的数据对比,可验证采集数据的准确性。

图 3-45 采集炼铁高炉数据界面

❷ 验证采集数据的实时性

Mint 仿真软件应用场景启动后，工业智能网关采集相应的生产数据，界面能够实时显示采集的数据，并显示网络连接状态。

采集数据监控界面如图 3-46 所示，通过单击"重置"和"启动"按钮修改数据，数据在客户端界面能够实时变化，通过对比仿真软件中模拟的数据和客户端展现的数据，可以查看数据采集的实时性。

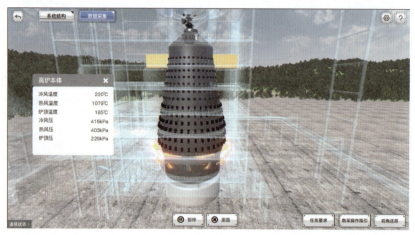

图 3-46 采集数据监控界面

❸ 设备数据的存储及历史查询

（1）存盘时间设置

可以根据所采集的设备数据需求设置存盘时间间隔即采样周期，通过单击图 3-48 右上方的"数据存储"按钮，进入存储设置页面，采集数据存储设置界面如图 3-47 所示，可以设置存盘时间间隔和选择是否存盘。

图 3-47 采集数据存储设置页面

（2）历史数据查询及导出

如果选择了存储采集数据，可以通过数据查询查看历史数据。查看采集的历史数据界面如图 3-48 所示，单击界面右上方的"历史数据"按钮，进入相对应的页面选择查询的时间段，单击"查询"，右侧列表会显示查询结果。

图 3-48　查看采集的历史数据界面

单击"导出"按钮导出所查询的历史数据，以 Excel 方式保存。

❹ 验证数据采集的稳定性

通过记录一定时间段内的连续采集数据，查看采集的历史数据，在采集时间段内未出现采集数据异常（例如数据丢失、采集数据不准确）、工业智能网关网络掉线等情况，可以认定数据采集系统运行稳定。

实训结束后，按照关闭计算机、断开工业设备电源、关闭工业智能网关电源、拔出采集连接线、关闭实训台总电源的顺序完成操作并整理好实训台上的各种物品。

计划决策

测试工业互联网设备数据采集系统分工明细见表 3-7，为了保证任务顺利实施，我们应该先做好相应的计划。根据任务内容，各小组做好计划，分工到每个组员，然后按照小组决策将本组的工作计划填入表 3-7。

表 3-7　测试工业互联网设备数据采集系统分工明细

序号	任务分工	操作人员	注意事项
1	查看炼铁高炉数据类型，选择对应的工业智能网关		
2	连接炼铁高炉及工业智能网关采集接口		
3	配置工业智能网关参数		
4	测试工业智能网关与计算机端的网络连通性		
5	测试工业智能网关数据通信的准确性、实时性		

续表

序号	任务分工	操作人员	注意事项
6	存储采集数据，根据条件查询存储的历史数据		
7	填写工业互联网设备数据采集测试报告		

● 任务实施 ●

测试工业互联网设备数据采集系统检查明细见表3-8。以小组为单位，组内学员每两人一组互换任务单，对已设置的工业智能网关采集数据是否全面、准确、合理进行检查，并将检查结果记录在表3-8。

表3-8 测试工业互联网设备数据采集系统检查明细

班级：				
小组：		姓名：		
		学号：		
序号	检查项目	是	否	分值
1	能够通过计算机正确检测网关设备网络连接状态			10
2	能够正确判断工业智能网关与计算机端的网络通信数据			20
3	能够正确判断工业智能网关采集数据的实时性			20
4	能够正确判断工业智能网关采集数据的准确性			20
5	能够选择正确的方法测试数据采集系统			30
	小计分数			

🔍 任务考核

测试工业互联网设备数据采集系统考核见表3-9。结合小组的任务实施情况，对每名学生进行任务考核。考核过程参照1+X证书制度试点要求，并将结果记录在表3-9。学生进行互评，再请教师复评。通过任务评价，各小组之间、同学之间可以通过分享实施过程，相互借鉴经验。

表3-9 测试工业互联网设备数据采集系统考核

班级：					
小组：			姓名：		
			学号：		
	项目	要求	应得分	得分	备注
任务实施	能够明确采集数据	能够明确采集设备数据； 能够明确采集方式、设备数据采集接口	准确率 10		
	选择并连接工业智能网关	能够选择正确的工业智能网关； 能够正确配置采集参数； 能够正确配置MQTT协议上传数据； 能够正确连接工业互联网设备与工业智能网关	准确率 20 完整性 10		
	登录场景	能够正确进入仿真场景； 能够正确设置模拟数据	准确率 10 完整性 10		
	验证采集数据的实时性、准确性	能够通过仿真软件验证采集数据的实时性、准确性	准确率 20		

续表

项目		要求	应得分	得分	备注
任务评价	小组互评	从信息获取、信息处理、分析归纳、工作态度、职业素养等方面进行评价	10		
	教师评价		10		
合计			100		
经验总结					

任务实施评价

测试工业互联网设备数据采集系统项目评价见表3-10。综合小组的任务实施情况，对照项目评价表，学生进行互评，再请教师复评。通过任务实施评价，各小组之间、同学之间可以通过分享实施过程，相互借鉴经验，最后将评价结果记录在表3-10。

表3-10 测试工业互联网设备数据采集系统项目评价

专业：			姓名：		
班级：			学号：		
各位同学： 　　为了考查"测试工业互联网设备数据采集系统"的教学效果，请针对下列评价项目并参考评价标准于自评部分填写A、B、C、D、E其中一项后，再请教师复评					
	评价标准				
符号向度	A	B	C	D	E
1.安全操作（10%）	能很好地执行安全操作守则，操作过程无任何安全隐患	能很好地执行安全操作守则，操作过程有极少的安全隐患	能较好地执行安全操作守则，操作过程有少量安全隐患	能基本执行安全操作守则，操作过程存在隐患	不能执行安全操作守则，操作过程发生安全事故
2.信息获取（15%）	能准确识读任务信息，准确使用信息	能准确识读任务信息，使用信息错误极少	能基本识读任务信息，使用信息错误较少	能基本识读任务信息，使用信息错误较多	不能准确识读任务信息，使用信息完全错误
3.工作能力（50%）	能很好地根据任务工单完成指定操作项目，实施方案准确、操作过程正确、熟练	能较好地根据任务工单完成指定操作项目，实施方案准确、操作过程较为正确、熟练	能根据任务工单完成指定操作项目，实施方案准确、操作过程基本正确、较为熟练	能根据任务工单基本完成指定操作项目，实施方案基本准确、操作过程基本正确	不能根据任务工单完成指定操作项目，实施方案不准确、操作过程不正确
4.工作态度（15%）	操作过程熟练、规范、正确	操作过程较熟练、较规范、正确	操作过程较熟练、较规范、基本正确	操作过程较规范、基本正确	操作过程不规范、不正确

续表

评价标准					
符号向度	A	B	C	D	E
5. 职业素养（10%）	6S操作规范，有很强的职业素养	6S操作规范，有较强的职业素养	6S操作较为规范，有一定的职业素养	6S操作较为规范，有基本的职业素养	6S操作不规范，职业素养欠缺

注：在各项目中，A、B、C、D、E依次占配分的100%、80%、60%、30%、0

评价项目	自评与教师复评（A～E）		
	自评	校内教师复评	企业教师复评
1. 安全操作（10%）			
2. 信息获取（15%）			
3. 工作能力（50%）			
4. 工作态度（15%）			
5. 职业素养（10%）			
合计：		评价教师：	
经验分享：			

任务实施处理

在任务实施的过程中，我们往往会忽视很多问题，使实施过程和结果不尽如人意。只有不断反思和训练，我们的技能才能提高。任务实施问题改进见表3-11。请总结自己在实施任务过程中遇到的问题，反思并完成表3-11。

表3-11 任务实施问题改进

专业：		班级：	
姓名：		学号：	
任务实施问题点			

续表

改进计划	
改进后任务实施达标情况	□达到预期　　　　　　　　　□未达到预期
没达到预期效果的原因	
再次改进计划	

注：后续改进计划可附表。

一、填空题

1.通过_____或_____的方式连接计算机和工业智能网关在同一网络内，通过浏览器登录工业智能网关配置界面。

2.通过_____线序的网线连接仿真接口与工业智能网关。

二、简答题

根据本实训内容所学知识，简要阐述使用 MQTT.fx 客户端验证数据采集正确性的步骤。

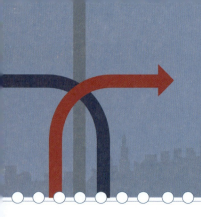

第4章

采集塑料挤出机数据

塑料制品是以合成树脂（高分子化合物）为主要原料，采用挤塑、注塑、吹塑、压延、层压等工艺加工成型的各种制品。塑料制品包括生活塑料制品及工业塑料制品等。塑料制品行业产业链覆盖范围广泛，上游产业包括直接材料、辅料、相关设备等行业，下游应用领域涉及建材、农业、日用品、医疗、汽车等。

本项目重点在于生产上述塑料制品的机床，以仿真软件模拟实际生产情况，着眼实际应用中数据采集项目的全流程，通过了解塑料制品行业知识、认识塑料挤出机、认识待采集设备数据信息、设置工业智能网关参数、测试工业互联网设备数据采集系统5个步骤，掌握数据采集各个实施步骤中的知识点和技能点。

4.1 认识塑料制品行业

● 任务描述 ●

小V，咱们最近客户的范围有所扩展，从机械加工延伸到塑料制品，这里我不得不提到目前这个行业的发展情况：2020年，全国塑料制品行业完成产量为7603.2万吨，企业实现营业收入高达18890.1亿元，利润额达1215.2亿元，同比增长18.4%；2020年全年，塑料制品商品出口额达852.7亿美元，同比增长19.6%，说明这个行业的发展前景良好且稳定。

今天咱们的主要任务就是系统地了解和学习与这个行业体系相关的理论知识。

● 学习目标 ●

◎素质目标：

1. 养成科学严谨的学习态度；
2. 体验工作的成就感，树立热爱劳动意识。

◎知识目标：

1. 了解塑料制品行业的发展历程；
2. 理解塑料制品的分类；
3. 了解塑料制品的性能特点。

◎能力目标：

1. 根据"十四五"规划纲要，对塑料制品行业的未来发展展开讨论；
2. 能说出常用的塑料制品生产设备。

第4章 采集塑料挤出机数据

▶ 任务实施指引 ◀

相对于金属、石材、木材，塑料制品具有成本低、可塑性强等优点，在国民经济中应用广泛，塑料工业在当今世界上占有极为重要的地位，塑料制品的生产在世界各地高速发展。

我国塑料制品产量在世界排名中始终位于前列，其中多种塑料制品产量已经位于全球首位，我国已经成为世界塑料制品生产大国，各种塑料制品如图4-1所示。

图4-1 各种塑料制品

从需求来看，我国人均塑料消费量与世界发达国家相比还有很大的差距。据统计，对于衡量一个国家塑料工业发展水平的指标（塑钢比），我国仅为30∶70，不及世界平均的50∶50。未来随着我国改性塑的技术进步和消费升级，我国塑料制品预计可保持10%以上的增速。

塑料制品应用广泛，庞大的下游行业为我国塑料制品行业的发展提供了强有力的支撑。随着《振兴石化行业规划细则》的出台，我国塑料制品行业迎来新的发展机遇。我国塑料制品市场需求主要集中于农用塑料制品、包装塑料制品、建筑塑料制品、工业交通及工程塑料制品等方面。

经过数十年的快速发展，我国塑料制品行业发生了巨大的变化。特别是近年来，我国塑料制品行业在产业结构调整、转型和升级中不断发展，保持快速的发展态势，产销量都位居全球首位，其中塑料制品产量占世界总产量的比重约为20%。

4.1.1　行业介绍

目前，我国塑料制品行业正处于由粗放型高速增长阶段向高端型缓慢增长阶段转变的关键时期。今后，塑料制品工业重点发展高性能、多功能的产品，在绿色环保材料方面取得新的突破，加快节能、绿色、高效加工成型技术的应用开发，提高高端产品比重。

塑料制品是一种用途广泛的高分子材料，在我们的日常生活中，塑料制品比比皆是。塑料集金属的坚硬性、木材的轻便性、玻璃的透明性、陶瓷的耐腐蚀性、橡胶的弹性和韧性于一身，因此被更广泛地应用于航空航天、医疗器械、石油化工、机械制造、国防、建筑等各行各业。塑料以优异的性能逐步代替了传统的钢材、木材、纸张和棉花，已经成为人们生活中不可缺少的助手，各种塑料制品主要用途见表4-1。

表 4-1　各种塑料制品主要用途

塑料名称	英文简称	主要用途
聚氯乙烯	PVC	玩具、棒材、管材、板材等
低密度聚乙烯	LDPE	包装袋、电缆等
高密度聚乙烯	HDPE	包装、建材、水桶、玩具等
乙烯-醋酸乙烯酯	EVA	鞋底、薄膜、板片、日用品等
氯化聚乙烯	CPE	建材、管材、电缆绝缘层、包装材料
聚丙烯	PP	无纺布、包装袋、拉丝、日用品、玩具
氯化聚丙烯	PP-C	日用品、电器等
通用聚苯乙烯	PS	灯罩、仪器壳罩、玩具等
高抗冲聚苯乙烯	HIPS	日用品、电器零件、玩具等
丙烯腈-丁二烯-苯乙烯	ABS	电器用品外壳、日用品、高级玩具、运动用品
苯乙烯-丙烯腈	AS（SAN）	日用透明器皿、透明家庭电器用品等
丙烯腈-苯乙烯-丙烯腈	ASA	户外家具、汽车外侧视镜壳体
聚甲醛	POM	耐磨性好，可以作机械齿轮、轴承等
聚碳酸酯	PC	高抗冲的透明件，作高强度及耐冲击的零部件
聚四氟乙烯	PTFE	高频电子仪器、雷达绝缘部件
聚对苯二甲酸乙二醇酯	PET	轴承、链条、齿轮、录音带、矿泉水瓶等
聚酰胺	PA	轴承、齿轮、油管、容器、化工、电器装置等
聚甲基丙烯酸甲酯	PMMA	透明装饰材料、灯罩、挡风玻璃、仪器表壳
苯酚-甲醛树脂	PF	无声齿轮、轴承、电机、通信器材配件等
三聚氰胺甲醛树脂	MF	食品、日用品、开关零部件等
聚酰胺树脂	PU	鞋底、椅垫、床垫、人造皮革

4.1.2　塑料制品加工工艺

塑料成型加工是一门工程技术，涉及将塑料转变为塑料制品的各种工艺，常见的塑料工艺有 3 种：挤出、注塑、吹塑。

❶ 挤出成型

挤出成型又称挤塑成型，塑料挤出机实物如图 4-2 所示，主要适合热塑性塑料的成型，也适合部分流动性较好的热固性和增强塑料的成型。其是利用转动的螺杆，将被加热熔融的热塑性原料，从具有所需截面形状的机头挤出，然后由定型器定型，再通过冷却器使其冷硬固化，成为所需截面的产品。

图 4-2　塑料挤出机实物

❷ 注塑成型

注塑成型原理是将粒状或粉状的原料加入注射机的料斗里,原料经加热熔化后呈流动状态,在注射机的螺杆或活塞的推动下,经喷嘴和模具的浇注系统进入模具型腔,在模具型腔内硬化定型,注塑流程如图 4-3 所示。影响注塑成型质量的要素有注入压力、注塑时间、注塑温度。注塑机实物如图 4-4 所示。

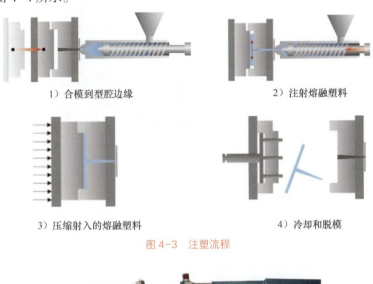

1)合模到型腔边缘　　　　2)注射熔融塑料

3)压缩射入的熔融塑料　　4)冷却和脱模

图 4-3　注塑流程

图 4-4　注塑机实物

❸ 吹塑成型

吹塑成型是指将塑料挤出机挤出的熔融热塑性原料夹入模具,然后向原料内吹入空气,熔融的原料在空气压力的作用下膨胀,向模具型腔壁面贴合,最后冷却固化成为所需产品形状。吹塑成型又可分为薄膜吹塑和中空吹塑两种。吹塑机实物如图 4-5 所示。

图 4-5　吹塑机实物

薄膜吹塑生产工艺如图 4-6 所示，薄膜吹塑是将熔融塑料从塑料挤出机机头口模的环行间隙中呈圆筒形薄管挤出，同时从机头中心孔向薄管内腔吹入压缩空气，将薄管吹胀成直径更大的管状薄膜。

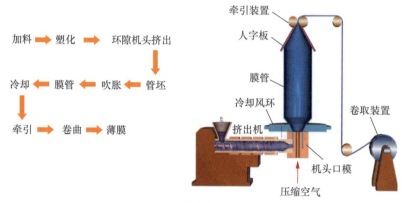

图 4-6 薄膜吹塑生产工艺

中空吹塑生产工艺如图 4-7 所示，中空吹塑成型是借助气体压力，将闭合在模具型腔中的处于类橡胶态的型坯吹胀成为中空制品的二次成型技术，是生产中空塑料制品的方法。

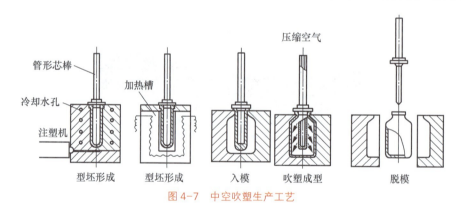

图 4-7 中空吹塑生产工艺

4.1.3 塑料制品性能特点

塑料制品与其他材料相比，有以下 5 个方面的性能特点。

① 重量轻

塑料是较轻的材料，相对密度为 0.90～2.2。这种特性使塑料可用于要求减轻自重的产品生产中。

② 优良的化学稳定性

绝大多数的塑料对酸、碱等化学物质都具有良好的抗腐蚀性能。特别是俗称为"塑料王"的聚四氟乙烯（F4），它的化学稳定性甚至胜过黄金，放在"王水"中煮十几小时也不会变质。F4 具有优异的化学稳定性，是理想的耐腐蚀材料，例如，F4 可以作为输送腐蚀性和黏性液体管道的材料。

❸ 优异的电绝缘性能

普通塑料是电的不良导体，其表面电阻、体积电阻很大，可达 $10^9 \sim 10^{18}\Omega$，击穿电压大，介质损耗角正切值很小。因此，塑料在电子工业和机械工业上有着广泛的应用，例如塑料绝缘控制电缆。

❹ 热的不良导体，具有消声、减震作用

一般来讲，塑料的导热性是较低的，相当于钢的 $1/225 \sim 1/75$，泡沫塑料的微孔中含有气体，其隔热、隔音、防震性能更好。

聚氯乙烯的导热系数仅为钢材的 $1/357$、铝材的 $1/1250$。在隔热能力上，单玻塑窗比单玻铝窗高 40%，比双玻铝窗高 50%。将塑料窗体与中空玻璃结合起来后，在住宅、写字楼、病房、宾馆中使用，冬天节省取暖开支，夏季节约空调用电开支，优势十分明显。

❺ 较广的机械强度分布范围和较高的比强度

有的塑料坚硬如石头、钢材，有的柔软如纸张、皮革。从塑料的硬度、抗张强度、延伸率和抗冲击强度等力学性能看，塑料分布范围广，有很大的使用选择余地。塑料的比重小、强度大，因而具有较高的比强度。与其他材料相比，塑料也存在明显的缺点，例如易燃烧、刚度不如金属高、耐老化性差、不耐热等。

任务考核

认识塑料制品行业考核见表 4-2。结合小组的任务实施情况，对每名学生进行任务考核。考核过程参照 1+X 证书制度试点要求，并将结果记录在表 4-2。学生进行互评，再请教师复评。通过任务评价，各小组之间、同学之间可以通过分享实施过程，相互借鉴经验。

表 4-2 认识塑料制品行业考核

班级：						
小组：				学号：		
	项目	要求		应得分	得分	备注
任务实施	信息收集	能够收集塑料制品行业制造流程或环节的信息	方法、途径	10		
			有效率	10		
	信息处理	能够识别塑料制品行业的制造流程或环节中所涉及的重点设备	准确率	10		
			速度	10		
	表达能力	能够描述塑料制品的性能特点	文字组织	10		
			沟通	10		

续表

项目		要求	应得分	得分	备注
任务评价	小组互评	从信息获取、信息处理、文字组织、工作态度、职业素养等方面进行评价	20		
	教师评价		20		
合计			100		
经验总结					

课后活动

一、填空题

1. 常用的塑料有_____、_____、_____、_____等。

2. 常见的塑料工艺有 3 种：_____、_____、_____。

3. _____主要适合热塑性塑料的成型，也适合部分流动性较好的热固性和增强塑料的成型。

4. 影响注塑成型质量的要素：_____、_____、_____。

5. 绝大多数的塑料对酸、碱等化学物质都具有良好的抗腐蚀性能。特别是俗称为"塑料王"的_____，它的化学稳定性甚至胜过黄金，放在"王水"中煮十几小时也不会变质。

二、简答题

根据所学知识，简要阐述塑料制品的性能特点。

4.2 认识塑料挤出机

● 任务描述 ●

了解完塑料加工制品行业，我们就该着重开始研究生产设备了，张工看着正在查阅资料的小 V 说："小伙子，做好准备了吗？"

小 V 推了推眼镜说："张工，咱们之前好像提到过塑料挤出机，我昨天下班的时候就翻阅了相关资料。塑料挤出机属于塑料机械的种类之一，起源于 18 世纪的英格兰，我还特地看了一下塑料机械的概念,它是塑料加工工业中所用的各类机械和装置的总称。某些流体和固体输送、分离、破碎、磨碎及干燥等通用性机械和设备,在塑料加工工业中也占据重要地位,因此常列为塑料机械。"

张工笑着点点头:"小 V,你有了上面的知识基础,相信接下来的学习于你而言,应该是易如反掌了,因为我们本节着重研究塑料挤出机。"

• 学习目标 •

◎ **素质目标:**

1. 养成科学严谨的工作态度;
2. 体验工作的成就感,树立热爱劳动意识;
3. 培养举一反三的学习能力。

◎ **知识目标:**

1. 理解塑料挤出机的概念;
2. 掌握塑料挤出机的原理;
3. 掌握采集塑料挤出机数据类型。

◎ **能力目标:**

1. 能够正确表述塑料挤出机的原理;
2. 能够正确区分塑料挤出机的类型;
3. 能够正确选择塑料挤出机采集数据。

• 任务实施指引 •

4.2.1 塑料挤出机的概念

塑料挤出机作为塑料成型的重要设备,通过外部动力传递和外部加热元件的传热进行塑料的输送、压实、熔融、剪切混炼挤出成型。

在塑料挤出成型设备中,塑料挤出机通常被称为主机,而与其配套的后续设备塑料挤出成型机则被称为辅机。

塑料挤出机经过 100 多年的发展,已由原来的单螺杆衍生出双螺杆、多螺杆甚至无螺杆等多种机型。塑料挤出机(主机)可以与管材、薄膜、棒材、单丝、扁丝、打包带、挤网、板(片)材、异型材、造粒、电缆包覆等各种塑料成型辅机匹配,组成各种塑料挤出成型生产线,生产各种塑料制品。因此,塑料挤出成型机械无论在现在还是在将来,都是在塑料加工行业中得到广泛应用的机种之一。塑料挤出机实物如图 4-8 所示。

图 4-8　塑料挤出机实物

4.2.2 塑料挤出机的类型

❶ 按螺杆数量分类

塑料挤出机按其螺杆数量可以分为单螺杆塑料挤出机、双螺杆塑料挤出机和多螺杆塑料挤出机。

（1）单螺杆塑料挤出机

目前，单螺杆塑料挤出机应用最为广泛，适用于一般材料的挤出加工。

单螺杆塑料挤出机无论作为塑化造粒机械还是成型加工机械，都具有重要地位，近几年单螺杆塑料挤出机有了很大的发展。卧式单螺杆塑料挤出机结构如图4-9所示。

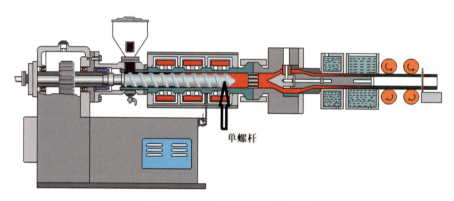

图 4-9　卧式单螺杆塑料挤出机结构

（2）双螺杆塑料挤出机

双螺杆塑料挤出机的优点包括摩擦产生的热量较少、物料受到的剪切比较均匀、螺杆的输送能力较大、挤出量比较稳定、物料在机筒内停留时间长且混合均匀。

同向平行双螺杆塑料挤出机如图4-10所示。

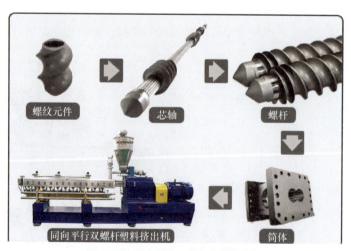

图 4-10　同向平行双螺杆塑料挤出机

双螺杆塑料挤出机的喂料特性好，适用于粉料加工，且比单螺杆塑料挤出机有更好的混炼、排气、反应和自洁功能，特点是在加工热稳定性差的塑料和共混料时更具有优越性。

（3）多螺杆塑料挤出机

在双螺杆塑料挤出机的基础上，为了更容易加工热稳定性差的共混料，研制出多螺杆塑料挤出机。

❷ 按螺杆的运转速度分类

（1）普通型塑料挤出机：转速在 100r/min 以下。

（2）高速塑料挤出机：转速为 101r/min～300r/min。

（3）超高速塑料挤出机：转速为 301r/min～1500r/min。

❸ 其他分类

塑料挤出机按是否有螺杆分类，可分为螺杆式塑料挤出机和柱塞式塑料挤出机；按装配结构分类，可分为整体式塑料挤出机和分开式塑料挤出机；按螺杆所处的空间位置分类，可分为卧式塑料挤出机和立式塑料挤出机；按在加工过程中是否排气分类，可分为排气式塑料挤出机和非排气式塑料挤出机。

4.2.3 塑料挤出机的原理

塑料挤出机的挤出方法一般是指在 200℃左右的高温下使塑料熔解，熔解的塑料在通过模具时形成需要的形状。挤出成型要求人员对塑料特性深刻理解和具备丰富的模具设计经验，它是一种技术要求较高的成型方法。塑料挤出机的原理如图 4-11 所示。

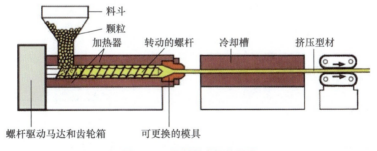

图 4-11　塑料挤出机的原理

挤出成型是在塑料挤出机中通过加热、加压而使物料以流动状态连续通过口模成型的方法，也称为"挤塑"。与其他成型方法相比，该方法具有效率高、单位成本低的优点。

挤出法主要用于热塑性塑料的成型，也可用于某些热固性塑料。挤出的制品都是连续的型材，例如管、棒、丝、板、薄膜、电线电缆包覆层等。另外，该方法还可用于塑料的混合、塑化造粒、着色等。

挤出的产品被称为"型材"，由于横截面形状大多不规则，又称为"异型材"。

_____

_____

_____

_____

4.2.4 塑料挤出机的结构

塑料挤出机作为塑料三大加工机械之一,在塑料行业应用广泛,常见的塑料挤出机包含控制系统、主机、辅机 3 个部分。塑料挤出机的结构如图 4-12 所示。

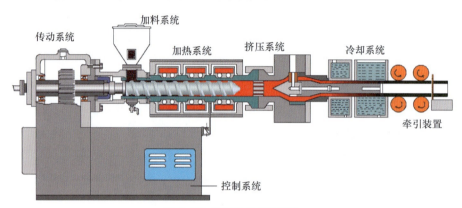

图 4-12 塑料挤出机的结构

❶ 控制系统

控制系统主要由控制箱和一些电气控制元件、开关等组成。控制系统的作用是对挤出过程的温度、挤出速度、电源等进行控制。

❷ 主机

主机主要由挤压系统、传动系统和加热/冷却系统 3 个部分组成。

(1)挤压系统

挤压系统的作用是将粒状、粉状或其他形状的塑料在一定温度和压力的作用下塑化成均匀的熔体,然后被螺杆定温、定压、定量、连续地挤入机头。

挤压系统主要由料筒、螺杆、分流板和过滤网等组成。挤压系统组件如图 4-13 所示。

(2)传动系统

传动系统主要由电机、齿轮减速箱和轴承等组成。

图 4-13 挤压系统组件

传动系统的作用是驱动螺杆在一定转速范围内旋转，按工艺要求保证螺杆获得其所必需的扭矩和转速并能均匀地旋转，完成物料的塑化和挤出。

（3）加热/冷却系统

加热/冷却系统可保证塑料和挤压系统在成型加工中的温度控制。加热/冷却系统主要由料筒外部设置的加热器、冷却装置等组成。其作用是通过对料筒、螺杆等部件进行加热或冷却，保证成型过程在工艺要求的温度范围内完成。

❸ 辅机

辅机包含加料系统、机头、定型装置、切割装置、卷取装置、牵引装置等。

（1）加料系统

加料系统主要由料斗和自动上料装置等组成。料斗通常为锥形，底部有截流装置，以便调整和切断料流，料斗侧有视孔和标定计量装置。其作用是向挤压系统稳定且连续不断地提供所需的物料。加料系统组件如图4-14所示。

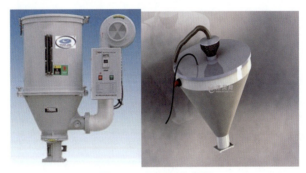

图4-14　加料系统组件

（2）机头

机头也称口模，熔体通过它可获得一定的几何截面和尺寸。

（3）定型装置

通常采用冷却和加压的方法，可将机头中挤出的塑料按既定的形状稳定下来，并对其进行调整，从而得到更为精确的截面形状、尺寸和光亮的表面。

（4）切割装置

切割装置的作用是将连续挤出的制品切成一定长度或宽度的制品。

（5）卷取装置

卷取装置的作用是将软制品（薄膜、软管、单丝等）卷绕成卷。

（6）牵引装置

牵引装置的作用为均匀地牵引制品，并对制品的截面尺寸进行控制，保证挤出过程稳定地进行。

4.2.5　塑料挤出机的设备参数

一般情况下，塑料挤出机的采样周期为每次300ms～5s，其主要运行控制参数如下。

①熔体压力过压监测；
②进料口控制；
③进料口温度检测；
④分区加热器功率调节；
⑤冷却功率调节，采用风冷模式；
⑥模头温度检测；
⑦螺杆速度调节，调节电机转速；
⑧电机负荷（电机工作电流）监测；
⑨挤出型材线速度检测。

在实际的生产中，塑料挤出机熔体压力、进料口温度、分区加热器功率、模头温度、螺杆速度、电机工作电流、挤出型材线速度等都是数据采集的主要参数。

任务考核

认识塑料挤出机考核见表4-3。结合小组的任务实施情况，对每名学生进行任务考核。考核过程参照1+X证书制度试点要求，并将结果记录在表4-3。学生进行互评，再请教师复评。通过任务评价，各小组之间、同学之间可以通过分享实施过程，相互借鉴经验。

表4-3 认识塑料挤出机考核

班级：					姓名：	
小组：					学号：	
	项目	要求	应得分		得分	备注
任务实施	塑料挤出机概念	熟知塑料挤出机的定义、分类和原理，了解挤出的基本工序，以及塑料挤出机的用途与优点	准确率	20		
			完整性	10		
	塑料挤出机数据	关注生产数据、能耗数据和环境数据	准确率	20		
			完整性	10		
任务评价	小组互评	从信息获取、信息处理、分析归纳、工作态度、职业素养等方面进行评价	20			
	教师评价		20			
		合计	100			

经验总结	

课后活动

一、填空题

1. _____作为塑料成型的重要设备，它通过外部动力传递和外部加热元件的传热进行塑料的输送、压实、熔融、剪切混炼挤出成型。

2. 塑料挤出机按其螺杆数量可以分为_____、_____和_____。

3. 塑料挤出机的主机是_____，它由挤压系统、_____和加热/冷却系统组成。

4. 塑料挤出机的主要运行控制参数包括_____、_____、_____、_____。

5. _____主要用于热塑性塑料的成型，也可用于某些热固性塑料。

二、简答题

根据所学知识，简要阐述塑料挤出机的原理。

4.3 认识待采集设备数据信息

● 任务描述 ●

在上个任务中，我们认识了塑料挤出机，全方位了解了它的工作原理、生产中产生的数据等。本次任务需要归集塑料挤出机数据采集所需要的数据及数据采集方法。张工和小V进入忙碌而紧张的实操工序。

● 学习目标 ●

◎ 素质目标：

1. 养成科学严谨的工作态度；
2. 体验工作的成就感，树立热爱劳动意识；
3. 培养举一反三的学习能力。

◎ 知识目标：

1. 掌握Mint仿真软件使用方法；

2. 掌握 Mint 仿真软件的场景操作方法；
3. 掌握归集数据采集所需要数据的方法。

◎能力目标：

1. 能够正确登录/退出 Mint 仿真软件；
2. 能够正确操作 Mint 仿真软件；
3. 能够正确进入相应课程；
4. 能够正确统计课程需要采集的数据；
5. 能够正确选择工业智能网关并与仿真软件连接。

• 任务实施指引 •

4.3.1 Mint 仿真软件登录启动场景

❶ 登录仿真软件

使用鼠标双击桌面 Mint 仿真软件图标，进入登录界面，登录界面如图 4-15 所示，在登录界面输入账号、密码，然后单击"登录账号"进入仿真软件。

图 4-15　登录界面

❷ 课程进入流程

（1）选择课程

选择课程界面如图 4-16 所示，界面会出现课程列表（根据个人权限、授课情况不同，课程界面会有所不同）。本节选择"塑料挤出机数据采集"课程。

（2）下载场景

下载场景界面如图 4-17 所示。

（3）启动场景

如果已下载，直接进入启动场景。启动场景界面如图 4-18 所示。

第 4 章　采集塑料挤出机数据

图 4-16　选择课程界面

图 4-17　下载场景界面

图 4-18　启动场景界面

4.3.2 塑料挤出机仿真场景介绍

❶ 系统结构

（1）系统结构

系统结构仿真界面如图 4-19 所示。

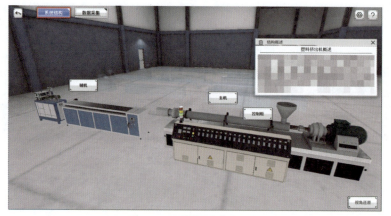

图 4-19　系统结构仿真界面

（2）辅机构成

辅机构成如图 4-20 所示。辅机由牵引机、切割机和印字机构成，单击每个选项会出现对应介绍。

图 4-20　辅机构成

（3）主机构成

主机由传动系统、温控系统、喂料系统、真空排气系统构成，主机构成如图 4-21 所示。单击每个选项会出现对应介绍。

（4）控制柜

控制柜用于机器的电力、加热、传送结构的控制。控制柜构成如图 4-22 所示。

第 4 章 采集塑料挤出机数据

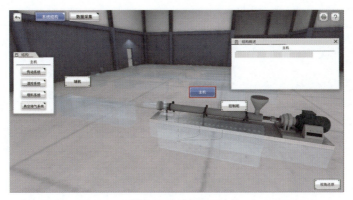

图 4-21 主机构成

图 4-22 控制柜构成

❷ 数据采集界面

（1）网络连接

单击"数据采集"时，软件会自动连接网络，连接正常界面如图 4-23 所示，少数情况下会出现连接异常的情况，此时需要检查网络配置，连接异常界面如图 4-24 所示。

图 4-23 连接正常界面

·153·

图 4-24　连接异常界面

（2）数据采集

数据采集部分组成如图 4-25 所示。数据采集部分分为任务要求、数采操作指引和视角还原。

图 4-25　数据采集部分组成

① 任务要求。即对本课程的任务要求。获取任务要求如图 4-26 所示。

图 4-26　获取任务要求

② 数采操作指引。即对操作步骤、关键任务点进行描述。操作指引说明如图 4-27 所示。

第4章 采集塑料挤出机数据

图 4-27 操作指引说明

③ 视角还原。单击"视角还原"后，系统显示初始状态。

（3）数据模拟

单击"启动"按钮，仿真软件通过协议发送数据给工业智能网关，仿真界面实时显示发送的数据。此时，"启动"按钮变成"暂停"按钮，单击"暂停"按钮，数据停止发送。"重置"按钮用于修改数据。塑料挤出机启动、暂停和重置界面如图4-28所示。

图 4-28 塑料挤出机启动、暂停和重置界面

仿真软件模拟塑料挤出机输出数据，数据供工业智能网关采集。

（4）采集数据监控

场景启动后，单击设备标签会出现仿真的数据，工业智能网关采集仿真软件输出的数据，数据在Web端能够实时显示，并能显示网络连接状态。设备模拟数据展示如图4-29所示。

图 4-29 设备模拟数据展示

温度是挤出成型得以顺利进行的重要条件之一。从粉状或粒状的固态物料开始，高温制品

· 155 ·

从机头中挤出，经历了一个复杂的温度变化过程。严格来讲，挤出成型温度应指塑料熔体的温度，大部分温度来自料筒和螺杆，一小部分温度来自在料筒中混合时产生的摩擦热，所以经常用料筒温度近似表示成型温度。

成型过程中，温度的波动和温差将使塑件产生残余应力、各点强度不均匀和表面灰暗无光泽等缺陷。料筒和塑料温度在螺杆各段是有差异的，为了使塑料在料筒中输送、熔融、均化和挤出的过程顺利进行，以便高效地生产高质量制件，要控制好料筒各段温度。料筒温度的调节是靠塑料挤出机的加热冷却系统和温度控制系统来实现的。

本场景主要模拟了塑料挤出机在生产聚碳酸酯塑料时各加热部件的温度变化情况。

4.3.3 整理设备数据采集评估报告

❶ 整理设备数据采集评估报告

塑料挤出机的温度控制主要从3个方面进行控制：料筒、喷嘴、模具。

注射模塑过程需要控制的温度有料筒温度、喷嘴温度和模具温度。料筒温度和喷嘴温度主要影响塑料的塑化和流动，模具温度主要影响塑料的流动和冷却。

（1）料筒温度

料筒分为以下3个区域。

① 下料区，靠近料斗的区域，一般情况下温度设置要低一点，在塑料熔点左右，此段主要是预加热物料，温度过高塑料会融化，造成螺杆打滑影响物料输送，温度过低会造成螺杆扭矩变大。

② 塑化区，在料筒中间部位，温度逐渐升高到熔点以上，此段主要是熔融塑化物料，温度过高物料易分解，温度过低不利于塑化，且会增加扭矩。

③ 防涎段，在机筒最前端，喷嘴部位，此段温度稍低于塑化段，用于防止熔融的物料在内部压力作用下从喷嘴流出，但湿度不宜过低，否则会增加注塑压力。

每一种塑料都有不同的流动温度，同一种塑料由于来源或牌号不同，其流动温度及分解温度也是有差别的，这是因为平均分子量和分子量分布不同所导致的，塑料在不同类型的注射机内的塑化过程也是不同的，因而选择料筒温度也不相同。

（2）喷嘴温度

喷嘴温度通常略低于料筒的最高温度，这是为了防止熔料在直通式喷嘴发生"流涎现象"。喷嘴温度也不能过低，温度过低会造成熔料的早凝而将喷嘴堵住，或早凝料注入模腔而影响制品的性能。

（3）模具温度

模具温度对制品的内在性能和表观质量影响很大，模具温度的高低决定了塑料结晶性的有无、制品的尺寸与结构、性能要求，以及其他熔料温度、注射速度及注射压力、模塑周期等工艺条件。

采集塑料挤出机设备数据评估报告见表4-4。

表 4-4 采集塑料挤出机设备数据评估报告

班级：		姓名：
小组：		学号：
名称		内容
塑料挤出机数据	数据名称	数据作用
仿真软件	数据输出接口	
总结		

塑料挤出机模拟设备数据通信协议为 RS-485，波特率为 9600bit/s，校验位为偶校验，数据位为 8，停止位为 1。

2 仿真数据输出接口

查看实训台塑料挤出机数据采集需要的硬件设备及连接方式。塑料挤出机数据采集接口如图 4-30 所示。

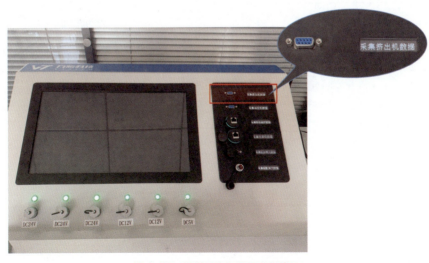

图 4-30 塑料挤出机数据采集接口

❸ 选择工业智能网关

根据表 4-4 总结的评估报告,选择合适的工业智能网关采集设备数据。选择工业智能网关见表 4-5。

表 4-5 选择工业智能网关

网关型号	采集接口

任务考核

选择并连接工业智能网关考核见表 4-6。结合小组的任务实施情况,对每名学生进行任务考核。考核过程参照 1+X 证书制度试点要求,并将结果记录在表 4-6。学生进行互评,再请教师复评。通过任务评价,各小组之间、同学之间可以通过分享实施过程,相互借鉴经验。

表 4-6 选择并连接工业智能网关考核

班级:					
小组:			姓名:		
			学号:		
项目		要求	应得分	得分	备注
任务实施	Mint 仿真软件	了解 Mint 仿真软件的概念和产品特点,熟知并掌握 Mint 仿真软件的使用方法	准确率 10		
			完整性 10		
	收集设备信息	了解被采集设备的输出方式,根据接口选择正确型号的工业智能网关	准确率 10		
			完整性 10		
	塑料挤出机仿真课程	掌握塑料挤出机数据采集方法	准确率 10		
			完整性 10		
任务评价	小组互评	从信息获取、信息处理、分析归纳、工作态度、职业素养等方面进行评价	20		
	教师评价		20		
		合计	100		
经验总结					

课后活动

一、填空题

1. 塑料挤出机的温度控制主要从 3 个方面进行控制:_____、_____、_____。

2. 仿真课程中塑料挤出机仿真场景界面系统结构包含_____、_____、_____。
3. 主机由传动系统、_____、_____、真空排气系统构成。
4. 控制柜用于机器的_____、_____、传送结构的控制。
5. 本次任务统计的塑料挤出机需要控制的温度是_____、_____、_____。
6. 本次使用的工业智能网关采集接口类型是_____。

二、选择题

1. 本章使用的工业智能网关采集接口为下列中的（　　）

A.　　　　　　　　　　　　　　　B.

C.　　　　　　　　　　　　　　　D.

2. 本实训台工业智能网关模组中支持塑料挤出机数据采集的为下图中的（　　）

A.　　　　B.　　　　C.　　　　D.

三、简答题

根据所学知识，简要描述进入 Mint 仿真软件塑料挤出机应用场景的步骤。

4.4 配置工业智能网关参数

● 任务描述 ●

了解了待采集的设备数据后，小 V 问张工："张工，我们这次学习工业智能网关的参数配置，内容不仅包含基本参数配置，还有其他的配置项目，这些内容是不是一起教给我呀！"

张工笑了笑，夸赞小V是一个聪明又上进的员工："没错，接下来我们要学习怎样在工业智能网关中添加工业设备，以及添加工业设备产生的工业数据。这一系列操作更为烦琐和专业，有很多知识点需要你认真记录，不然一个地方出错，可能就无法采集到正确的数据。"

● 学习目标 ●

◎ 素质目标：

1. 养成科学严谨的工作态度；
2. 体验工作的成就感，树立热爱劳动意识；
3. 培养举一反三的学习能力。

◎ 知识目标：

1. 掌握工业智能网关网络配置的步骤；
2. 掌握工业智能网关数据采集参数配置的步骤；
3. 掌握塑料挤出机数据采集方法。

◎ 能力目标：

1. 能够正确在 Web 界面进行网络配置；
2. 能够正确在 Web 界面进行数据采集参数配置；
3. 能够正确在 Web 界面进行 MQTT 协议上传数据配置；
4. 能够正确在 Web 界面进行 Wi-Fi 功能配置，使工业智能网关通过 Wi-Fi 接入无线接入点。

● 任务实施指引 ●

4.4.1 配置前的准备工作

在工业智能网关通电后，用网线连接工业智能网关的上传接口网口（Web 登录网口）与计算机网口，设置计算机的 IP 地址与工业智能网关在同一网段下。具体步骤如下。

步骤一：在 Windows 计算机桌面单击"开始—控制面板—网络和 Internet—网络和共享中心—更改适配器—本地连接—属性"。

步骤二：选取"Internet 协议版本 4（TCP/IPv4）"，然后单击"属性"，或者直接双击"Internet 协议版本（TCP/IPv4）"。

步骤三：选择"使用下面的 IP 地址"和"使用下面的 DNS 服务器地址"，按照以下参数进行填写。

IP 地址：192.168.1.X（X 值：1、100、251、255 除外）。

子网掩码：255.255.255.0。

默认网关：192.168.1.1（可以忽略）。

DNS 服务器：114.114.114.114（可以忽略）。

填写完毕后，单击"确定"保存设置。

计算机 IP 地址设置如图 4-31 所示。

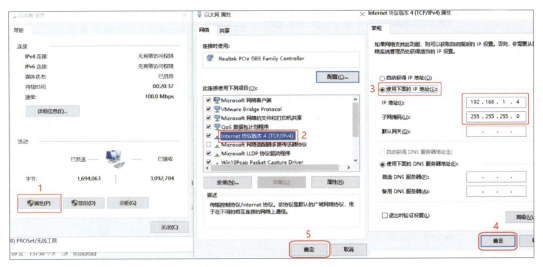

图 4-31 计算机 IP 地址设置

通过交换机或网线连接计算机和工业智能网关在同一网络内。

4.4.2 工业智能网关的固件升级

在进行工业智能网关参数配置之前需要把实训内容对应的工业智能网关采集固件升级成相应的实训项目固件。

打开升级软件，软件地址为 D:\固件升级\升级软件\MFCConfig.exe。升级软件地址及名称如图 4-32 所示。

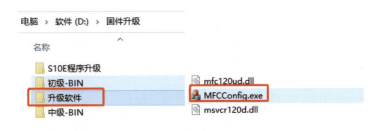

图 4-32 升级软件地址及名称

升级软件界面如图 4-33 所示。单击"检索设备"，我们可以查看目前局域网中连接的设备。

单击"选择程序"弹出对话框，选择对应的实训项目固件，中级固件在"D:\固件升级\中级-BIN"目录内。选择实训项目固件如图 4-34 所示。

单击"下载程序"，下载程序完成如图 4-35 所示，即下载成功。如果下载出现错误，检查网络没有问题后，再次执行下载程序，直至下载成功。

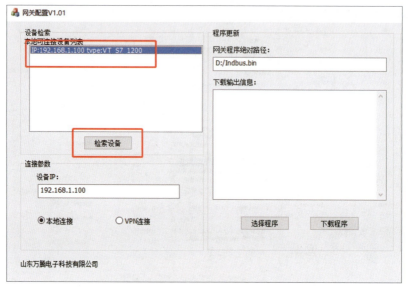

图 4-33　升级软件界面

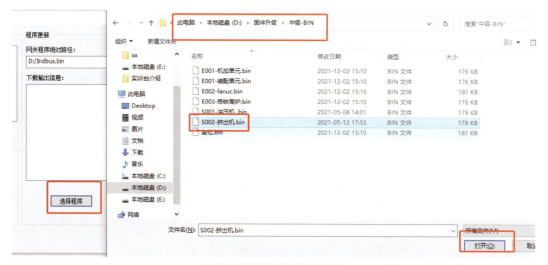

图 4-34　选择实训项目固件

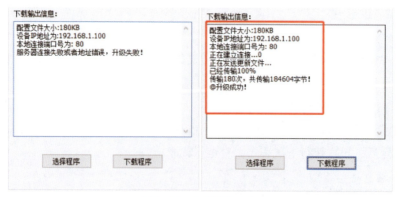

图 4-35　下载程序完成

登录工业智能网关数据采集配置界面，界面右侧显示对应的实训项目名称，说明下载成功，可以进行后续配置。工业智能网关数据采集参数配置界面如图 4-36 所示。

图 4-36　工业智能网关数据采集参数配置界面

4.4.3　工业智能网关的系统信息配置

工业智能网关系统信息配置界面如图 4-37 所示。在本配置界面中，只有"设备 ID"可以进行配置，通常不做修改，但是当现场设备繁多、种类复杂，需要进行规范化管理时，建议对工业智能网关进行规律化、规范化的命名（只能由数字、大小写字母及下划线构成）。

图 4-37　工业智能网关系统信息配置界面

4.4.4　工业智能网关的网络配置

工业智能网关 ETH2 以太网口为数据接口，与计算机端连接。其 IP 地址可重新配置，需要注意的是，应与计算机的网络配置在同一网段，但不相同。子网掩码、网关、DNS 按网络要求配置，默认为 255.255.255.0、192.168.1.1、8.8.8.8。其余参数，例如 Modbus 映射区域默认值为 1，不可随意改动。工业智能网关网络配置界面如图 4-38 所示。

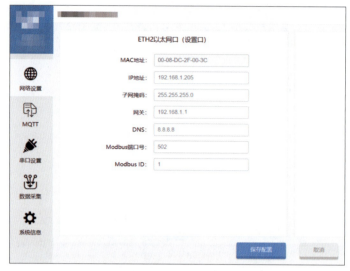

图 4-38　工业智能网关网络配置界面

4.4.5　工业智能网关的数据采集参数配置

工业智能网关数据采集参数配置参考图 4-36。

❶ 设备 ID 号

在数据采集参数配置界面中，设备 ID 号为 4。

❷ 功能码

在数据采集参数配置界面中，功能码为 3。

4.4.6　工业智能网关的串口配置

串口配置界面如图 4-39 所示。我们使用的是工业智能网关的 COM1 与仿真软件设备 COM 口通信，因此需要配置工业智能网关的串口 COM1。

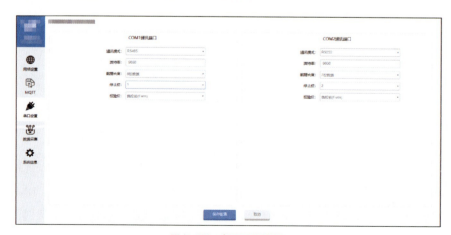

图 4-39　串口配置界面

COM1 串口通信端口需要根据设备通信协议与设备通信。

通信协议为 RS-485，波特率为 9600bit/s，校验位为偶校验，数据位为 8，停止位为 1。

4.4.7　MQTT 协议上传数据配置

根据实际项目需要，网关可以把采集的设备数据根据数据传输协议上传至服务器端，例如设备管理系统或其他应用服务端，网关支持的上传协议有 MQTT、Modbus TCP 等。

MQTT 协议上传数据配置界面如图 4-40 所示。

图 4-40　MQTT 协议上传数据配置界面

4.4.8　Wi-Fi 功能配置

工业智能网关支持 Wi-Fi 连接上传采集数据，工业智能网关 Wi-Fi 功能配置方法如下。计算机端与工业智能网关直连，计算机在获取 IP 地址后，通过浏览器登录 http://192.168.1.251，默认用户名为 root，默认密码为 root，输入完毕，单击"登录"。登录页面如图 4-41 所示。

图 4-41　登录页面

登录成功，进入 Wi-Fi 配置界面。Wi-Fi 配置首页如图 4-42 所示。

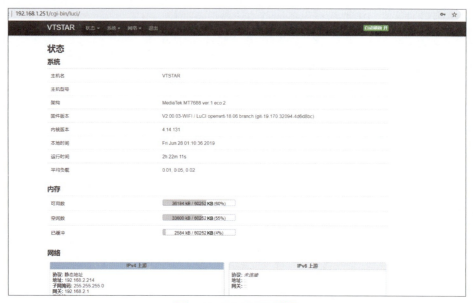

图 4-42　Wi-Fi 配置首页

单击"网络—无线",进入 Wi-Fi 功能配置。Wi-Fi 功能配置如图 4-43 所示。

图 4-43　Wi-Fi 功能配置

单击"扫描",获取可使用的 Wi-Fi 网络。扫描无线接入点信息如图 4-44 所示。

图 4-44　扫描无线接入点信息

扫描结果如图 4-45 所示，

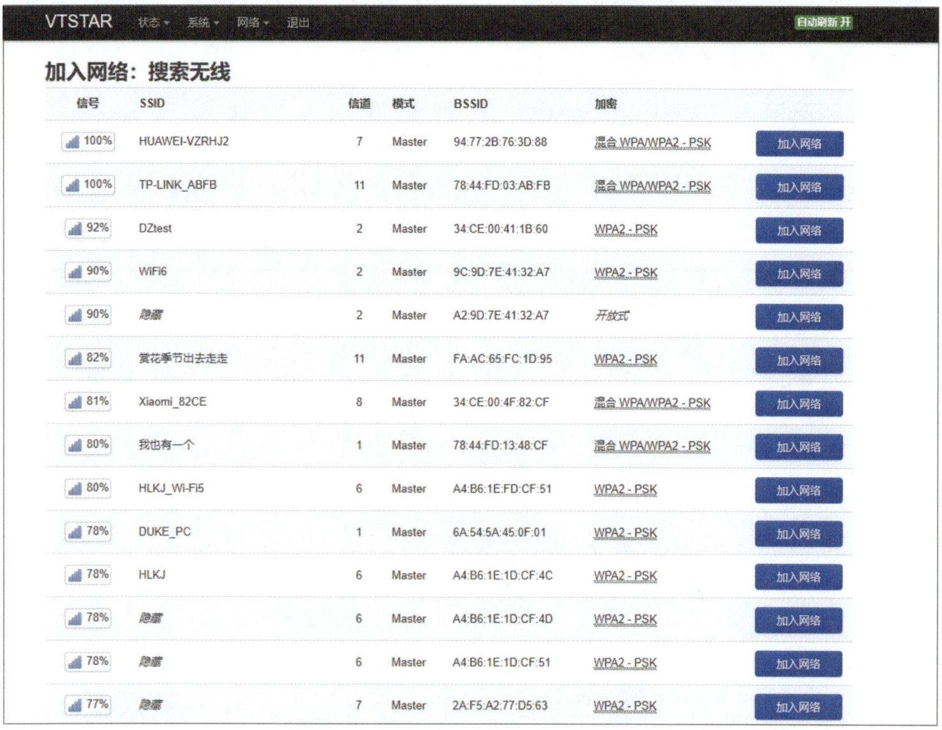

VTSTAR　状态▾　系统▾　网络▾　退出　　自动刷新 开

加入网络：搜索无线

信号	SSID	信道	模式	BSSID	加密	
100%	HUAWEI-VZRHJ2	7	Master	94:77:2B:76:3D:88	混合 WPA/WPA2 - PSK	加入网络
100%	TP-LINK_ABFB	11	Master	78:44:FD:03:AB:FB	混合 WPA/WPA2 - PSK	加入网络
92%	DZtest	2	Master	34:CE:00:41:1B:60	WPA2 - PSK	加入网络
90%	WiFi6	2	Master	9C:9D:7E:41:32:A7	WPA2 - PSK	加入网络
90%	*隐藏*	2	Master	A2:9D:7E:41:32:A7	*开放式*	加入网络
82%	赏花季节出去走走	11	Master	FA:AC:65:FC:1D:95	WPA2 - PSK	加入网络
81%	Xiaomi_82CE	8	Master	34:CE:00:4F:82:CF	混合 WPA/WPA2 - PSK	加入网络
80%	我也有一个	1	Master	78:44:FD:13:48:CF	混合 WPA/WPA2 - PSK	加入网络
80%	HLKJ_Wi-Fi5	6	Master	A4:B6:1E:FD:CF:51	WPA2 - PSK	加入网络
78%	DUKE_PC	1	Master	6A:54:5A:45:0F:01	WPA2 - PSK	加入网络
78%	HLKJ	6	Master	A4:B6:1E:1D:CF:4C	WPA2 - PSK	加入网络
78%	*隐藏*	6	Master	A4:B6:1E:1D:CF:4D	WPA2 - PSK	加入网络
78%	*隐藏*	6	Master	A4:B6:1E:1D:CF:51	WPA2 - PSK	加入网络
77%	*隐藏*	7	Master	2A:F5:A2:77:D5:63	WPA2 - PSK	加入网络

图 4-45　扫描结果

单击需要加入的 Wi-Fi 网络。加入网络如图 4-46 所示。

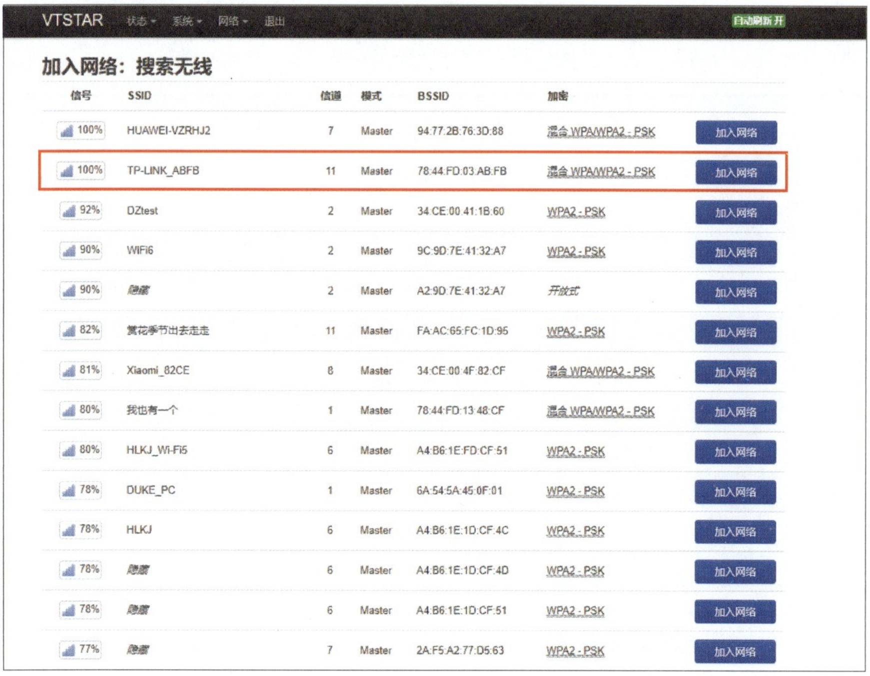

VTSTAR　状态▾　系统▾　网络▾　退出　　自动刷新 开

加入网络：搜索无线

信号	SSID	信道	模式	BSSID	加密	
100%	HUAWEI-VZRHJ2	7	Master	94:77:2B:76:3D:88	混合 WPA/WPA2 - PSK	加入网络
100%	TP-LINK_ABFB	11	Master	78:44:FD:03:AB:FB	混合 WPA/WPA2 - PSK	加入网络
92%	DZtest	2	Master	34:CE:00:41:1B:60	WPA2 - PSK	加入网络
90%	WiFi6	2	Master	9C:9D:7E:41:32:A7	WPA2 - PSK	加入网络
90%	*隐藏*	2	Master	A2:9D:7E:41:32:A7	*开放式*	加入网络
82%	赏花季节出去走走	11	Master	FA:AC:65:FC:1D:95	WPA2 - PSK	加入网络
81%	Xiaomi_82CE	8	Master	34:CE:00:4F:82:CF	混合 WPA/WPA2 - PSK	加入网络
80%	我也有一个	1	Master	78:44:FD:13:48:CF	混合 WPA/WPA2 - PSK	加入网络
80%	HLKJ_Wi-Fi5	6	Master	A4:B6:1E:FD:CF:51	WPA2 - PSK	加入网络
78%	DUKE_PC	1	Master	6A:54:5A:45:0F:01	WPA2 - PSK	加入网络
78%	HLKJ	6	Master	A4:B6:1E:1D:CF:4C	WPA2 - PSK	加入网络
78%	*隐藏*	6	Master	A4:B6:1E:1D:CF:4D	WPA2 - PSK	加入网络
78%	*隐藏*	6	Master	A4:B6:1E:1D:CF:51	WPA2 - PSK	加入网络
77%	*隐藏*	7	Master	2A:F5:A2:77:D5:63	WPA2 - PSK	加入网络

图 4-46　加入网络

输入无线接入点密钥如图4-47所示，配置完成，单击"提交"。

图4-47 输入无线接入点密钥

已连接站点会显示是否连接成功，工业智能网关若能正常连接无线接入点，说明网络连接正常。工业智能网关Wi-Fi连接状态如图4-48所示。

图4-48 工业智能网关Wi-Fi连接状态

任务考核

配置工业智能网关参数考核见表4-7。结合小组的任务实施情况，对每名学生进行任务考核。考核过程参照1+X证书制度试点要求，并将结果记录在表4-7。学生进行互评，再请教师复评。通过任务评价，各小组之间、同学之间可以通过分享实施过程，相互借鉴经验。

表4-7 配置工业智能网关参数考核

班级：				姓名：		
小组：				学号：		
项目		要求	应得分		得分	备注
任务实施	配置准备工作	能够配置计算机端与工业智能网关在同一网络内；能够根据所学知识进入工业智能网关配置界面	准确率	15		
			速度	5		

续表

项目		要求	应得分		得分	备注
任务实施	进行信息配置和网络配置	熟知配置界面内容,注意命名规范;熟知配置参数的含义和默认数值,并完成网络配置	准确率	15		
			完整性	5		
	数据采集配置	填写正确的采集信息	准确率	10		
	工业智能网关参数配置	正确配置采集参数;正确配置 MQTT 协议上传数据;使用不同网络上传数据	准确率	20		
任务评价	小组互评	从信息获取、信息处理、分析归纳、工作态度、职业素养等方面进行评价	10			
	教师评价		20			
		合计	100			
经验总结						

课后活动

一、填空题

1. 工业智能网关 ETH2 以太网口为_____,与计算机端连接。

2. 通过计算机端配置工业智能网关数据采集参数时,连接的工业智能网关以太网端口是_____。

3. 配置工业智能网关 Wi-Fi 功能时,_____与工业智能网关直连,计算机在获取 IP 地址后,通过浏览器登录_____。

二、判断题

1. 工业智能网关所需要连接的 MQTT 服务器只能部署在本地。(　　)

2. MQTT 服务器接入客户端必须配置账号和密码。(　　)

三、简答题

1. 根据所学知识,简要阐述工业智能网关配置 MQTT 协议上传数据的步骤。

2. 根据所学知识,简要阐述工业智能网关通过 Wi-Fi 接入无线接入点的步骤。

4.5 测试工业互联网设备数据采集系统

● 任务描述 ●

经过网关选型、网关连接、参数配置/设置等一系列操作后，小V感觉自己离成功只有一步之遥，张工程师说："小V，先别急着采集塑料挤出机数据，这里还有一个重要的步骤，那就是测试咱们所搭建的工业互联网设备数据采集系统是否能正常运行。"

● 学习目标 ●

◎素质目标：
1. 养成科学严谨的工作态度；
2. 体验工作的成就感，树立热爱劳动意识；
3. 培养举一反三的学习能力。

◎知识目标：
1. 掌握工业智能网关网络连接状态检测方法；
2. 掌握 Mint 仿真软件的使用方法。

◎能力目标：
1. 能够通过计算机正确检测网关设备的网络连接状态；
2. 能够分析设备网络连接质量；
3. 能够正确判断工业智能网关与计算机端的网络通信数据；
4. 能够正确判断工业智能网关采集数据的实时性；
5. 能够正确判断工业智能网关采集数据的准确性；
6. 能够选择正确的方法判断数据采集系统。

● 任务实施指引 ●

塑料挤出机在塑料产品的生产中负责塑化压缩，可把固态颗粒挤出成我们想要的产品形状。
本次任务将体验利用挤出工艺完成塑料制品加工，即通过对温度（加热和冷却）、压力和速度等工艺参数的控制，完成塑料制品生产的工艺过程。

我们利用工业智能网关，对生产过程中不同分区（例如温区A、温区B、温区C）的温度数据进行实时采集，完成采集塑料挤出机数据任务。

根据表4-4可以了解待采集设备输出的数据及接口形式，根据表4-5选择合适的工业智能网关。下面我们测试搭建的数据采集系统，验证数据采集系统的各项性能。

4.5.1 选择并配置工业智能网关

❶ 计算机连接工业智能网关

通过交换机或网线使计算机和工业智能网关在同一网络内，通过浏览器登录工业智能网关配置界面。

❷ 配置工业智能网关参数

（1）数据采集参数

根据图 4-36 设置数据采集相关参数。

（2）串口参数

由于我们使用的是工业智能网关的 COM1 与仿真软件设备 COM 口通信，还需要配置工业智能网关的串口 COM1。

COM1 串口通信端口与设备通信，需要的设备通信协议为 RS-485，波特率为 9600bit/s，校验位为偶校验，数据位为 8，停止位为 1。设置串口参数如图 4-39 所示。

4.5.2 工业智能网关连接 Mint 仿真软件

通过前面的学习，我们了解了工业设备的输出数据及通信协议，确定了使用的工业智能网关类型。下面我们通过通信电缆连接工业智能网关与仿真数据接口。仿真数据接口所在的位置如图 4-49 所示。

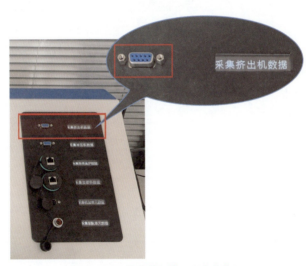

图 4-49 仿真数据接口所在的位置

通过串口线连接仿真接口与工业智能网关。

 随堂笔记

4.5.3 启动塑料挤出机应用场景

启动仿真软件，进入炼铁高炉应用场景中的数据采集界面，等待连接状态变为绿色，然后单击"启动"按钮，塑料挤出机设备输出模拟的状态数据，数据供工业智能网关采集。塑料挤出机数据采集界面如图4-50所示。

图4-50 塑料挤出机数据采集界面

4.5.4 测试数据采集系统

① 验证采集数据的准确性

打开浏览器输入http://localhost:8081，进入客户端界面。登录工业互联网设备数据采集系统如图4-51所示。选择"中级"项目，然后单击"进入系统"。

单击界面左侧"采集挤出机数据"项目，"采集挤出机数据"项目界面如图4-52所示。左侧为实训项目名称，单击项目名称可进入相应的实训项目，右侧为采集配置区及采集数据展示区。输入对应IP地址和端口号，单击"连接"，界面会显示采集到的数据。将上述数据与仿真软件中模拟的数据对比，可验证采集数据的准确性。

图 4-51　登录工业互联网设备数据采集系统

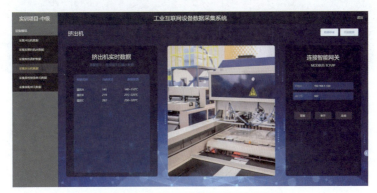

图 4-52　"采集挤出机数据"项目界面

❷　验证采集数据的实时性

在 Mint 仿真软件场景启动后,工业智能网关采集挤出机数据,界面中能够实时显示采集的数据,并能显示网络连接状态。

在界面中还可以修改数据,监控数据的变化,将仿真软件中模拟的数据和客户端展现的数据进行对比,我们就可以验证采集数据的实时性。

❸　验证采集数据的稳定性

通过记录一段时间的连续采集数据,查看采集的历史数据,在采集时间段内未出现采集数据异常(例如数据丢失、采集数据不准确)、工业智能网关网络掉线等情况,我们可以认定数据采集系统运行稳定。

❹　设备数据的存储及历史查询

(1)存盘时间设置

根据采集的设备数据需求设置存盘时间间隔即采样周期,通过单击图 4-52 右上方的"数据存储"按钮,进入数据存储设置页面,设置存盘时间间隔和是否保存数据。数据存储设置页面如图4-53所示。

图4-53 数据存储设置页面

(2)历史数据查询及导出

如果选择了存储采集数据,可以通过数据查询查看历史数据。查看采集的历史数据如图4-54所示,单击界面右上方的"历史数据"按钮,进入相应的页面选择查询的时间段,单击"查询",右侧列表显示查询结果。

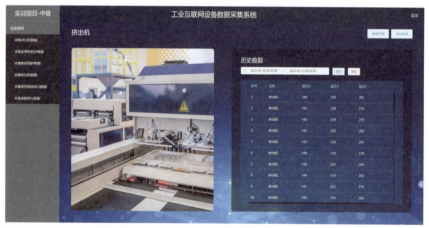

图4-54 查看采集的历史数据

单击"导出"按钮导出所查询的历史数据,以 Excel 方式保存。

实训结束后,按照关闭计算机、断开工业设备电源、关闭工业智能网关电源、拔出采集连接线、关闭实训台总电源的顺序完成操作,并整理好实训台上的各种物品。

计划决策

测试工业互联网设备数据采集系统分工明细见表4-8。为了保证任务顺利实施,我们应该先做好相应的计划。根据任务内容,各小组做好计划,分工到每个组员,然后按照小组决策将本组的工作计划填入表 4-8。

表 4-8　测试工业互联网设备数据采集系统分工明细

序号	任务分工	操作人员	注意事项
1	查看塑料挤出机数据类型，选择对应的工业智能网关		
2	连接塑料挤出机及工业智能网关采集接口		
3	配置工业智能网关参数		
4	测试工业智能网关与计算机端的网络连通性		
5	测试工业智能网关数据通信的准确性、实时性		
6	存储采集数据，根据条件查询存储的历史数据		
7	填写工业互联网设备数据采集测试报告		

● 任务实施 ●

测试工业互联网设备数据采集系统检查明细见表 4-9。以小组为单位，组内学员每两人一组互换任务单，对已设置的工业智能网关采集参数是否全面、准确进行检查，并将检查结果记录在表 4-9。

表 4-9　测试工业互联网设备数据采集系统检查明细

班级：					
小组：			学号：		
序号	检查项目		是	否	分值
1	能够正确连接工业智能网关与采集数据接口				10
2	能够正确进入仿真软件课程场景				10
3	能够正确使用仿真软件模拟数据				30
4	能够正确判断工业智能网关与计算机端的网络通信数据				10
5	能够掌握工业智能网关采集数据实时性的测试方法				40
	小计分数				

任务考核

测试工业互联网设备数据采集系统考核见表 4-10，结合小组的任务实施情况，对每名学生进行任务考核。考核过程参照 1+X 证书制度试点要求，并将结果记录在表 4-10。学生进行互评，再请教师复评。通过任务评价，各小组之间、同学之间可以通过分享实施过程，相互借鉴经验。

表 4-10　测试工业互联网设备数据采集系统考核

班级：					姓名：	
小组：					学号：	
项目		要求	应得分		得分	备注
任务实施	能够明确采集数据	能够明确采集设备数据； 能够明确采集方式、设备数据采集接口	准确率	10		
	选择并连接工业智能网关	能够选择正确的工业智能网关； 能够正确配置采集参数； 能够正确配置 MQTT 协议上传数据； 能够正确连接工业互联网设备与工业智能网关	准确率	20		
			完整性	10		
	登录场景	能够正确进入仿真场景； 能够正确设置模拟数据	准确率	10		
			完整性	10		
	验证采集数据的实时性、准确性	能够通过仿真软件验证采集数据的实时性、准确性	准确率	20		
任务评价	小组互评	从信息获取、信息处理、分析归纳、工作态度、职业素养等方面进行评价	10			
	教师评价		10			
合计			100			
经验总结						

任务实施评价

测试工业互联网设备数据采集系统项目评价见表 4-11。综合小组的任务实施情况，对照项目评价表，学生进行互评，再请教师复评。通过任务实施评价，各小组之间、同学之间可以通过分享实施过程，相互借鉴经验，最后将评价结果记录在表 4-11。

表 4-11　测试工业互联网设备数据采集系统项目评价

专业：	姓名：
班级：	学号：
各位同学： 为了考查"测试工业互联网设备数据采集系统"的教学效果，请针对下列评价项目并参考评价标准于自评部分填写 A、B、C、D、E 其中一项后，再请教师复评	

续表

符号向度	评价标准				
	A	B	C	D	E
1.安全操作（10%）	能很好地执行安全操作守则，操作过程无任何安全隐患	能很好地执行安全操作守则，操作过程有极少的安全隐患	能较好地执行安全操作守则，操作过程有少量安全隐患	能基本执行安全操作守则，操作过程存在隐患	不能执行安全操作守则，操作过程发生安全事故
2.信息获取（15%）	能准确识读任务信息，准确使用信息	能准确识读任务信息，使用信息错误极少	能基本识读任务信息，使用信息错误较少	能基本识读任务信息，使用信息错误较多	不能准确识读任务信息，使用信息完全错误
3.工作能力（50%）	能很好地根据任务工单完成指定操作项目，实施方案准确，操作过程正确熟练	能较好地根据任务工单完成指定操作项目，实施方案准确，操作过程较为正确熟练	能根据任务工单完成指定操作项目，实施方案准确，操作过程基本正确较为熟练	能根据任务工单基本完成指定操作项目，实施方案基本准确，操作过程基本正确	不能根据任务工单完成指定操作项目，实施方案不准确，操作过程不正确
4.工作态度（15%）	操作过程熟练、规范、正确	操作过程较熟练、较规范、正确	操作过程较熟练、较规范、基本正确	操作过程较规范、基本正确	操作过程不规范、不正确
5.职业素养（10%）	6S操作规范，有很强的职业素养	6S操作规范，有较强的职业素养	6S操作较为规范，有一定的职业素养	6S操作较为规范，有基本的职业素养	6S操作不规范，职业素养欠缺

注：在各项目中，A、B、C、D、E依次占配分的100%、80%、60%、30%、0

评价项目	自评与教师复评（A～E）		
	自评	校内教师复评	企业教师复评
1.安全操作（10%）			
2.信息获取（15%）			
3.工作能力（50%）			
4.工作态度（15%）			
5.职业素养（10%）			
合计：	评价教师：		
经验分享：			

任务实施处理

在任务实施的过程中，我们往往会忽视很多问题，使实施过程和结果不尽如人意。只有不断反思和训练，我们的技能才能提高。任务实施问题改进见表4-12。请总结自己在实施任务过程中遇到的问题，反思并完成表 4-12。

表 4-12　任务实施问题改进

专业：	班级：	
姓名：	学号：	
任务实施问题点		
改进计划		
改进后任务实施达标情况	□达到预期	□未达到预期
没达到预期效果的原因		
再次改进计划		

注：后续改进计划可附表。

课后活动

一、填空题

1. 检测计算机端与工业智能网关的网络连通性使用的命令是_____，检测 192.168.1.201 的命令格式为_____。

2. Mint 仿真软件中数据采集部分分为_____、数采操作指引、_____，本次任务主要使用仿真软件模拟数据，通过工业智能网关采集数据。

3. 本次使用的工业智能网关采集接口类型是_____。

二、简答题

根据本实训内容，简要阐述配置工业智能网关 Wi-Fi 接入无线热点的步骤。

第 5 章

实施柔性制造单元数据采集

随着经济全球化的快速发展,我国制造业的转型升级成为必然趋势。当前,制造业朝着柔性化、精密化及智能化的方向迅猛发展。自动化加工单元与单机自动化相比,可省去人工上下、装夹、堆垛、运输等简单、重复、繁重且不增值的劳动,达到省人、省力、产出节拍可控的效果,与单机自动化生产线相比,更富有工艺弹性,投资也较少。因此,自动化加工单元很受中小企业青睐。

本项目通过仿真软件模拟实际柔性制造单元生产数据,着眼实际应用中数据采集项目的全流程,通过认识柔性制造单元、认识待采集设备数据信息、设置工业智能网关参数、测试工业互联网设备数据采集系统等步骤,掌握数据采集各个实施步骤中的知识点和技能点,项目最后通过 MQTT 协议实现工业智能网关采集数据与工业互联网平台的对接,实现告警提示类 App 和状态监控类 App 的配置与应用,工业互联网平台通过对采集数据的分析,能够实时展现设备的运行状况及设备告警信息。

5.1 认识柔性制造单元

● 任务描述 ●

在前期的研究和工作中,我们了解了机械加工的相关知识,掌握了单个设备的数据采集实施操作,项目的开展由点到线、由线到面、由面到体的逐步升级。

午饭后,小 V 稍作休息,下午进入操作间,发现目前的 Mint 仿真软件多了一个柔性制造单元的项目可供选择,于是小 V 认真地看着项目简介:本项目是一套柔性制造单元的方案,现阶段许多的加工件都是批量生产的,本方案通过数控机床、机械臂与物料台之间的配合,可以有效地解决批量零件的加工问题,节省人工成本。

● 学习目标 ●

◎ **素质目标:**
1. 养成科学严谨的学习态度;
2. 体验工作的成就感,树立热爱劳动意识。

◎ **知识目标:**
1. 了解柔性制造单元的特点;

2. 知道柔性制造单元的组成；
3. 掌握柔性制造单元的基本功能。

◎能力目标：

能说出柔性制造单元各个组成部分的功能。

● 任务实施指引 ●

近年来，制造业飞速发展，数字化制造已成为主流，传统的加工方式在加工效率和产品质量一致性上都已经不能满足市场需求，机械加工领域大量单品种、小批量生产任务正逐渐向多品种、中小批量生产模式转变。为了进一步提高产能，探索数字化工厂的生产模式，引入机器人技术，研制数字化机械加工，精密化控制的柔性制造示范单元逐渐向柔性制造系统（Flexible Manufacturing System，FMS）发展，取代了传统的加工工艺并提高了生产效率与产品质量，将传统机床制造甚至人工制造的车间转变成数字化加工控制车间。

自动化机械加工单元系统生产的产品具有上市快、成本低、质量高、能耗少等特点，其核心为制造的过程要处在一个可控的环境下，零件的制造过程具有可优化的特性，最终实现工业企业灵活、高效、无忧生产。

柔性制造系统是一套可编程的制造系统，含有自动物料输送设备，由计算机集成管理和控制，实现信息集成和物流集成，高效地制造多品种、中小批量零部件。

柔性制造单元（Flexible Manufacturing Cell，FMC）是在制造单元的基础上发展起来的，具有柔性制造系统部分特点的一种加工单元。通常由1~2台具有零件缓冲区、刀具及托板自动更换装置的数控机床或加工中心与工件储存运输装置组成，具有适应加工多品种产品的灵活性和柔性，可以作为FMS中的基本单元，也可以将其视为一个规模最小的FMS，是FMS向低价及小型化方向发展的产物。柔性制造单元适合多品种零件的加工，品种数一般为几十种。根据零件的工时和组成FMC的机床数量，年产量从几千件到几万件，也可达十万件以上。FMC的自动化程度虽略低于FMS，但其投资比FMS少得多，而经济效益接近FMS，更适用于财力有限的中小型企业。目前，国内外众多厂商都将FMC列为发展的重点。

5.1.1 柔性制造单元的基本组成

① 由加工中心或加工中心数控机床（含CNC）混合组成的加工设备，加工回转体零件的车削单元的设备一般不超过4台，大多数加工非回转体零件的单元选用一台加工中心作为基本的加工设备。

② 单元内部的自动化工件负责运输、交换和存储设备，具体随工件特点及其在单元内的输送方式而定，工件在单元内的输送方式有以下两种。

托板输送方式。适用于加工箱体或非回转体类零件的FMC。为便于工件输送及其在机床上夹固，工件（或工件及夹具）被装夹在托板上，工件的输送及其在机床上的夹紧都通过托板来实现。具体设备包括托板输送装置、托板存储库和托板自动交换装置。

直接输送方式。适用于加工回转体零件的FMC。工件直接由机器人或柔性手搬运到数控车床、数控磨床或车削中心上被夹紧加工。机床邻近设有料台存储坯件或工件。若 FMC 需要与外部系统联系，则料台为托板交换台，工件连同托板由外部输送设备（例如小车）输入单元或自单元输出。

③ 信息流系统。该系统对加工中的信息进行处理、存储和传输。

5.1.2　柔性制造单元的基本功能

① 自动化加工功能。在柔性制造单元中，有完成自动化加工的设备，例如，以车削为主的车削柔性制造单元，以钻、镗削为主的钻镗柔性制造单元等。同时辅以其他加工，例如，车削柔性单元中可以有端铣或钻削、攻螺纹加工等，这些自动化加工设备由计算机控制，自动完成加工。

② 物料传输、存储功能。这是柔性制造单元与单台 NC 或 CNC 机床的显著区别之一。柔性制造单元配有物料存储所需的在制品库、物料传输装备和工件装卸交换装置，并有刀具库和换刀装置。

③ 自动检验、监视等功能。它可以完成刀具检测、工件在线测量、刀具破损（折断）或磨损检测监视、机床保护监视等。

④ 单元加工的其他功能。单元加工的其他功能包括清洗、检验、切屑处理等。

5.1.3　柔性制造单元的特点

① 柔性。柔性制造单元的柔性是指加工对象、工艺过程、工序内容的自动调整性能。加工对象的可调整性即产品的柔性，非标自动化设备能加工尺寸不同、结构和材料亦有差异的"零件族"的所有工件。工艺过程的可调整性包括对同一工件在同一台加工中心上可采取的加工工步、装夹方式和工序顺序、切削用量。

② 柔性制造单元使用数控机床进行加工时，采用自动输送装置实现工件的自动运输和自动装卸，由计算机控制工件的加工和输送，实现了制造过程的自动化。

③ 非标自动化设备的加工精度高、效率高、质量稳定。柔性制造单元由数控设备构成，具备数控设备加工效率高、质量稳定、精度高的特点。

④ 柔性制造单元虽然具有柔性的特点，但受设备数量的限制，设备种类比较少，因此一个柔性制造单元不可能同时具备加工主体结构不同的各类零件的能力。

5.1.4　柔性制造单元的应用

（1）作为独立加工设备使用

与加工中心相比，柔性制造单元的自动化程度更高，除了具有加工中心所具有的自动化切削加工功能，还可以实现工件搬运及在机床上装夹自动化。

（2）作为其他柔性制造系统的基本组成模块

柔性制造系统和柔性自动化生产线日趋采用模块化组合方式，以柔性制造单元作为基础模块，优点是可以为柔性制造系统分段建设创造条件。为此，柔性制造单元在结构配置和控制等方面都趋于适应组成系统的需要。

任务考核

认识柔性制造单元考核见表 5-1，结合小组的任务实施情况，对每名学生进行任务考核。考核过程参照 1+X 证书制度试点要求，并将结果记录在表 5-1。学生进行互评，再请教师复评。通过任务评价，各小组之间、同学之间可以通过分享实施过程，相互借鉴经验。

表 5-1 认识柔性制造单元考核

班级：				姓名：	
小组：				学号：	
项目		要求	应得分		得分	备注
任务实施	信息收集	能够收集机械加工行业制造流程或环节的信息	方法、途径	10		
			有效率	10		
	信息处理	能够识别柔性制造流程或环节中所涉及的重点设备，以及设备组成	准确率	10		
			速度	10		
	表达能力	能够描述柔性制造单元的基本功能	文字组织	10		
			沟通	10		
任务评价	小组互评	从信息获取、信息处理、文字组织、工作态度、职业素养等方面进行评价	20			
	教师评价		20			
合计			100			
经验总结						

课后活动

一、填空题

1. _____ 是一套可编程的制造系统，含有自动物料输送设备，由计算机集成管理和控制，实现信息集成和物流集成，高效地制造多品种、中小批量零部件的自动化制造系统。

2. _____ 是在制造单元的基础上发展起来的，具有柔性制造系统部分特点的一种加工单元。

3. 柔性制造单元的基本组成包括_____、_____、_____。

4. 柔性制造单元的应用包括_____、_____。

二、简答题

根据所学知识，简要阐述柔性制造单元的特点。

5.2 认识待采集设备数据信息

● 任务描述 ●

在上一个任务中，我们认识了柔性制造单元的各个组成部分，小V对整个单元的生产数据产生了浓厚的兴趣，凭着之前积累的项目经验，列出了自己认为是数据采集中很重要的参数。

本次任务需要收集柔性制造单元数据采集所需要的数据及数据采集方法。上班后，张工和小V开始了忙碌而又紧张的实操工序。

● 学习目标 ●

◎ 素质目标：
1. 养成科学严谨的工作态度；
2. 体验工作的成就感，树立热爱劳动意识；
3. 培养举一反三的学习能力。

◎ 知识目标：
1. 掌握 Mint 仿真软件的使用方法；
2. 掌握 Mint 仿真软件的场景操作方法；
3. 掌握归集数据采集所需要数据的方法。

◎ 能力目标：
1. 能够正确登录/退出 Mint 仿真软件；
2. 能够正确操作 Mint 仿真软件；
3. 能够正确统计课程需要采集的数据；
4. 能够正确选择工业智能网关并与仿真软件连接。

● 任务实施指引 ●

5.2.1 Mint 仿真软件登录启动场景

❶ 登录仿真软件

使用鼠标双击桌面的 Mint 仿真软件图标，进入登录界面，在登录界面输入账号、密码，单击"登录账号"进入仿真软件。登录界面如图 5-1 所示。

图 5-1　登录界面

❷ 课程进入流程

（1）选择课程

选择课程界面如图 5-2 所示，界面会出现课程列表（根据个人权限、授课情况不同，课程界面会有所不同）。本节选择"柔性制造单元数据采集"课程。

图 5-2　选择课程界面

（2）下载场景

下载场景界面如图 5-3 所示。

图 5-3　下载场景界面

（3）启动场景

如果已下载，则直接进入启动场景。启动场景界面如图 5-4 所示。

图 5-4　启动场景界面

5.2.2　柔性制造单元仿真场景介绍

❶ 系统结构

柔性制造单元场景仿真界面如图 5-5 所示。柔性制造单元由数控机床、工业机器人（机械臂）、物料台 3 个部分组成。三者分工合作，数控机床负责对零部件进行加工，工业机器人搬运需要加工的零件和加工完毕的零件，物料台用于堆放未加工和加工完毕的零部件。加工单元主要用于小型零件的加工，机器人的加入降低了人力成本，提高了加工效率。

图 5-5　柔性制造单元场景仿真界面

（1）数控机床介绍

数控机床是数字控制机床的简称，是一种装有程序控制系统的自动化机床。该控制系统能够有逻辑地处理具有控制编码或其他符号指令规定的程序，并将其译码，用代码化的数字表示，通过信息载体输入数控装置。经运算处理由数控装置发出各种控制信号控制机床的动作，机床按图纸要求的形状和尺寸，自动加工出零件。数控机床如图 5-6 所示。

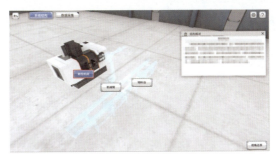

图 5-6　数控机床

(2)机械臂构成

机械臂的本质为工业机器人。工业机器人是广泛用于工业领域的多关节机械手或多自由度的机器装置,具有一定的自动性,可依靠自身的动力能源和控制能力实现各种工业加工制造功能。工业机器人被广泛应用于电子、物流、化工等各个工业领域。机械臂构成如图5-7所示,本场景的工业机器人主要负责给数控机床送料和取料。

图5-7 机械臂构成

(3)物料台构成

物料台用于堆放未加工和加工完毕的零件,分区域放置待加工零件和已加工零件。物料台构成如图5-8所示。

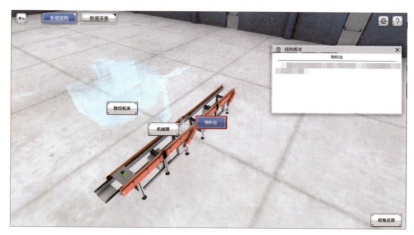

图5-8 物料台构成

② 数据采集

(1)网络连接

单击"数据采集",软件会自动连接网络,连接正常界面如图5-9所示。在少数情况下,会出现连接异常的情况,此时需要检查网络配置。连接异常界面如图5-10所示。

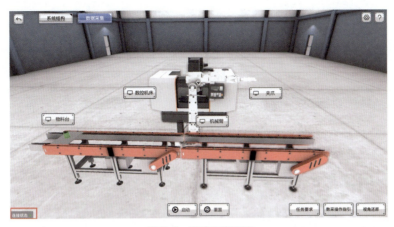

图 5-9 连接正常界面

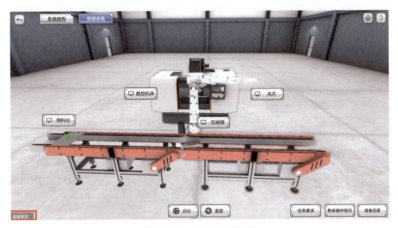

图 5-10 连接异常界面

数据采集部分如图 5-11 所示。数据采集部分分为任务要求、数采操作指引和视角还原。

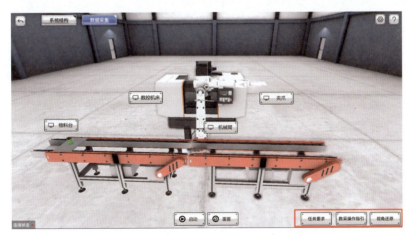

图 5-11 数据采集部分

（2）任务要求

获取任务要求界面如图 5-12 所示。

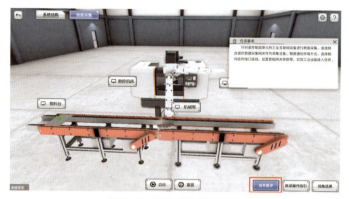

图 5-12 获取任务要求界面

（3）数采操作指引

数采操作指引说明如图 5-13 所示。数采操作指引对操作步骤和关键任务点进行描述。

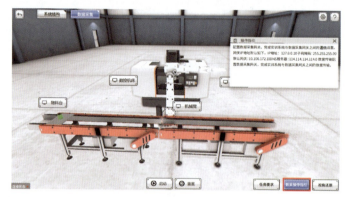

图 5-13 数采操作指引说明

（4）数据模拟

单击"启动"按钮，仿真软件通过协议发送数据，界面实时显示发送的数据。此时，"启动"按钮变成"暂停"按钮，单击"暂停"按钮，数据停止发送。"重置"按钮用于修改数据。仿真软件模拟柔性制造单元设备输出数据，数据供工业智能网关采集。仿真场景启动、暂停和重置界面如图 5-14 所示。

图 5-14 仿真场景启动、暂停和重置界面

第 5 章 实施柔性制造单元数据采集

（5）数据采集监控

数据采集监控界面如图 5-15 所示。场景启动后，工业智能网关采集仿真软件输出的数据，数据在 Web 端能够实时显示。

图 5-15　数据采集监控界面

（6）视角还原

单击"视角还原"后，系统显示初始状态。视角还原界面如图 5-16 所示。

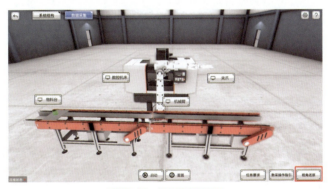

图 5-16　视角还原界面

❸ 仿真场景生产流程

仿真场景中正在生产一个空心圆柱体的零件，尺寸为 $\Phi 30\mathrm{mm} \times 40\mathrm{mm}$，主要使用的工艺是对空心圆柱体上端面进行铣削。

柔性制造单元加工工艺流程为输送线启动后，控制系统将托盘上的空心圆柱体运输至加工点位，当输送线上的传感器检测到托盘时，输送线暂停，工业机器人将空心圆柱体抓取至数控机床零件加工位，数控机床对空心圆柱体上端面进行铣削，铣削完成后数控机床打开防护门，工业机器人将加工完成的零件抓取放置于托盘上，工业机器人回到初始位置，同时输送线将托盘运输至下一工位。

5.2.3　整理设备数据采集评估报告

本实训项目采集的是柔性制造单元数据，柔性制造单元在实际生产中主要关注以下 3 类设备的数据。

（1）数控机床

① 操作方式数据：手动、自动。

② 程序运行状态：运行、停止、暂停等。

③ 主轴数据：主轴转速、主轴负载及主轴运转状态。

④ 加工数据：当前执行的程序号、当前使用的刀具。

⑤ 报警数据：报警代码、报警和信息内容。

⑥ 机床舱门状态：开启、关闭。

（2）机械臂

① 末端夹抓状态：打开、闭合。

② 机械臂动作：上料、下料。

（3）物料台

查看是否有物料。

❶ 整理设备数据采集评估报告

采集柔性制造单元数据评估报告见表 5-2。

表 5-2　采集柔性制造单元数据评估报告

班级：			姓名：
小组：			学号：
数据名称			数据作用
柔性制造单元数据	数控机床相关数据		

续表

数据名称		数据作用
柔性制造单元数据	机器人相关数据	
	物料台相关数据	
仿真软件	数据输出接口	
总结		

❷ 仿真数据输出接口

查看实训台柔性制造单元数据采集所需要的硬件设备及连接方式。柔性制造单元数据采集接口如图 5-17 所示。

图 5-17 柔性制造单元数据采集接口

柔性制造单元模拟设备数据通信协议为私有协议，通信接口为 PS2。

❸ 选择工业智能网关

根据表 5-2 总结的评估报告，选择合适的工业智能网关采集设备数据。选择工业智能网关见表 5-3。

表 5-3　选择工业智能网关

网关型号	采集接口

任务考核

认识待采集设备数据信息考核见表 5-4，结合小组的任务实施情况，对每名学生进行任务考核。考核过程参照 1+X 证书制度试点要求，并将结果记录在表 5-4。学生进行互评，再请教师复评。通过任务评价，各小组之间、同学之间可以通过分享实施过程，相互借鉴经验。

表 5-4　认识待采集设备数据信息考核

班级：					姓名：	
小组：					学号：	
项目		要求	应得分		得分	备注
任务实施	熟悉仿真场景	熟知并掌握 Mint 仿真软件的使用方法；能够正确进入柔性制造单元场景	准确率	10		
			完整性	10		
	收集柔性制造单元设备信息	了解待采集设备的输出方式；了解柔性制造单元的数据输出接口；根据采集数据类型选择正确型号的工业智能网关	准确率	10		
			完整性	10		
	工业智能网关与柔性制造单元连接	能够正确连接柔性制造单元数据接口与工业智能网关接口	准确率	10		
			完整性	10		
任务评价	小组互评	从信息获取、信息处理、分析归纳、工作态度、职业素养等方面进行评价	20			
	教师评价		20			
合计			100			
经验总结						

课后活动

一、填空题

1. 本实训场景中柔性制造单元主要由 3 个部分组成,分别是_____、_____、_____。
2. 柔性制造单元由 3 个部分分工合作,_____负责对零部件进行加工,_____搬运需要加工的零件和加工完毕的零件,物料台用于堆放未加工和加工完毕的零部件。
3. 机械臂的本质为工业机器人,本场景的工业机器人主要负责_____和_____。
4. 本次使用的工业智能网关采集接口类型是_____。

二、简答题

根据所学知识,简要描述柔性制造单元仿真场景中设备的构成。

5.3 配置工业智能网关参数

● 任务描述 ●

工业智能网关的基本参数配置完成后,小 V 和张工趁热打铁,"现在就需要你举一反三了,你要往工业智能网关中添加工业设备,以及添加工业设备产生的工业数据。但要注意,这一系列操作与单一设备相比步骤一致,但细节差异较大,数量也增多了,所以新的知识点需要你认真思考与记忆。"

● 学习目标 ●

◎ **素质目标:**

1. 养成科学严谨的工作态度;
2. 体验工作的成就感,树立热爱劳动意识;
3. 培养举一反三的学习能力。

◎ **知识目标:**

1. 掌握工业智能网关网络配置的步骤;
2. 掌握工业智能网关数据采集参数配置的步骤;
3. 掌握柔性制造单元数据采集方法。

◎ **能力目标:**

1. 能够正确在 Web 界面进行网络配置;

2. 能够正确在 Web 界面进行数据采集参数配置；
3. 能够正确在 Web 界面进行 MQTT 协议上传数据的配置。

● 任务实施指引 ●

5.3.1　配置前的准备工作

在工业智能网关通电后，用网线连接工业智能网关的上传接口网口（Web 登录网口）与计算机网口，把计算机的 IP 地址设置成与工业智能网关在同一网段下。具体步骤如下。

步骤一：在 Windows 计算机界面单击"开始—控制面板—网络和 Internet—网络和共享中心—更改适配器—本地连接—属性"。

步骤二：选取"Internet 协议版本 4（TCP/IPv4）"，然后单击"属性"，或者直接双击"Internet 协议版本（TCP/IPv4）"。

步骤三：选择"使用下面的 IP 地址"和"使用下面的 DNS 服务器地址"，按照以下参数进行填写。

IP 地址：192.168.1.X（X 值：1、100、251、255 除外）。

子网掩码：255.255.255.0。

默认网关：192.168.1.1（可以忽略）。

DNS 服务器：114.114.114.114（可以忽略）。

填写完毕后，单击"确定"保存设置。

通过交换机或网线连接计算机和工业智能网关在同一网络内。计算机 IP 地址设置如图 5-18 所示。

图 5-18　计算机 IP 地址设置

5.3.2 工业智能网关的固件升级

在配置工业智能网关参数之前,我们需要把实训内容对应的工业智能网关采集固件升级成相应的实训项目固件。

打开升级软件,软件地址为 D:\固件升级\升级软件\MFCConfig.exe。升级软件地址及名称如图 5-19 所示。

图 5-19 升级软件地址及名称

升级软件界面如图 5-20 所示。通过单击"检索设备"可以查看目前局域网中连接的设备。

图 5-20 升级软件界面

单击"选择程序"弹出对话框,选择对应的实训项目固件,中级固件在"D:\固件升级\中级-BIN"目录内。选择实训项目固件如图 5-21 所示。

图 5-21　选择实训项目固件

单击"下载程序",下载程序完成如图 5-22 所示,即下载成功,如果下载出现错误,检查网络没有问题后,再次执行下载程序,直至下载成功。

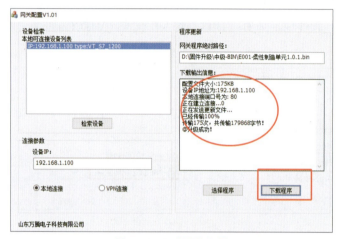

图 5-22　下载程序完成

登录工业智能网关数据采集参数配置界面,在数据采集对话框右侧显示对应的实训项目名称,说明下载成功,可以进行后续配置。工业智能网关数据采集参数配置界面如图 5-23 所示。

图 5-23　工业智能网关数据采集参数配置界面

5.3.3　工业智能网关的系统信息配置

工业智能网关系统信息配置界面如图 5-24 所示。在本配置界面中,只有"设备 ID"可以进行配置,通常不做修改,但是当现场设备繁多、种类复杂,需要进行规范化管理时,建议对工业智能网关进行规律化、规范化的命名（只能由数字、大小写字母及下划线构成）。

图 5-24　工业智能网关系统信息配置界面

5.3.4　工业智能网关的网络配置

ETH2 以太网口为数据接口，与计算机端连接。其 IP 地址可重新配置，但要注意其应与计算机的网络配置在同一网段，但不相同。子网掩码、网关、DNS 按网络要求配置，默认为 255.255.255.0、192.168.1.1、8.8.8.8。其余参数，例如 Modbus 映射区域默认值为 1，不可随意改动。工业智能网关网络配置界面如图 5-25 所示。

图 5-25　工业智能网关网络配置界面

5.3.5 工业智能网关的采集网口配置

ETH3 以太网口为采集接口，与仿真设备输出口连接。其 IP 地址可重新配置，但要注意其应与设备的网络配置在同一网段，但不相同。子网掩码、网关、DNS 按网络要求配置，默认为 255.255.255.0、192.168.1.1、8.8.8.8。工业智能网关网口配置界面如图 5-26 所示。

图 5-26　工业智能网关网口配置界面

5.3.6 工业智能网关的数据采集参数配置

工业智能网关数据采集配置参数主要包括柔性制造单元设备的 IP 地址、端口号、Modbus 采集 ID、Modbus 采集功能码。这些内容大多为固定或已由现场工程师提前提供，需要按照要求进行配置。实训可参照图 5-23 配置参数。

5.3.7 MQTT 协议上传数据配置

根据实际项目需要，网关可以把采集的设备数据根据数据传输协议上传至服务器端，例如设备管理系统或其他应用，网关支持的上传协议有 MQTT、Modbus TCP 等。

本项目中，MQTT 协议上传数据配置界面如图 5-27 所示。

图 5-27　MQTT 协议上传数据配置界面

第 5 章 实施柔性制造单元数据采集

图 5-27　MQTT 协议上传数据配置界面（续）

任务考核

配置工业智能网关参数考核见表 5-5。结合小组的任务实施情况，对每名学生进行任务考核。考核过程参照 1+X 证书制度试点要求，并将结果记录在表 5-5，学生进行互评，再请教师复评。通过任务评价，各小组之间、同学之间可以通过分享实施过程，相互借鉴经验。

表 5-5　配置工业智能网关参数考核

班级：					姓名：	
小组：					学号：	
	项目	要求		应得分	得分	备注
任务实施	配置准备工作	能够配置计算机端网络参数与工业智能网关在同一网段内； 能够根据所学知识进入工业智能网关配置界面	准确率	15		
			速度	5		
	进行信息配置和网络配置	熟知配置界面内容，注意命名规范； 熟知配置参数的含义和默认数值，并完成网络配置	准确率	15		
			完整性	5		
	数据采集配置	填写正确的采集信息	准确率	10		
	MQTT 协议配置	MQTT 协议上传数据配置	准确率	10		
任务评价	小组互评	从信息获取、信息处理、分析归纳、工作态度、职业素养等方面进行评价		20		
	教师评价			20		

合计		100	
经验总结			

课后活动

一、填空题

工业智能网关数据采集需要配置的是_____、_____、_____。

二、判断题

1. 一般在无安全要求的情况下，MQTT 服务器开放客户端的连入，不需要配置账号和密码。（   ）

2. 工业智能网关配置 MQTT 协议时发布主题名称为"发布主题 001"。（   ）

三、简答题

1. 根据所学知识，简要阐述工业智能网关数据采集参数配置界面的各选项功能。

2. 根据所学知识，简要阐述工业智能网关固件升级的步骤。

5.4 测试工业互联网设备数据采集系统

• 任务描述 •

经过网关选型、网关连接、参数配置／设置等一系列过程后，小 V 感觉自己离成功只有一步之遥，"小 V，在采集柔性制造单元中各个设备的数据之前有个重要步骤，你还记得是什么吗？""张工，我当然知道，就是测试咱们所搭建的工业互联网设备数据采集系统是否能正常运行。"此外，本节还将引入工业 App 的概念，工业 App 是一种承载工业技术知识、经验与规律的形式化工业应用程序,是工业技术软件化的主要成果。

小V若有所思:"看来在工业制造中,工业App的地位举足轻重,我一定跟着张工好好学习。"对于柔性制造单元来讲,本节重点讲解工业App中的状态监控和告警管理。

● 学习目标 ●

◎ 素质目标:
1. 养成科学严谨的工作态度;
2. 体验工作的成就感,树立热爱劳动意识;
3. 培养举一反三的学习能力。

◎ 知识目标:
1. 掌握工业智能网关网络连接状态检测方法;
2. 掌握Mint仿真软件的使用方法;
3. 掌握MQTT服务器、客户端的使用方法;
4. 理解工业App的概念;
5. 了解工业App的典型特征;
6. 分析并描述传统工业软件、工业App和工业互联网平台之间的区别与联系。

◎ 能力目标:
1. 能够通过计算机正确检测网关设备网络连接状态;
2. 能够分析设备网络连接质量;
3. 能够正确判断工业智能网关与计算机端的网络通信数据;
4. 能够正确判断工业智能网关采集数据的实时性;
5. 能够正确判断工业智能网关采集数据的准确性;
6. 能够选择正确的方法判断数据采集系统;
7. 能够配置工业App状态监控与告警管理页面。

● 任务实施指引 ●

柔性制造系统是由数控加工设备、物料运储装置和计算机控制系统组成的自动化制造系统,它包括多个柔性制造单元,能根据制造任务或生产环境的变化迅速调整,适用于多品种、中小批量生产。

本任务中,我们将用Mint仿真软件模拟柔性制造单元的生产过程,在软件中可以看到柔性制造单元的3个组成部分:数控机床、工业机器人(机械臂)和物料台。首先,工业机器人从物料台中取出未加工的零部件,之后将其搬运到数控机床操作台上,数控机床根据工艺需求,负责对零部件进行加工,加工完毕的零部件会被工业机器人再放回到物料台上。在整个过程中,通过工业智能网关采集柔性制造单元各个设备的操作方式、程序运行状态、主轴转速、主轴负载、进给速度、坐标轴 $X/Y/Z$、主轴运转状态等数据,充分了解柔性制造单元各个设备的运行数据和数据采集全过程,进而对进入工业现场进行柔性制造单元设备数据采集实操夯实基础。

我们根据表 5-2 可以了解待采集设备输出的数据及接口形式，根据表 5-3 选择合适的工业智能网关，接下来就可以测试搭建的数据采集系统，验证数据采集系统的各项性能。

5.4.1 选择并配置工业智能网关

打开浏览器，地址栏中输入工业智能网关的默认地址（如果工业智能网关 IP 地址已修改，则输入修改后的实际 IP 地址）。

❶ 计算机连接工业智能网关

通过交换机或网线使计算机和工业智能网关在同一网络内，通过浏览器登录工业智能网关配置界面。

❷ 配置工业智能网关参数

（1）采集网口参数配置

ETH3 以太网口为采集接口，与仿真设备输出接口连接。其 IP 地址可重新配置，需要注意的是，其与设备的网络配置应在同一网段，但不相同，可以按照图 5-26 所示参数配置采集网口。

（2）数据采集参数配置

数据采集参数主要包括柔性制造单元设备的 IP 地址、端口号、Modbus 采集 ID、Modbus 采集功能码，需要按照图 5-23 所示内容配置。

5.4.2 工业智能网关连接 Mint 仿真软件

在 5.2 节，我们了解了柔性制造单元的数据参数及通信协议，确定了使用的工业智能网关类型。下面我们通过通信电缆连接工业智能网关与仿真接口，仿真数据接口所在的位置如图 5-28 所示。通过定制线缆连接仿真接口与工业智能网关。

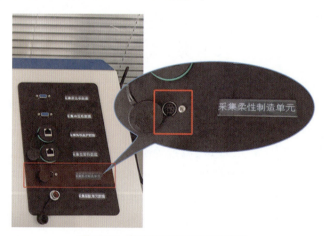

图 5-28　仿真数据接口所在的位置

5.4.3 启动柔性制造单元应用场景

启动仿真软件，进入柔性制造单元应用数据采集界面，模拟柔性制造单元设备输出数据，

第 5 章 实施柔性制造单元数据采集

数据供工业智能网关采集。

柔性制造单元数据采集界面如图 5-29 所示。等待左下角连接状态变为绿色,单击"启动"按钮,仿真软件通过协议发送数据,界面实时显示发送的数据。

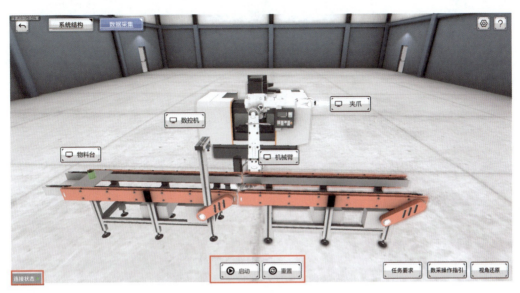

图 5-29 柔性制造单元数据采集界面

进入数据采集界面后,单击设备标签,界面会展示对应设备数据名称,数据监控界面如图 5-30 所示,这是仿真软件未启动时的状态。

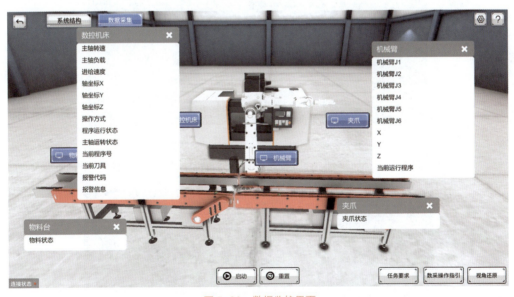

图 5-30 数据监控界面

场景启动后,工业智能网关采集数据,单击设备标签,此时在界面中能够实时显示采集的数据,数据采集启动状态界面如图 5-31 所示。单击"暂停"按钮,数据将停止发送;单击"重置",场景数据将开始初始化。

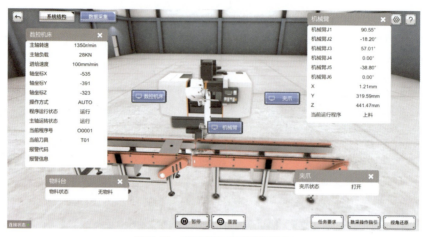

图 5-31　数据采集启动状态界面

5.4.4　测试数据采集系统

① 验证数据采集的准确性

打开浏览器输入 http://localhost:8081，进入客户端界面，登录工业互联网设备数据采集系统界面如图 5-32 所示。

图 5-32　登录工业互联网设备数据采集系统界面

选择中级项目界面如图 5-33 所示，选择"中级"，单击"进入系统"。

图 5-33　选择中级项目界面

第 5 章 实施柔性制造单元数据采集

采集柔性制造单元数据界面如图 5-34 所示，单击左侧"采集柔性制造单元数据"项目。界面左侧第一列为实训项目名称，单击项目名称可进入相应实训项目，右侧为采集配置区及采集数据展示区。输入对应的 IP 地址和端口号，单击"连接"，界面会显示采集到的数据。将上述数据与仿真软件中模拟的数据对比，可验证数据的准确性。

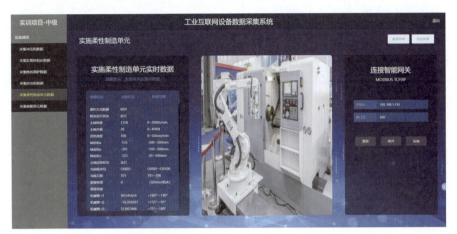

图 5-34 采集柔性制造单元数据界面

❷ 验证数据采集的实时性

在仿真软件的数据采集界面中，单击"重置"和"启动"按钮修改数据，在界面能够显示实时的数据变化情况，通过仿真软件中模拟的数据和客户端展现的数据的对比，就可以验证数据采集的实时性。

❸ 设备数据的存储及历史查询

（1）存盘时间设置

根据所采集的设备数据需求设置存盘时间间隔即采样频率，通过单击图 5-34 右上方的"数据存储"按钮，进入存储设置页面，采集数据存储设置如图 5-35 所示，可以设置存盘时间间隔和是否保存数据。

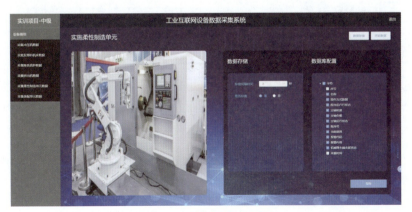

图 5-35 采集数据存储设置

（2）历史数据查询及导出

如果选择了存储采集数据，可以通过数据查询查看采集的历史数据，如图 5-36 所示，单击界面右上方的"历史数据"按钮，进入相对应页面选择所要查询的时间段，单击"查询"，右侧列表显示查询结果。

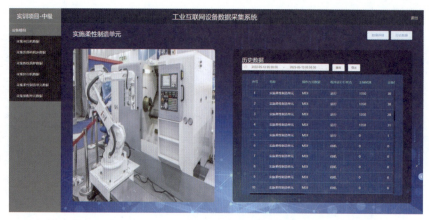

图 5-36　查看采集的历史数据

单击"导出"按钮导出所查询的历史数据，以 Excel 的方式保存。

实训结束后，按照关闭计算机、断开工业设备电源、关闭工业智能网关电源、拔出采集连接线、关闭实训台总电源的顺序完成操作并整理好实训台上的各种物品。

 随 堂 笔 记

5.4.5　工业 App 介绍

① 工业 App 的定义

工业 App 基于松耦合、组件化、可重构、可重用思想，面向特定工业场景，解决具体的工业问题，基于平台的技术引擎、资源、模型和业务组件，将工业机理、技术、知识、算法与最佳工程实践按照系统化组织、模型化表达、可视化交互、场景化应用、生态化演进原则形成应用程序，是工业软件发展的一种新形态。

工业 App 所依托的平台可以是工业互联网平台、公有云或私有云平台，也可以是大型工业软件平台，还可以是通用的操作系统平台（包括用于工业领域的移动端操作系统、通用计算机操作系统、工业操作系统和工业软件操作系统等）。

工业 App 是为了解决特定的具体问题、满足特定的具体需要而将实践证明可行和可信的工业技术知识封装固化后形成的一种工业应用程序。工业 App 只解决具体的工业问题，例如齿轮设计 App 只针对某种类型的齿轮设计问题，而不是将齿轮设计抽象成面向一般几何体设计的点、线、面、体、布尔运算等设计问题，后者是一般工业软件解决的问题。

工业 App 可以让工业技术经验与知识得到更好的保护与传承、更快的运转、更大规模的应用，从而放大工业技术的效应，推动工业知识的沉淀、复用和重构。

工业 App 是一种特殊的工业应用程序，是可运行的工业技术知识的载体，工业 App 中承载了解决特定问题的具体业务场景、流程、数据与数据流、经验、算法、知识等工业技术要素，工业 App 承载这些技术要素，每一个工业 App 都是一些具体工业技术与知识要素的集合与载体。

工业 App 是一种承载特定工业技术知识的软件形式的载体，其所承载的客体对象包括以下几类工业技术知识：

① 各种基本原理、工业机理、数学表达式、得到验证的经验公式；

② 业务逻辑包括产品设计逻辑、CAD 建模逻辑、CAE 仿真分析逻辑、制造过程逻辑、运行使用逻辑、经营管理逻辑等业务逻辑；

③ 数据对象模型、数据交换逻辑；

④ 领域机理知识包括航空、航天、汽车、能源、电子、冶金、化工、轨道交通等行业原理与机理知识，机械、电子、液压、控制、热力、流体、电磁、光学、材料等专业知识，铣、刨、磨、镗、铸、锻、焊等工艺制造领域的知识，"人—机—料—法—环"、配方、配料、工艺过程与工艺参数知识，以及故障、失效等模型，还包含了人对设备操作与运行的逻辑、经验与数据，企业经营管理基本原理、知识与经验等；

⑤ 数据模型，包括经过机器学习和验证的设备健康预测模型、大数据算法模型、人工智能算法模型、优化算法模型等；

⑥ 人机交互。

❷ 工业 App 的典型特征

工业 App 借鉴了消费 App 方便灵活的特性，又承载了工业技术软件化的理念，是工业软件的新形态又具有软件的特性，同时依托平台具有生态化的特征。因此，工业 App 具有 6 个方面的典型特征：特定工业技术知识载体、面向特定工业场景的特定适应性、小轻灵且易操作、可解耦/可重构、依托平台、集群化应用等特征。

（1）特定工业技术知识载体

工业 App 是某一项或某些具体的工业技术知识的软件形态的载体，这是工业 App 的本质特征。工业 App 所承载的工业技术知识只解决具体的问题。正如前面所列举的例子，齿轮设计 App 只承载解决某种类型的齿轮设计问题的具体工业技术知识。一般的工业软件虽然也承载工业技术知识，但这些工业技术知识通常是抽象后的通用机理，如几何建模技术与知识，解决的是一大类工业问题。

（2）面向特定工业场景的特定适应性

每一个工业 App 承载解决某项具体问题的工业技术知识，表达一个或多个特定的功能，解决特定的具体问题，具有典型的特定适应性。例如，某类齿轮设计 App 只完成该类型的齿轮设计，更换齿轮类型后就不适用了。

（3）小轻灵且易操作

每一个工业 App 只解决某一些或几项具体的问题，功能单一，并且工业 App 的开发运行都依托平台的资源，每一个工业 App 不需要考虑完整的技术引擎、算法等基础技术要素，因此，工业 App 的体量相对较小。

工业 App 是富集的工业技术知识载体，通过知识封装和驱动，让大众也可以使用专家的知识，通过简便的操作，完成过去需要专家才能完成的工作。只有这样，工业 App 才能被广泛地推广使用。

（4）可解耦/可重构

每一个组件化的工业 App，边界明确，接口明确，这使工业 App 可以不被紧耦合约束到某一个具体的应用软件中，与其他的应用程序或 App 通过接口交互实现松耦合应用。

（5）依托平台

工业 App 从概念提出到开发、应用，以及生态的构建与形成，都是基于平台开展的。每一个工业 App 只解决特定的具体问题，这就要求工业 App 必须具备一个庞大的生态来支撑。生态的建设需要社会化力量共同努力，平台既可以提供工业 App 生态快速建设的基础，又可以减少每一个 App 在开发过程中重复地进行基础技术开发和基础资源构建，降低工业 App 开发的门槛，还可以通过平台来统一规范与标准，实现工业 App 的广泛复用。

（6）集群化应用

每个工业 App 只解决特定问题，对于一些复杂的工业问题，可以通过问题分解将复杂问题变成一系列单一问题，每一个单一问题由对应的工业 App 来解决，通过多个边界和接口明确工业 App 要按照一定的逻辑与交互接口进行系统性组合，利用工业 App 集群可以解决更复杂的系统性问题。

❸ 软件对比

相对于传统工业软件，工业 App 具有轻量化、定制化、专用化、灵活和复用的特点。用户复用工业 App 被快速赋能，机器复用工业 App 被快速优化，工业企业复用工业 App 实现对制造资源的优化配置，从而创造和保持竞争优势。

工业互联网平台定位于工业操作系统，是工业 App 的重要载体，工业 App 则支撑了工业互联网平台智能化应用。

工业互联网平台通过构建应用开发环境，借助微服务组件和工业应用开发工具，帮助用户快速构建定制化的工业 App。工业 App 首先在工业互联网平台上运行，产生了大数据；其次对大数据进行机器学习和深度学习；最后数据经过提炼、抽取、处理、归纳形成工业数字化知识，工业数字化知识进一步完善工业 App。

工业 App 是实现工业互联网平台价值的出口。面向特定工业应用场景，激发全社会资源形成生态，推动工业技术、经验、知识和最佳实践的模型化、软件化和封装，形成海量工业 App；用户通过对工业 App 的调用实现对特定资源的优化配置。工业 App 基于工业互联网平台，进行共建、共享和网络化运营，支撑制造业智能研发、智能生产和智能服务。

5.4.6 工业互联网平台

工业互联网平台基于边缘层数据采集优势，兼容了各生产设备相关通信协议，基于实时采集的数据，建立可视化车间，实时监测设备的生产状态（良率、运行、待机、离线、告警），在云端生成生产画像，统计设备的开机率、运行率、产量/产值等信息，并通过饼状图、柱状图、折线图、时序图等方式进行可视化展示，将车间生产"黑箱"透明化，及时反馈企业车间的生产状况，为车间的高效排产及质量追溯提供信息依据。下面以某工业互联网实训台为例进行详细应用讲解。

❶ 平台登录及界面介绍

打开计算机端浏览器，在地址栏中输入系统登录地址，跳转到登录页面，系统登录页面如图 5-37 所示。

图 5-37　系统登录页面

登录页面输入正确的企业标识、用户名、密码，单击"登录"，即可登录系统。

平台首页如图 5-38 所示。

图 5-38　平台首页

首页功能分布如图 5-39 所示。其中，个人中心菜单可以修改账户相关信息，例如更换头像、手机验证码登录设置、更换手机号、更换邮箱、修改密码等。

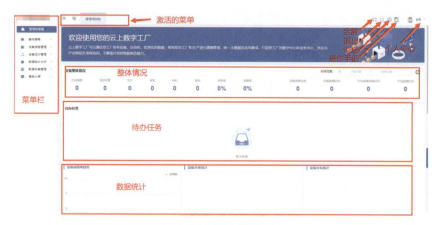

图 5-39 首页功能分布

❷ 工厂建模

工厂模型是数字工厂的基础，反映企业的生产制造方式，也是业务数据的关联和组织的基础。为了满足工厂多组织、多车间、多生产线、多工作中心的需求，便于扩展业务应用，工厂建模完成工厂实际物理模型的建立。

我们以实训室作为工厂模型，以实训台作为生产车间，讲解工厂建模类型及工厂建模的添加步骤。

（1）新增工厂建模类型

在工厂建模类型页面，左侧分类树可选择的建模类型包含基地/工厂、区域/车间、过程单元（工作中心）、单元、生产单元、生产线、工作单元，可根据实际情况选择类型。

首先选择建模类型"基地/工厂"，单击"新增"按钮，添加"实训室"，类型为"基地/工厂"。页面弹出新增对话框，维护必填项信息，单击"确定"，新建工厂类型页面如图 5-40 所示。

图 5-40 新建工厂类型页面

其次，添加"实训台 1"，类型为"车间"，选择"区域/车间"，单击"新增"按钮，页面弹出新增对话框，维护必填项信息，单击"确定"，新建车间类型页面如图 5-41 所示。

图 5-41　新建车间类型页面

（2）新增工厂建模

添加完工厂建模类型后，我们就可以添加工厂模型了。在工厂建模页面中，左侧分类树选择"工厂建模"，单击"新增"按钮，新增工厂建模如图 5-42 所示。

图 5-42　新增工厂建模

工厂中建立"实训室"，编号为"SXS001"，类型选择创建的"基地/工厂→实训室"，填写新增工厂信息页面如图 5-43 所示。

图 5-43　填写新增工厂信息页面

关联组织机构根据弹出的对话框选择"职业技术学院",选择组织机构信息如图 5-44 所示,然后单击"确认"按钮。

图 5-44　选择组织机构信息

填写完成的工厂信息如图 5-45 所示,单击"确定"按钮,添加完毕。

图 5-45　填写完成的工厂信息

在工厂建模页面,左侧分类树选择刚才建立的工厂模型"实训室",单击"新增"按钮,新增车间信息页面如图 5-46 所示。

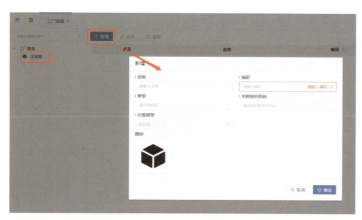

图 5-46　新增车间信息页面

添加"实训台1"为车间类型,车间信息名称为"实训台1",编码为"SXT001",类型为"车间→实训台1",组织机构为"职业技术学院",填写新增车间信息如图5-47所示,然后单击"确定",完成添加。

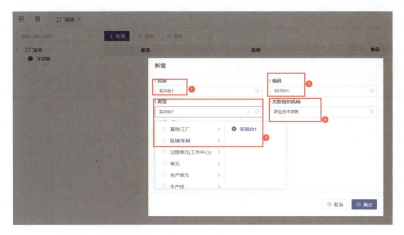

图5-47 填写新增车间信息

完成工厂建模添加后会显示所属关系,工厂建模列表如图5-48所示。

图5-48 工厂建模列表

❸ 设备信息管理

设备信息管理模块用来维护设备的基础信息,包括建立设备台账。设备台账列表如图5-49所示,可显示当前管理的设备信息数据。

图5-49 设备台账列表

选择左侧一个生产区域例如"实训台1",单击"新增",填写新增设备信息,包括设备存放位置、设备编码、设备名称、设备类型等必填信息,新增设备信息如图5-50所示。

· 213 ·

图 5-50　新增设备信息

以添加柔性制造单元设备为例，新增设备信息填写如图 5-51 所示，框内为必填项，其他为可选项。

图 5-51　新增设备信息填写

添加完成后单击"确定"，添加完成设备列表如图 5-52 所示。

图 5-52　添加完成设备列表

5.4.7 告警提示类 App 的配置与应用

根据本章工业智能网关 MQTT 协议上传数据步骤，配置工业互联网平台数据采集管理页面。

告警提示类 App 的配置通过数据模板配置、数据通道配置、通信模型配置，成功从工业智能网关进行数据采集，将监控参数配置添加至对应设备中，即可在设备告警信息中查看设备告警详情，告警信息可以通过设备告警管理提供例如站内信、短信、邮箱等不同的告警方式。

❶ 测试工业智能网关 MQTT 协议发布信息

测试工业智能网关 MQTT 协议发布信息是否正常。

打开 MQTT.fx 客户端，登录 MQTT 服务器，订阅工业智能网关发布的信息，以 IP 地址为 121.36.2.211 的 MQTT 服务器为例，配置登录服务器 IP 地址如图 5-53 所示。

添加成功后，单击"Connect"，客户端连接 MQTT 服务器如图 5-54 所示。

图 5-53　配置登录服务器 IP 地址

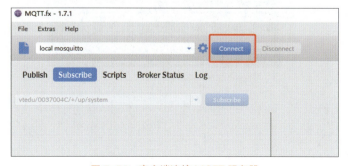

图 5-54　客户端连接 MQTT 服务器

工业智能网关发送 MQTT 主题名称，即工业智能网关 MQTT 设置页面的"设备名称"，工业智能网关 MQTT 设置页面如图 5-55 所示。

图 5-55　工业智能网关 MQTT 设置页面

订阅主题如图 5-56 所示，添加图中的主题"+"为通配符，单击"Subscribe"获取主题信息。客户端订阅到的信息如图 5-57 所示，图 5-57 中为工业智能网关采集的设备数据，主题为"vtedu/00270025/E0025/up/system"。能够获取数据说明工业智能网关通过 MQTT 服务器发布的主题信息正常。

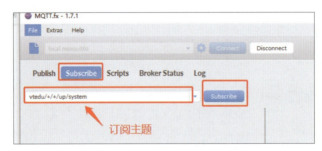

图 5-56　订阅主题

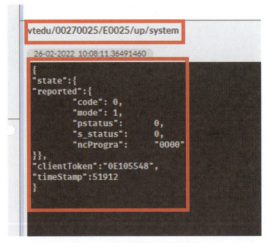

图 5-57　客户端订阅到的信息

MQTT 主题命名模板为"bizCode/gatewayCode/equipCode/up/topicCode"。

分别表示：学校标识 / 工业智能网关设备 ID/ 设备编码 / 采集 / 主题类型。

第 5 章　实施柔性制造单元数据采集

模板分项定义如下。

bizCode 为业务标识，由平台管理员分配。

gatewayCode 为工业智能网关设备 ID。

equipCode 为设备编码，例如平台里设置的设备编码。

topicCode 为主题类型，对应业务定义中的编码，例如 system、process、file、alarm，其中，system 是系统数据，process 是生产过程数据，file 是文件数据，alarm 是告警数据。

本小节需要配置告警提示类信息，因此用到的主题中业务编码为 alarm，例如"vtedu/00270025/JGDY001/up/alarm"，含义为"获取工业互联网平台中 vtedu 客户（工业智能网关设备 ID 为 00270025，设备编码为 JGDY001）上传的告警数据"。

❷ 数据模板配置

数据模板配置页面用于对应 MQTT 协议中的字段。

进入数据采集管理菜单中的数据模板配置界面，单击"新增"，弹出新增模板配置界面，新增数据模板配置界面如图 5-58 所示。

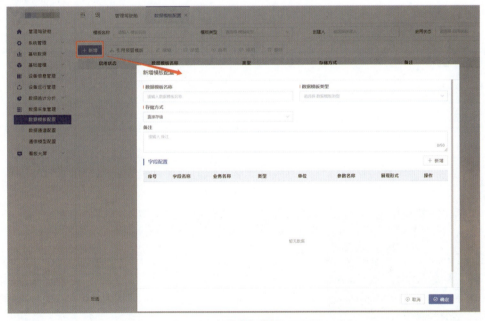

图 5-58　新增数据模板配置界面

维护数据模板名称为"柔性制造单元告警数据模板"，名称唯一，不能重复；选择数据模板类型为"告警数据"；选择存储方式为"变动存储"；进行"字段配置"，根据工业智能网关 MQTT 设置页面"alarm"主题的字段填写，填写数据模板内容如图 5-59 所示。其中，"字段名称"需要和工业智能网关 MQTT 设置页面主题"key"相对应，"业务名称"为平台内部使用字段（"no"字段固定为告警数据）。

图 5-59　填写数据模板内容

填写完毕单击"确定"保存，数据模板列表如图 5-60 所示。

图 5-60　数据模板列表

当存在已经维护好的数据模板时，我们可以直接引用预置模板，引用预置模板如图 5-61 所示。

图 5-61　引用预置模板

第5章 实施柔性制造单元数据采集

注意事项如下。

模板配置进行"字段配置"时,字段名称需要和工业智能网关上传的消息字段一致(除了"code"字段,"code"表示连接状态,系统会自动处理),业务名称可以自定义(表示设备运行状态的字段特定为"pStatus",展现形式只可选时序图)。

存储方式:若为变动存储,则只有网关上传数据发生变化时,系统才会存储,即参数分析里面只会看到变动的参数记录;若为直接存储,则网关每上传一次数据,系统都会存储。

数据模板类型:可选值为"系统数据、加工数据、告警数据、文件、交互数据",在最终关联通信模型时需要与相关数据通道(可选值包括 system、process、alarm、file、interflow)相对应。

❸ 数据通道配置

数据通道配置用于对应 MQTT 协议或其他协议数据上传的通道名称,例如 MQTT 协议中的通道名称。单击左侧菜单数据采集管理中的"数据通道配置",新增数据通道配置如图 5-62 所示。

图 5-62 新增数据通道配置

在弹出的新增通道列表中,维护数据通道的名称为"柔性制造单元告警通道",数据通道类型下拉选择"MQTT",输入主题"vtedu/00270025/JGDY001/up/alarm",告警数据通道配置如图 5-63 所示。

图 5-63 告警数据通道配置

填写完成后单击"确定",保存信息,数据模板通道列表如图 5-64 所示。

图 5-64　数据模板通道列表

❹　通信模型配置

通信模型配置用于连通数据通道与设备数据。

单击左侧菜单数据采集管理中的"通信模型配置",新增通信模型配置界面如图 5-65 所示。

图 5-65　新增通信模型配置界面

选择需维护的设备编号"JGDY001",选择模型配置类型为"采集",输入工业智能网关的网关编号"00270025",选择需关联的数据模板为"柔性制造单元告警数据模板"与数据通道"柔性制造单元告警通道",告警通信模型配置界面如图 5-66 所示。

图 5-66　告警通信模型配置界面

第 5 章　实施柔性制造单元数据采集

通信模型配置列表如图 5-67 所示，通道模型将设备、通道、工业智能网关关联起来，网关编号根据网关上传数据的格式，第二部分即为网关编号。

图 5-67　通信模型配置列表

❺　设备告警管理

对于本小节柔性制造单元的数据采集，在工业 App 上我们着重关注的一个模块是告警提示类信息。

单击左侧菜单设备运行管理中的"设备告警管理"，进行设备告警新信息查看和处理，设备告警管理界面如图 5-68 所示。

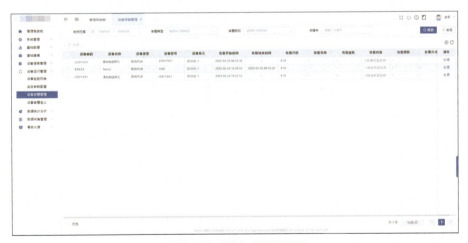

图 5-68　设备告警管理界面

在系统中处理设备告警信息，将通过数据采集设备采集到的设备告警代码，根据设备告警定义功能定义的告警信息进行列表展示并处理，还可以进行设备报障等处理操作。

❻　设备告警定义

在系统中维护设备告警定义信息，为设备告警代码在系统里进行详细定义，便于出现告警时处理。设备告警定义界面如图 5-69 所示。

图 5-69　设备告警定义界面

❼ 告警消息提醒

当设备出现告警信息时，系统会根据设定的阈值和推送方式推送设备告警信息，设备告警信息提醒如图 5-70 所示。

图 5-70　设备告警信息提醒

系统也可以通过数据统计分析中的故障告警分析 App，对告警信息进行分析汇总，故障告警分析如图 5-71 所示。

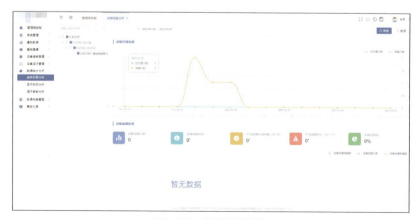

图 5-71　故障告警分析

5.4.8 状态监控类 App 的配置与应用

状态监控类 App 的配置通过数据模板配置、数据通道配置、通信模型配置，成功从工业智能网关进行数据采集，进行监控参数配置并添加至对应的设备中后，可以在设备监控列表查看设备监控详情。

本小节需要配置状态监控类信息，用到的主题中业务编码为"system"，例如"vtedu/00270025/JGDY001/up/system"，含义为"获取工业互联网平台中 vtedu 客户（工业智能网关编号为"00270025"，设备编号为"JGDY001"）上传的系统数据。

❶ 数据模板配置

进入数据采集管理菜单中的数据模板配置页面，单击"新增"，弹出新增模板配置界面，新增数据模板配置界面如图 5-72 所示。

图 5-72　新增数据模板配置界面

维护数据模板名称为"柔性制造单元系统数据"，名称唯一，不能重复；选择数据模板类型为"系统数据"；选择存储方式为"变动存储"；选择"字段配置"，根据工业智能网关 MQTT 设置页面"system"主题的字段填写，新增模板配置如图 5-73 所示。

图 5-73　新增模板配置

❷ 数据通道配置

数据通道配置用于对应 MQTT 协议或其他协议数据上传的通道名称，例如 MQTT 协议中的通道名称。单击左侧菜单数据采集管理中的"数据通道配置"，新增系统数据通道配置如图 5-74 所示。

图 5-74　新增系统数据通道配置

在弹出的新增通道列表中，维护数据通道名称为"柔性制造单元系统通道"，数据通道类型下拉选择"MQTT"，输入主题"vtedu/00270025/JGDY001/up/system"，系统数据通道的配置如图 5-75 所示。

图 5-75　系统数据通道的配置

填写完毕单击"确定"并保存，系统数据通道列表如图 5-76 所示。

图 5-76　系统数据通道列表

❸ 通信模型配置

通信模型配置用于把数据通道与设备数据连通。

单击左侧菜单数据采集管理中的"通信模型配置",新增通信模型配置界面如图 5-77 所示。

图 5-77 新增通信模型配置界面

选择需维护的设备编号"JGDY001",选择模型配置类型为"采集",输入工业智能网关的网关编号"00270025",选择需关联的数据模板为"柔性制造单元系统数据"与数据通道"柔性制造单元系统通道",告警通信模型配置界面如图 5-78 所示。其中,"字段名称"需要和工业智能网关 MQTT 设置页面的主题"key"对应,"业务名称"为平台内部使用字段("pStatus"固定为获取设备状态字段)。

图 5-78 告警通信模型配置界面

通道模型配置完成后,通信模型配置列表如图 5-79 所示,通道模型将设备、通道、工业智能网关关联起来，网关编号根据网关上传数据的格式，第二部分即为网关编号。

图 5-79　通信模型配置列表

完成数据模板、数据通道及通信模型配置后，便可在"设备运行管理→监控参数配置"中维护设备相应参数，在"设备监控列表"中可以查看设备参数的详情。

通过设备状态监控，可以实时了解设备的动态信息。

❹　设备监控列表

获取当前系统全部设备，实时监控设备、运行、停机、预警状态及设备运行参数，设备监控列表界面如图 5-80 所示，

设备监控详情界面如图 5-81 所示。

图 5-80　设备监控列表界面

第 5 章　实施柔性制造单元数据采集

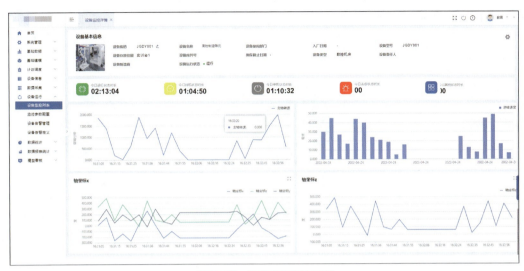

图 5-81　设备监控详情界面

❺ 设备参数配置

工业智能网关采集到设备运行参数后，通过参数配置，实现对设备参数的数据建模。本模块的功能是在系统中配置设备的监控参数信息。

功能说明包含新增、编辑、删除、设置预警等。设备参数配置界面如图 5-82 所示。

图 5-82　设备参数配置界面

❻ 运行状态分析

以图表的形式对设备的运行状态进行统计查询分析，可查询单台或多台设备的运行状态统计、利用率统计、运行状态时序及设备运行状态时间统计列表等信息，运行状态分析如图 5-83 所示。

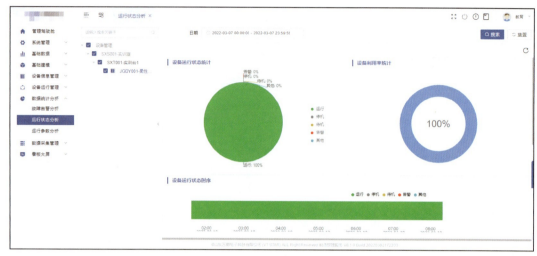

图 5-83 运行状态分析

5.4.9 设备数据采集系统的故障收集

❶ 设备故障的收集方式

设备故障信息是指设备故障的发生发展直至排除全过程的信息。

它通常以故障记录或故障报告单的形式,设备故障信息按规定的表格收集,并作为管理部门收集故障信息的原始记录。当生产现场的设备出现故障后,操作工人填写故障信息收集单,交给维修组排除故障。有些单位没有故障信息收集单,也可以用现场维修记录登记故障修理情况。随着设备现代化程度的提高,企业对故障信息管理的要求也不断提高,主要表现在以下几点。

① 故障停工单据统计的信息量增大。

② 信息准确无误。

③ 对各参量进行编号,以适应计算机管理的要求。

④ 要及时输入和输出信息,为管理工作服务。

故障信息收集应有专人负责,做到全面、准确,为排除故障和可靠性研究提供可靠的依据,设备故障记录日志见表 5-6。

表 5-6 设备故障记录日志

设备编号							型号					
设备名称							规格					
日期	使用时间	故障发生时间	故障现象	故障检查与故障原因	排除措施	更换件名称、图号和更换数量	维修工时	移交使用时间	维修停机时间	使用人	维修人	维修费用

第5章 实施柔性制造单元数据采集

❷ 收集故障信息的内容

收集故障信息具体内容如下。

① 故障时间信息的收集：统计故障设备开始停机时间、开始修理时间、修理完成时间等。

② 故障现象信息的收集：故障现象是故障的外部形态，它与故障的原因有关。因此，当出现异常现象后，应立即停车，观察和记录故障现象，保持或拍摄故障现象，为故障分析提供真实可靠的原始依据。

③ 故障部位信息的收集：确切掌握设备故障的部位，不仅可以为分析和处理故障提供依据，还可以直接了解设备各部分的设计、制造、安装质量和使用性能，为改善维修、设备改造、提高设备素质提供依据。

④ 故障原因信息的收集：产生故障的原因通常有以下几个方面。

第一，设备设计、制造、安装中存在的缺陷。

第二，材料选用不当或有缺陷。

第三，使用过程中的磨损、变形、疲劳、振动、腐蚀、变质、堵塞等。

第四，维护或润滑不良、调整不当、操作失误、过载使用、长期失修或修理质量不高等。

第五，环境因素及其他原因。

⑤ 故障性质信息的收集：有两种不同性质的故障。一种是硬件故障，即设备本身设计、制造质量不佳或磨损、老化等造成的故障；另一种是软件故障，即环境和人员素质等造成的故障。

⑥ 故障处理信息的收集：故障处理通常有紧急修理、计划检修、设备技术改造等方式。故障处理信息的收集，可为评价故障处理的效果和提高设备的可靠性提供依据。

故障报告单的内容与故障记录内容相似，包括故障设备的信息（设备名称、编号、型号、生产厂家、出厂编号等）、故障识别信息（故障发生时间、故障现象、故障模式等）、故障鉴定信息（故障原因、测试数据等）、故障排除有关信息（更换件名称、图号、费用、排除方法、防止故障再次发生的措施、停工工时、修理工时等费用）。设备故障报告单见表5-7，仅供参考。

表5-7 设备故障报告单

编号				报告时间	
设备名称		出厂编号		报告人	
设备型号		使用单位		停产时间	
设备编号		设备故障始停时间		通知时间	
制造厂家					
故障详细情况				处理情况	
				防止故障再次发生采取的措施	
故障模式			故障主要原因		

续表

异常振动	堵塞	磨损	疲劳	裂纹	折断	制造	安装	操作	保养
变形	腐蚀	剥离	渗漏	异常声响	绝缘劣化	超载	润滑	修理质量	违章
材质劣化	发热	油质劣化	其他		设计	其他			

工时与费用	停工停时		在何种情况下发现的故障	
	停工工时		日常检查	
	停工损失费		定期检查	
	厂内修理费		临时修理	
	对外委托修理费		修换件名称	图号	件数	费用	备注
	备件						
	费用合计						
使用单位负责人			维修单位负责人				

计划决策

测试工业互联网设备数据采集系统分工明细见表 5-8。为了保证任务顺利实施,我们应该先做好相应的计划。根据任务内容,各小组做好计划,分工到每个组员,然后按照小组决策将本组的工作计划填入表 5-8。

表 5-8 测试工业互联网设备数据采集系统分工明细

序号	任务分工	操作人员	注意事项
1	查看柔性制造单元数据类型,选择对应的工业智能网关		
2	连接柔性制造单元及工业智能网关采集接口		
3	配置工业智能网关参数		
4	测试工业智能网关与计算机端的网络连通性		
5	测试工业智能网关数据通信的准确性、实时性		
6	存储采集数据,根据条件查询存储的历史数据		
7	填写工业互联网设备数据采集测试报告		
8	采集数据接入工业 App		

任务实施

测试工业互联网设备数据采集系统检查明细见表 5-9。以小组为单位,组内学员有两人一组互换任务单,对已设置的工业智能网关采集参数是否全面、准确、合理进行检查,并将检查

第 5 章　实施柔性制造单元数据采集

结果记录在表 5-9。

表 5-9　测试工业互联网设备数据采集系统检查明细

班级：		姓名：		
小组：		学号：		
序号	检查项目	是	否	分值
1	能够正确连接工业智能网关与采集数据接口			10
2	能够正确进入仿真软件课程场景			10
3	能够正确使用仿真软件模拟数据			30
4	能够正确判断工业智能网关与计算机端的网络通信数据			10
5	能够掌握工业智能网关采集数据的实时性的测试方法			20
6	能够进行设备状态监控类、告警提示类工业 App 配置			20
	小计分数			

任务考核

测试工业互联网设备数据采集系统考核见表 5-10。结合小组的任务实施情况，对每名学生进行任务考核。考核过程参照 1+X 证书试点制度要求，并将结果记录在表 5-10。学生进行互评，再请教师复评。通过任务评价，各小组之间、同学之间可以通过分享实施过程，相互借鉴经验。

表 5-10　测试工业互联网设备数据采集系统考核

班级：				姓名：		
小组：				学号：		
	项目	要求		应得分	得分	备注
任务实施	能够明确采集数据	能够明确采集设备数据； 能够明确采集方式、设备数据采集接口	准确率	10		
	选择并连接工业智能网关	能够选择正确的工业智能网关； 能够正确配置采集参数； 能够正确配置 MQTT 协议上传数据； 能够正确连接工业互联网设备与工业智能网关	准确率	10		
			完整性	10		
	登录场景	能够正确进入仿真场景； 能够正确设置模拟数据	准确率	10		
			完整性	10		
	验证采集数据的实时性、准确性	能够通过仿真软件验证采集数据的实时性、准确性	准确率	20		
	配置工业 App	能够基于设备数据进行告警提示类工业 App 配置； 能够基于设备数据进行状态监控类工业 App 配置	准确率	10		

续表

任务评价	小组互评	从信息获取、信息处理、分析归纳、工作态度、职业素养等方面进行评价	10	
	教师评价		10	
合计			100	
经验总结				

任务实施评价

测试工业互联网设备数据采集系统项目评价见表 5-11。综合小组的任务实施情况，对照检查评价表，学生进行互评，再请教师复评。通过任务实施评价，各小组之间、同学之间可以通过分享实施过程，相互借鉴经验，最后将评价结果记录在表 5-11 中。

表 5-11 测试工业互联网设备数据采集系统项目评价

专业：		姓名：		
班级：		学号：		

各位同学：
为了考查"测试工业互联网设备数据采集系统"的教学效果，请针对下列评价项目并参考评价标准于自评部分填写 A、B、C、D、E 其中一项后，再请教师复评

符号向度	评价标准				
	A	B	C	D	E
1.安全操作（10%）	能很好地执行安全操作守则，操作过程无任何安全隐患	能很好地执行安全操作守则，操作过程有极少的安全隐患	能较好地执行安全操作守则，操作过程有少量安全隐患	能基本执行安全操作守则，操作过程存在隐患	不能执行安全操作守则，操作过程发生安全事故
2.信息获取（15%）	能准确识读任务信息，准确使用信息	能准确识读任务信息，使用信息错误极少	能基本识读任务信息，使用信息错误较少	能基本识读任务信息，使用信息错误较多	不能准确识读任务信息，使用信息完全错误
3.工作能力（50%）	能很好地根据任务工单完成指定操作项目，实施方案准确，操作过程正确熟练	能较好地根据任务工单完成指定操作项目，实施方案准确，操作过程较为正确熟练	能根据任务工单完成指定操作项目，实施方案准确，操作过程基本正确较为熟练	能根据任务工单基本完成指定操作项目，实施方案基本准确，操作过程基本正确	不能根据任务工单完成指定操作项目，实施方案不准确，操作过程不正确
4.工作态度（15%）	操作过程熟练、规范、正确	操作过程较熟练、较规范、正确	操作过程较熟练、较规范、基本正确	操作过程较规范、基本正确	操作过程不规范、不正确
5.职业素养（10%）	6S 操作规范，有很强的职业素养	6S 操作规范，有较强的职业素养	6S 操作较为规范，有一定的职业素养	6S 操作较为规范，有基本的职业素养	6S 操作不规范，职业素养欠缺
注：在各项目中，A、B、C、D、E 依次占配分的 100%、80%、60%、30%、0					

续表

评价项目	自评与教师复评（A～E）		
	自评	校内教师复评	企业教师复评
1. 安全操作（10%）			
2. 信息获取（15%）			
3. 工作能力（50%）			
4. 工作态度（15%）			
5. 职业素养（10%）			
合计：	评价教师：		
经验分享：			

任务实施处理

在任务实施的过程中，我们往往会忽视很多问题，使实施过程和结果不尽如人意。只有不断反思和训练，我们的技能才能提高。任务实施问题改进见表 5-12。请总结自己在实施任务过程中遇到的问题，反思并完成表 5-12。

表 5-12　任务实施问题改进

专业：		班级：	
姓名：		学号：	
任务实施问题点			
改进计划			
改进后任务实施达标情况	□达到预期		□未达到预期
没达到预期效果的原因			

续表

再次改进计划	

注：后续改进计划可附表。

课后活动

一、填空题

1. 实现工业互联网平台价值的最终出口是_____。

2. 工业 App 典型特征为_____、_____、_____、_____、_____、_____。

3. 相对于传统工业软件，工业 App 具有轻量化、_____、_____、灵活和复用的特点。

4. 本次使用的工业智能网关采集接口是_____。

二、简答题

根据本实训内容所学知识，简要阐述采集数据接入工业 App 中数据模板配置的步骤。

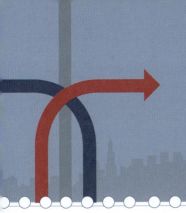

第 6 章

实施装配单元数据采集

在大部分流水线设备的制造中,第一个步骤是各个零件的加工制造,第二个步骤是产品的装配。这两个生产步骤是最终产品形成的重要过程,且自动化程度很高。自动化装配线就是专业从事产品制造后期的各种装配、检测、标示、包装等工序的生产设备。

可以单独进行装配的部件称为装配单元,装配是指根据规定的技术条件,将若干零件按一定的顺序组成部件,或将若干零件和部件组合在一起成为一台机械设备的过程。

装配是机械产品生产过程三大阶段(毛坯制造、机械加工、装配)的最后一个阶段,是保证产品质量的关键阶段。学习装配单元的数据采集是非常有意义和价值的。

本章从装配单元的基础知识讲起,通过仿真软件模拟实际生产数据为基础,着眼实际应用中数据采集项目的全流程,通过了解装配知识、认识工业生产设备、学习使用仿真软件、选择工业智能网关、配置工业智能网关参数、测试工业互联网设备数据采集系统 6 个步骤,掌握数据采集在各个实施步骤中的知识点和技能点。

6.1 认识装配单元

● 任务描述 ●

"小 V,最近咱们的项目前后衔接都很紧密,且时间短任务重,你还能跟上咱们团队的进度,小伙子未来可期!对于这种单元式的数据采集项目,相信你已经得心应手了,今天我们再来接触一个升级版的项目——装配单元数据采集。"

一台机器由零件、部件、组件和套件等装配单元组成。相比于单一工业互联网设备或者机械加工单元,装配单元完成生产后,所得到的产品不再是单一的零部件,而是完整的一个产品。

● 学习目标 ●

◎ 素质目标:

1. 养成科学严谨的学习态度;
2. 体验工作的成就感,树立热爱劳动的意识。

◎ 知识目标:

1. 理解装配单元的含义;

2. 理解装配单元的结构组成；
3. 理解制定装配工艺规程的步骤。

◎ **能力目标：**

1. 围绕制造强国和网络强国的建设任务，对自动化装配的未来展开讨论；
2. 能够简述装配工艺规程的主要依据；
3. 能够简述装配工艺规程的制定步骤；
4. 能够理解自动化装配使用的设备；
5. 能够理解自动化装配线的优点；
6. 能够正确总结自动化装配线涉及的生产数据。

• 任务实施指引 •

6.1.1　装配的概念

机器是由若干个零件、组件和部件等组成的。按照规定的技术要求，将零件、组件和部件进行配合和连接，使之成为半成品或成品的工艺过程称为装配，将零件、组件装配成部件的过程称为部件装配，而将零件、组件和部件装配成最终产品的过程称为总装配。

① 组件：由若干零件组成，在结构上有一定独立性的部分，称为组件。

② 部件：由若干个零件和组件组成，具有一定独立功能的结构单元，称为部件。

组件或部件装配：按照规定的技术要求和顺序完成组件或部件组合的工艺过程，称为组件或部件装配，简称组装、部装。此外，装配还包括对产品的调整、检验、试验、油漆和包装等工作。

合格的零部件也可能装配出不合格的产品。产品的质量是以产品的工作性能、使用效果、可靠性和寿命等综合指标评定的。因此，必须采用合适的装配方法、装配工艺措施等，保证装配质量，机械手装配如图6-1所示。

图6-1　机械手装配

装配不仅对保证产品的质量十分重要，还是产品生产的最终检验环节。通过装配可以发现产品设计上的错误和零件制造工艺中存在的问题。因此，研究装配工艺，选择合适的装配方法，制定合理的装配工艺规程，不仅是保证产品装配质量的手段，也是提高生产效率与降低制造成本的有力措施。装配线如图6-2所示。

图6-2　装配线

6.1.2 装配工艺规程

将装配工艺过程用文件形式展示出来就是装配工艺规程。它是指导装配工作的技术文件，也是进行装配生产计划及技术准备的主要依据。

❶ 制定装配工艺规程的基本原则

从广义上分析，机器及其部件、组件装配图，尺寸链分析图，各种装配夹具的应用图，检验方法图及其说明，零件机械加工技术要求一览表，各个"装配单元"及整台机器的运转、试验规程及其所用设备图，以及装配周期表等，均属于装配工艺范围内的文件。

在制定机器装配工艺规程时，一般应着重考虑以下原则：
① 保证产品装配质量，并力求提高装配质量，以延长产品的使用寿命；
② 合理安排装配工序，尽量减少钳工装配的工作量；
③ 提高装配工作效率，缩短装配周期；
④ 尽可能减少车间的作业面积，力争单位面积上具有最大生产率。

❷ 制定工艺规程的任务

制定装配工艺规程的任务是根据产品图样、技术要求、验收标准和生产纲领、现有生产条件等原始资料，确定装配组织形式，划分装配单元和装配工序，拟定装配方法，包括计算时间定额，规定工序装配技术要求及质量检查方法和工具，确定装配过程中装配件的输送方法及所需设备和工具，提出专用夹具的设计任务书，编制装配工艺规程文件等。

❸ 制定工艺规程的主要依据

设计工艺规程时，主要依据如下：
① 产品图样及有关技术条件；
② 产品工艺方案；
③ 毛坯材料及毛坯生产条件；
④ 产品验收质量标准；
⑤ 产品零部件工艺路线表或车间分工明细表；
⑥ 产品生产纲领及生产任务；
⑦ 现有的生产技术和企业的生产条件；
⑧ 有关法律、法规及标准的要求；
⑨ 有关设备和工艺装备资料；
⑩ 国内外同类产品的有关工艺资料。

❹ 制定装配工艺规程的方法步骤

（1）收集、研究原始资料

研究原始资料应从以下两个方面着手。

① 读图。明白产品或部件的具体结构、组成；各零件的装配关系和连接方法；装配精度要求及设计人员打算使用什么方法来保证这些要求。

② 审图。通过结构工艺性分析看产品结构是否便于拆装、调试和维修；对装配精度要求进行必要的精度校核。审图中若发现问题应及时与设计人员协商解决。

（2）决定装配生产组织形式

根据产品的结构特点、生产纲领和现场生产条件选择适当的生产组织形式。

（3）划分装配单元

划分装配单元是制定装配工艺规程中非常重要的一步，只有将产品合理地分解为可单独装配的单元后，才能合理安排装配顺序和划分装配工序，这对于批量生产尤为重要。

（4）确定装配顺序

无论是哪一级装配单元，都要选定一个零件或比它低一级别的装配单元作为装配基准件。

（5）划分装配工序

装配顺序确定后，还应将装配过程划分成若干装配工序，并确定工序内容、所用设备、工装和时间定额；制定各工序装配操作范围和规范；制定各工序装配质量要求及检测方法、检测项目等。

（6）编写装配工艺卡和工序卡

成批生产时，通常制定部件及总装的装配工艺卡，在工艺卡上只写明工序顺序、简要工序内容、所需设备、工装名称及编号、工人技术等级和时间定额即可。对于重要工序则应制定相应的装配工序卡。

大批量生产时，不仅要制定装配工艺卡，还需要为每个工序制定装配工序卡，详细说明工序的工艺内容并画出局部指导性装配简图。

（7）制定装配检验与试验规范

产品总装完毕后，应根据产品的技术性能和验收技术标准进行验收。

6.1.3 自动化装配线

自动化装配是指以自动化机械代替人工劳动的一种装配技术。自动化装配技术以机器人为装配机械，同时需要柔性的外围设备。

在装配过程中，自动化装配可完成以下形式的操作：零件传输、定位及其连接；用压装或由紧固螺钉、螺母使零件相互固定；装配尺寸控制以及保证零件连接或固定的质量；输送组装完毕的部件或产品，并将其包装或堆垛在容器中等。

随着柔性制造技术、计算机集成制造技术和信息技术的发展，当今世界，机械制造业即将进入全面自动化的时代。然而，由于加工技术超前于装配技术许多年，二者形成明显的反差，装配工艺成为现代化生产的薄弱环节。

自动化装配的优势在于提高生产效率，降低成本，保证产品质量，特别是减轻或取代特殊条件下的人工装配劳动。实现自动化装配是生产过程自动化或工厂自动化的重要标志，也是系统工程学在机械制造领域里实施的重要内容。

自动化装配线一般是由输送设备和专业设备构成的有机整体，是集机电、信息、影像、网络于一体的高度自动化装配生产线。

自动化装配线操作的对象包括组成产品的各种零件、部件，最后完成的是成品或半成品，适用于产品设计成熟、市场需求量巨大、装配工序多、长期生产的产品，例如轴承、齿轮变速器、香烟、锁具、食品包装等。

自动化装配线广泛应用于五金、汽车制造、电动车生产、摩托车生产、自行生产、机械制造等行业。

自动化装配线如图 6-3 所示。

图 6-3　自动化装配线

❶ 自动化装配线的分类

自动化装配线功能复杂，种类繁多，自动化装配线有以下分类。①按完整功能分类。单功能装配线：只完成一个运算，例如乘法或浮点运算，多用于数字信号处理器。每个处理器都可以并行执行自己的功能，从而加快了整机的处理速度。多功能装配线：能在不同条件下完成不同功能的装配线技术。②按处理级别分类。功能组件级：用于实现更复杂的操作指令级：单条指令的执行过程分为多个阶段。处理器间级：每个处理器完成自己的特殊任务。③按装配线制造结构分类。线性装配线：各功能模块无反馈回路按顺序串行连接。非线性装配线：带反馈回路的装配线。④按连接方式分类。静态装配线：多功能结构同时只能按照一个功能的连接方式工作。动态装配线：可以连接多个功能同时工作。

❷ 自动化装配线的特点

自动化装配线使产品的生产过程满足连续性、平行性、比例性、平衡性；加大生产效率，企业能及时提供市场所需的产品。自动化装配线是一条使用特殊设备和自动化工艺设备的专业化生产流水线，搭配着机械自动化运输单元，可以提高生产率，缩短生产周期，减少产品足迹和运输工作，加快资金周转，降低生产成本，简化生产管理，促进企业加强生产技术准备和生产服务。

6.1.4　柔性机械臂

近年来，随着机器人技术的发展，应用高速度、高精度、高负载自重比的机器人结构受到工业领域的关注。由于运动过程中关节和连杆的柔性效应的增加会使结构发生变形从而使任务执行的精度降低。所以在工业制造中，必须考虑机器人机械臂结构柔性特征，实现柔性机械臂高精度有效控制也必须考虑系统动力学特性。

柔性机械臂是一个非常复杂的动力学系统，其动力学方程具有高精度，多输入多输出、高度非线性、强耦合、实变等特点。因其独特的操作灵活性，已在工业装配、安全防爆等领域得到广泛应用，焊接机械臂如图 6-4 所示。

图 6-4　焊接机械臂

机械臂虽然目前还不如人手那样灵活，但它具有能重复工作和劳动、不怕危险、抓举重物的力量比人手大等特点，因此，机械臂已被应用到以下场景。

① 机床加工工件的装卸，特别是在自动化车床、组合机床上使用较为普遍。

② 在装配作业中应用广泛，在电子行业中它可以用来装配印制电路板，在机械行业中，它可以用来组装零部件。

③ 可在劳动条件差，单调重复易于疲劳的工作环境工作，以代替人的劳动。

④ 可在危险场景下工作，例如军工品的装卸、危险品及有害物的搬运等。

⑤ 宇宙及海洋的研究和开发。

⑥ 军事工程及生物医学方面的研究和试验。

6.1.5 机器视觉

机器视觉是正在快速发展的一个人工智能分支。简单说来，机器视觉就是用机器代替人眼来做测量和判断。机器视觉系统是通过机器视觉产品，即图像摄取装置，分为 CMOS[1] 和 CCD[2] 两种，将被摄取目标转换成图像信号，传送给专用的图像处理系统，得到被摄目标的形态信息，根据像素分布和亮度、颜色等信息，将其转变成数字化信号；图像系统对这些信号进行各种运算来抽取目标的特征，进而根据判断结果来控制现场的设备动作。

各种机器视觉使用的工业相机如图 6-5 所示。

机器视觉是一项综合技术，包括图像处理、机械工程技术、控制、电光源照明、光学成像、传感器、模拟与数字视频技术、计算机软硬件技术（图像增强和分析算法、图像卡、I/O 卡等）。一个典型的机器视觉应用系统包括图像捕捉、光源系统、图像数字化模块、数字图像处理模块、智能判断决策模块和机械控制执行模块。

图 6-5　各种机器视觉使用的工业相机

机器视觉系统最基本的特点是提高生产的灵活性和自动化程度。在一些不适于人工作业的危险工作环境或者人工视觉难以满足要求的场合，常用机器视觉来替代人工视觉。同时，在大批量重复性工业生产过程中，用机器视觉检测方法可以大大提高生产的效率和自动化程度。

❶ 机器视觉的工作原理

机器视觉检测系统采用 CCD 相机将被检测的目标转换成图像信号，传送给专用的图像处理系统，根据像素分布、亮度、颜色等信息，转变成数字信号，图像处理系统对这些信号进行各种运算来抽取目标的特征，例如面积、数量、位置、长度，再根据预设的允许度和其他条件输出结果，包括尺寸、角度、个数、合格/不合格、有/无等，实现自动识别功能。机器视觉检测示意如图 6-6 所示，药品生产线产品外观视觉检测如图 6-7 所示。

1　CMOS（Complementary Metal Oxide Semiconductor，互补金属氧化物半导体器件）。
2　CCD（Charge Coupled Device，电荷耦合器件）。

第6章 实施装配单元数据采集

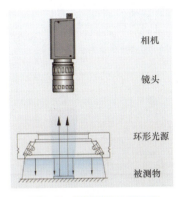

图6-6 机器视觉检测示意

图6-7 药品生产线产品外观视觉检测

❷ 机器视觉信息模型

（1）信息需求

近年来，针对监控监测系统的信息智能化技术有了提高，但仍存在各监控监测子系统间相互独立、兼容性差等问题。尤其是在一些传统的工业生产流程中，例如化工制造流程、煤矿开采流程等，对监控监测技术的要求较高，现有的技术水平无法满足生产需要。系统之间的"信息孤岛"问题对监控监测系统提出了新的集成要求。

（2）信息处理

信息处理是通过构建信息模型的形式来实现的，可以利用信息模型对各种监控监测信息进行集成。围绕相机基本信息、机器视觉通用功能、厂商自定义功能三大部分建立监控监测集成系统信息模型，利用计算机高速度、大容量和智能化的优势，通过高速的网络把一个个孤立的监控监测子系统组织起来，从而达到监控监测的服务共享、信息共享和数据共享。

（3）典型应用

以某机器视觉信息模型为例，当工业相机作为机器人本体的终端工具之一时，机器视觉信息模型可以使各种品牌型号的工业相机，不再需要工程师二次开发编程，机器人本体可直接使用工业相机以实现机器视觉功能。

在机器视觉信息模型的应用当中，还涉及机器人信息模型和OPC UA（OPC Unified Architecture，一种工业通信协议）服务器。工业相机本身作为OPC UA服务器，将自身信息按照机器视觉信息模型向工业机器人控制器暴露，工业机器人控制器对相机信息按照机器视觉信息模型解析并整合到自身的机器人信息模型中。用户通过机器人信息模型可以直接对机器人本体及相机进行控制及任务执行。

（4）信息模型

某机器视觉信息模型如图6-8所示，主体包含相机基本信息属性、机器视觉通用功能属性、厂商自定义功能属性3个部分。该信息模型涵盖采集对象类和控制动作类、相机操作和相机维护服务等，其中，标识表现为相机ID。

相机的基本信息属性包括制造商名称、传感器类型、像元大小、像素深度、分辨率、尺寸、操作系统、支持通信接口、敏感度、最大帧速率、电压范围、获得认证、设备型号、设备类型、质量、运行内存、运行功率、运行温度、颜色灰度范围等信息标签。

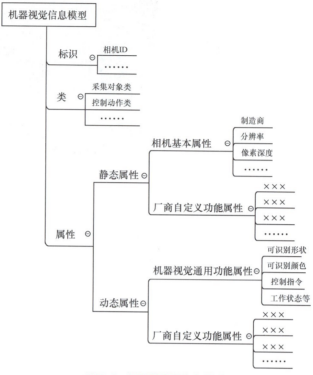

图 6-8　某机器视觉信息模型

机器视觉通用功能属性包含工业相机应具备的通用功能节点，例如可识别形状、可识别颜色、工作状态、控制指令、输入区域、输入字符串、返回位置、返回浮点数、返回位置。

厂商自定义的功能属性主要由相机厂商自定义，以实现特有任务，机器视觉信息模型将该部分节点直接向机器人信息模型映射。

6.1.6　装配单元关键设备信息

一个完整的装配单元由自动化产线、机械臂、物料台组成，在工业生产中需要时刻关注它们的生产数据、设备状态。

❶ 自动化产线

自动化产线的运作状态及自动化产线的传送状态均可产生生产数据。自动化产线主要是 PLC 控制产线的自动运行，以西门子 S7-1200 PLC 为例，数据采集主要采集 PLC 的开关量数据、产线运行数据（PLC 寄存器数据），可以通过使用支持西门子的 S7 协议的工业智能网关采集西门子 PLC 的数据。

在实际应用场景中，需要通过 RJ-45 的网线连接工业智能网关与 PLC 设备，S7-1200 通信接口位置如图 6-9 所示。

图 6-9　S7-1200 通信接口位置

通过自动化产线接线图可以了解 PLC 的控制 I/O 连接情况。西门子 S7-1200 自动化产线接线如图 6-10 所示。

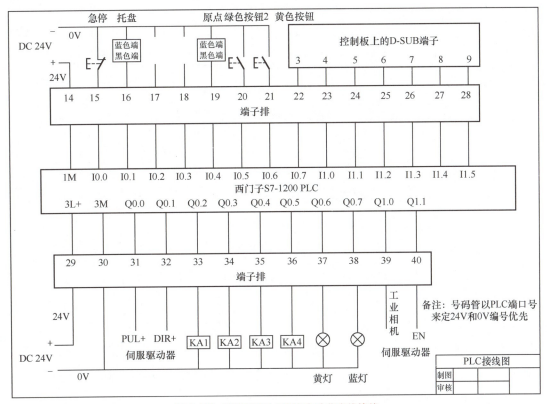

图 6-10 西门子 S7-1200 自动化产线接线

② 机械臂

机械臂的数据包括机械臂的末端状态、机械臂的空间坐标数据、通过视觉检测工具检测产品的状态。

以 KUKA KRC4 Compact 控制柜为例,可以通过 PROFINET 总线通信协议获取工业机器人的运行状态数据,KUKA KRC4 Compact 控制柜通信接口使用 RJ-45。

KRC4 Compact 控制柜正反面如图 6-11 所示。KRC4 Compact 控制柜接口说明见表 6-1。

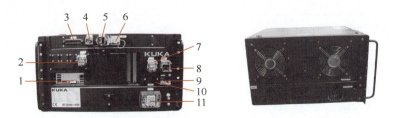

图 6-11 KRC4 Compact 控制柜正反面

表 6-1　KRC4 Compact 控制柜接口说明

序号	名称代号	说明
1	KONI	KUKA 选项网络接口，USB 端口可用作数据存储
2	X55	自带 IO 模块 DC24V 电源输入端
3	X11	数字安全、外部供电、负载电压，控制器紧急停机装置
4	X19	示教器（SmartPAD/KCP/SmartHMI）电缆接口
5	X65	KUKA EtherCAT 扩展总线接口
6	X69	备用以太网接口
7	X21	编码器数据线接口，用于机器人本体编码器电缆与控制器连接
8	X66	KUKA 线路接口，可连接 Work Visual 软件
9	Q1	控制器电源总开关。I 表示上电、绿灯亮；O 表示断电、灯灭
10	K1	控制器电源输入端，AC220V 50/60Hz
11	X20	电机动力线接口，用于机器人本体电机动力线缆与控制器连接

❸ 物料台

物料台可输出的数据为装配物料数据。西门子 PLC 通过检测传感器获知物料状态，工业智能网关通过获取 PLC 寄存器数据获取物料状态。装配物料模组电气的原理如图 6-12 所示。

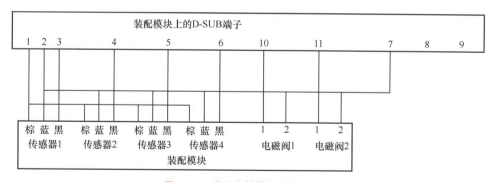

图 6-12　装配物料模组电气的原理

任务考核

认识装配单元考核见表 6-2。结合小组的任务实施情况，对每名学生进行任务考核。考核过程参照 1+X 证书制度试点要求，并将结果记录在表 6-2。学生进行互评，再请教师复评。通过任务评价，各小组之间、同学之间可以通过分享实施过程，相互借鉴经验。

表6-2 认识装配单元考核

班级：				姓名：	
小组：				学号：	
项目		要求	应得分		得分	备注

项目		要求		应得分	得分	备注
任务实施	信息收集	能够收集装配单元相关的生产流程或环节的信息	方法、途径	10		
			有效率	10		
	信息处理	能够识别装配单元相关行业的制造流程或环节中所涉及的重点设备，以及设备组成	准确率	10		
			速度	10		
	表达能力	收集并评估工业领域装配行业信息化建设需求	文字组织	10		
			沟通	10		
任务评价	小组互评	从信息获取、信息处理、文字组织、工作态度、职业素养等方面进行评价		20		
	教师评价			20		
合计				100		
经验总结						

课后活动

一、填空题

1. 按照规定的技术要求，将零件、组件和部件进行配合和连接，使之成为半成品或成品的工艺过程称为_____。

2. 由若干个零件和组件组成，具有一定独立功能的结构单元，称为_____。

3. 根据产品的结构特点的生产纲领不同，装配组织形式可采用_____和_____。

4. 自动化装配线操作的对象包括组成产品的各种零件、部件，最后完成的是_____或_____。

二、简答题

1. 根据所学知识，简要阐述制定装配工艺规程的基本原则。

2. 根据所学知识，简要阐述自动化装配线的优缺点。

6.2 认识待采集设备数据信息

• 任务描述 •

上一个任务我们认识了装配单元，了解了它的工作原理、相关设备、生产中产生的数据。本次任务需要归集数据采集所需要的数据及数据采集方法。

• 学习目标 •

◎ 素质目标：
1. 养成科学严谨的工作态度；
2. 体验工作的成就感，树立热爱劳动意识；
3. 培养举一反三的学习能力。

◎ 知识目标：
1. 掌握 Mint 仿真软件登录方法；
2. 掌握 Mint 仿真软件工业场景的使用方法；
3. 掌握归集数据采集所需要数据的方法。

◎ 能力目标：
1. 能够正确登录/退出 Mint 仿真软件；
2. 能够正确操作 Mint 仿真软件；
3. 能够正确地进入相应课程；
4. 能够正确地统计课程所需要采集的数据；
5. 能够正确地选择工业智能网关并与仿真软件连接。

• 任务实施指引 •

6.2.1 Mint 仿真软件登录启动场景

❶ 登录仿真软件

使用鼠标双击桌面 Mint 仿真软件图标，进入登录界面，登录界面如图 6-13 所示，在登录界面输入账号、密码，单击"登录账号"进入仿真软件。

第 6 章 实施装配单元数据采集

图 6-13 登录界面

❷ 课程进入流程

（1）选择课程

选择课程界面如图 6-14 所示。选择工业互联网数据采集课程，出现课程列表（根据个人权限、授课情况不同，课程界面会有所不同）。本节选择"装配单元的设备数据采集"课程。

图 6-14 选择课程界面

（2）下载场景

下载场景界面如图 6-15 所示。

图 6-15 下载场景界面

如果已下载，直接进入启动场景。

(3)启动场景

启动场景界面如图 6-16 所示。

图 6-16 启动场景界面

6.2.2 装配单元仿真场景界面介绍

❶ 系统结构

在本仿真场景中,装配单元由机械臂、托盘、产线组成,装配单元是人和机器的有效结合,体现了设备的灵活性,它将机械臂、托盘和产线等有机组合,以满足多品种产品的装配要求。

(1)机械臂

机械臂的本质是工业机器人,工业机器人是广泛用于工业领域的多关节机械臂或多自由度的机器装置,具有一定的自动性,可以依靠自身的动力能源和控制能力实现各种工业加工制造的功能。装配单元中的机械臂如图 6-17 所示。本图中,左数第一、第二机械臂的作用是装配,第三机械臂是视觉检测机械臂。

图 6-17 装配单元中的机械臂

(2)托盘

托盘是用于集装、堆放、搬运和运输的放置装置,作为装配单元中负荷的货物和制品的水平平台装置。托盘在装配单元中的位置如图 6-18 所示，装配单元中的托盘是平托盘。

图 6-18 托盘在装配单元中的位置

（3）产线

产线的作用体现在两个方面，一方面是输送物料，另一方面是承载物料。产线的输送速度可通过改变传送皮带的运动速度来调节，产线构成如图 6-19 所示。

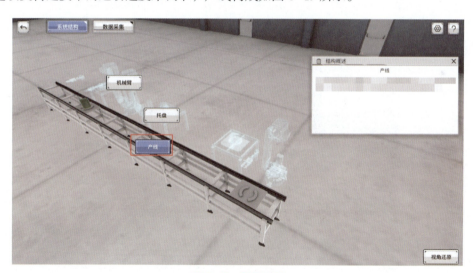

图 6-19 产线构成

❷ 数据采集

（1）网络连接

单击"数据采集"时，软件会自动连接网络，连接正常界面如图 6-20 所示，界面左下角会提示绿灯状态。少数情况也会出现连接异常的状态，界面左下角会提示红灯状态，请检查网络配置，连接异常界面如图 6-21 所示。

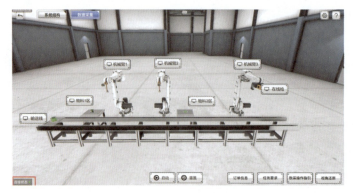

图 6-20 连接正常界面

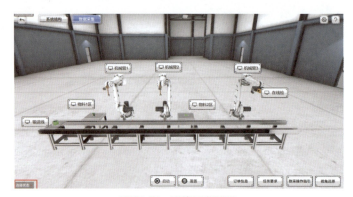

图 6-21 连接异常界面

数据采集界面如图 6-22 所示。通过数据采集界面可以看到，数据采集部分分为订单信息、任务要求、数采操作指引和视角还原。

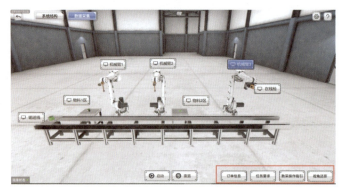

图 6-22 数据采集界面

（2）订单信息

输入 MES 系统中需要生产的订单信息，例如，生产工单号、生产数量。订单信息如图 6-23 所示。

（3）任务要求

获取任务要求如图 6-24 所示。任务要求是对仿真项目进行描述。

（4）数采操作指引

描述操作指引和操作步骤，描述关键任务点。数采操作指引说明如图 6-25 所示。需要根据实际环境填写 IP 地址。

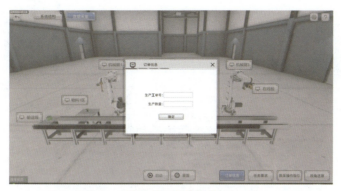

图 6-23 订单信息

图 6-24 获取任务要求

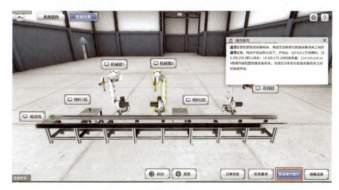

图 6-25 数采操作指引说明

（5）数据模拟

仿真场景模拟装配单元设备输出数据，数据供工业智能网关采集。单击"启动"按钮，仿真软件通过协议发送数据，界面实时显示发送的数据。此时，"启动"按钮变成"暂停"按钮，单击"暂停"按钮，停止发送数据。"重置"按钮用于修改数据。仿真场景启动、暂停和重置界面如图 6-26 所示。

（6）数据采集监控

工业智能网关采集仿真软件模拟装配单元各设备输出的数据，数据在 Web 端能够实时显示。模拟数据显示界面如图 6-27 所示。

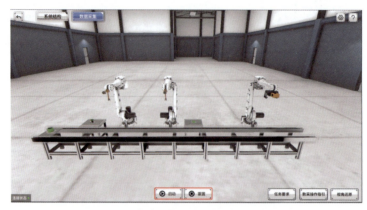

图 6-26 仿真场景启动、暂停和重置界面

图 6-27 模拟数据显示界面

❸ 仿真场景生产流程

装配单元场景中模拟生产关节减速器，主要实现关节减速器零部件的快速装配。

装配单元工艺流程：输送线启动后，将托盘上的关节减速器外壳运输至装配 1 区；当输送线上的 1 号传感器检测到托盘时，输送线暂停，机械臂 1 从物料 1 区抓取关节减速器电机装配至减速器外壳中，装配完毕后机械臂 1 回到初始位置，同时输送线将物料运输至装配 2 区；当输送线上的 2 号传感器检测到托盘时，输送线暂停，机械臂 2 从物料 2 区抓取减速器外壳盖装配至减速器外壳上，装配完毕后机械臂 2 回到初始位置，同时输送线将物料运输至检测区；当输送线上的 3 号传感器检测到托盘时，输送线暂停，装载着相机的机械臂 3 对物料进行检测，并向系统端发送检测结果，检测完毕后机械臂 3 回到初始位置，同时输送线将检测完成的产品运输到下一个工位。

6.2.3 整理设备数据采集评估报告

一个完整的装配单元涉及自动化产线、机械臂、物料台等机械部分，在工业生产中我们需要时刻关心它们的生产数据和设备生产状态等。各设备能产生的数据如下。

（1）自动化产线

自动化产线包含的数据有自动化产线运行状态数据、物料输送状态数据。

（2）机械臂

机械臂的数据包括机械臂的末端状态、机械臂的空间坐标数据、通过检测工具检测的产品状态。

（3）物料台

物料台可输出的数据为装配物料数据。

生产管理数据包含以下信息。

① 生产订单号：MES 系统生成的生产订单号。

② 产品数量：MES 系统生产订单产品数量。

③ 合格数量：模拟产线生产的合格品数量。

④ 不合格数量：模拟产线生产的不合格品数量。

❶ 整理设备数据采集评估报告

基于本仿真场景，采集装配单元数据评估报告见表 6-3。

表 6-3　采集装配单元数据评估报告

班级：		姓名：
小组：		学号：
	数据名称	数据作用
装配单元数据	机器人 1 相关数据	
	机器人 2 相关数据	
	机器人 3 相关数据	
	物料 1 区相关数据	

续表

数据名称		数据作用
装配单元数据	物料2区相关数据	
	输送线相关数据	
生产数据		
仿真软件	数据输出接口	
总结		

❷ 仿真数据输出接口

查看实训台装配单元数据采集所需要的硬件设备及连接方式。装配单元数据输出接口如图 6-28 所示。

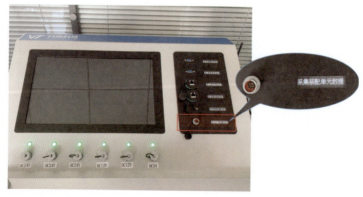

图 6-28　装配单元数据输出接口

装配单元模拟设备数据通信协议为私有协议，通信接口为航插 M12-7P。

❸ 选择工业智能网关

根据表 6-3 总结的评估报告，选择合适的工业智能网关采集设备数据。选择工业智能网关见表 6-4。

表 6-4　选择工业智能网关

网关型号	采集接口

任务考核

认识待采集设备数据信息考核见表 6-5。结合小组的任务实施情况，对每名学生进行任务考核。考核过程参照 1+X 证书制度试点要求，并将结果记录在表 6-5。学生进行互评，再请教师复评。通过任务评价，各小组之间、同学之间可以通过分享实施过程，相互借鉴经验。

表 6-5　认识待采集设备数据信息考核

班级：						姓名：
小组：						学号：
	项目		要求	应得分		得分	备注
任务实施	熟悉仿真场景		熟知并掌握 Mint 仿真软件的使用方法；能够正确进入装配单元场景	准确率	10		
				完整性	10		
	收集装配单元设备信息		了解被采集设备的输出方式；了解装配单元的数据输出接口；根据采集数据类型选择正确型号的工业智能网关	准确率	10		
				完整性	10		
	工业智能网关与装配单元连接		能够正确连接装配单元数据接口与工业智能网关接口	准确率	10		
				完整性	10		
任务评价	小组互评		从信息获取、信息处理、分析归纳、工作态度、职业素养等方面进行评价	20			
	教师评价			20			
		合计		100			
经验总结							

课后活动

一、填空题

1. 装配单元由_____、_____、_____组成,装配单元是人和机器的有效结合,最能充分体现设备的灵活性。

2. 本场景左起的第一、第二机械臂的作用是_____,第三机械臂的作用是_____。

3. 机械臂由机械结构系统、_____、_____、机器人环境交互、人机交互系统和_____构成。

4. 用于集装、堆放、搬运和运输的放置装置,作为单元负荷的货物和制品的水平平台装置叫_____。

二、简答题

根据所学知识,简述装配单元仿真场景的各设备能够模拟的数据名称。

6.3 配置工业智能网关参数

● 任务描述 ●

张工程师笑了笑,夸赞小V是个聪明又上进的员工:"没错,接下来我们要学习怎样在工业智能网关中添加工业设备,以及添加工业设备产生的工业数据。这一系列操作就更烦琐和专业了,有很多知识点需要你认真记录,否则一个地方出错,可能就无法采集到正确的数据。"

● 学习目标 ●

◎ **素质目标:**

1. 养成科学严谨的工作态度;
2. 体验工作的成就感,树立热爱劳动的意识;
3. 培养举一反三的学习能力。

◎ **知识目标:**

1. 掌握工业智能网关网络设置的步骤;
2. 掌握工业智能网关数据采集设置的步骤。

◎ **能力目标:**

1. 能够正确在 Web 界面进行网络设置;

第 6 章　实施装配单元数据采集

2. 能够正确在 Web 界面进行数据采集设置；
3. 能够正确选择仿真软件与工业智能网关的接口。

● 任务实施指引 ●

6.3.1　配置前的准备工作

在工业智能网关通电后，用网线连接工业智能网关的上传接口网口（Web 登录网口）与计算机网口，设置计算机的 IP 地址与工业智能网关在同一网段下，具体步骤如下。

步骤一：在 Windows 计算机桌面单击"开始—控制面板—网络和 Internet—网络和共享中心—更改适配器—本地连接—属性"。

步骤二：选取"Internet 协议版本 4（TCP/IPv4）"，然后单击"属性"，或者直接双击"Internet 协议版本（TCP/IPv4）"。

步骤三：选择"使用下面的 IP 地址"和"使用下面的 DNS 服务器地址"，按照以下参数进行填写。

IP 地址：192.168.1.X（X 值：1、100、251、255 除外）。

子网掩码：255.255.255.0。

默认网关：192.168.1.1（可以忽略）。

DNS 服务器：114.114.114.114（可以忽略）。

填写完毕后，单击"确定"保存设置。计算机 IP 地址设置如图 6-29 所示。

通过交换机或网线直连的方式，使计算机和工业智能网关在同一段网络内。

图 6-29　计算机 IP 地址设置

6.3.2　工业智能网关的固件升级

在进行工业智能网关参数配置之前，相关人员需要把实训内容对应的工业智能网关采集固件升级成相应的实训项目固件。

打开升级软件，软件地址在 D:\固件升级\升级软件\MFCConfig.exe。升级软件地址及名称如图 6-30 所示。

图 6-30　升级软件地址及名称

升级软件界面如图 6-31 所示。通过单击"检索设备"可以查看目前局域网中连接的设备。

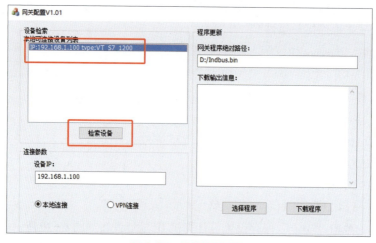

图 6-31　升级软件界面

单击"选择程序"弹出对话框，选择对应的实训项目固件，中级固件在"D:\固件升级\中级-BIN\"目录下。选择实训项目固件如图 6-32 所示。

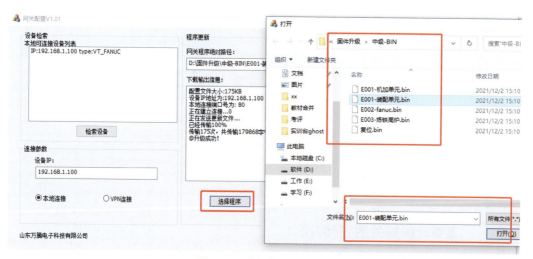

图 6-32　选择实训项目固件

第 6 章　实施装配单元数据采集

单击"下载程序",下载实训项目固件如图 6-33 所示。如果下载出现错误,相关人员检查网络是否出现问题,并再次执行下载程序,直至下载成功。

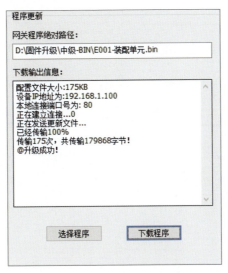

图 6-33　下载实训项目固件

登录工业智能网关数据采集配置界面,若界面右侧显示对应的实训项目名称,则说明下载成功,可进行后续配置。工业智能网关数据采集配置界面如图 6-34 所示。

图 6-34　工业智能网关数据采集配置界面

6.3.3　工业智能网关的系统信息配置

工业智能网关系统信息配置如图 6-35 所示。在本配置页面中,只有"设备 ID"可以进行设置。通常来说不做修改,但是如果现场设备繁多、种类复杂,需要进行规范化管理时,建议对工业智能网关进行规律化、规范化的命名(只能由数字、大小写字母及下划线构成)。

图 6-35 工业智能网关系统信息配置界面

6.3.4 工业智能网关的网络配置

ETH2 以太网口为数据接口,与计算机端连接。其 IP 地址可进行重新配置,但需要注意的是,应与计算机的网络配置在同一网段,但不相同。子网掩码、网关、DNS 按网络要求配置,默认为 255.255.255.0、192.168.1.1、8.8.8.8。其余参数,如 Modbus ID 默认值为 1,不可随意改动。工业智能网关网络配置界面如图 6-36 所示。

图 6-36 工业智能网关网络配置界面

6.3.5 工业智能网关的采集网口配置

工业智能网关通过 ETH3 以太网口采集数据，需要把工业智能网关的采集接口设置为与设备端同网段的 IP 地址。网口配置界面如图 6-37 所示。

图 6-37　网口配置界面

工业智能网关数据采集配置参数主要包括装配单元的 IP 地址、设备型号、Modbus 映射区域。这些内容大多为固定或已由现场工程师提前提供，按照要求配置即可，具体如图 6-34 所示。

6.3.6 MQTT 协议上传数据配置

根据实际项目的需要，网关可以把采集的设备数据根据数据传输协议上传至服务器端，例如设备管理系统或其他应用服务端，网关支持的上传协议有 MQTT、Modbus TCP 等。

本项目中，MQTT 协议上传数据配置界面如图 6-38 所示。

图 6-38　MQTT 协议上传数据配置界面

图 6-38　MQTT 协议上传数据配置界面（续）

任务考核

配置工业智能网关参数考核见表6-6。结合小组的任务实施情况，对每名学生进行任务考核。考核过程参照1+X证书制度试点要求，并将结果记录在表6-6。学生进行互评，再请教师复评。通过任务评价，各小组之间、同学之间可以通过分享实施过程，相互借鉴经验。

表6-6 配置工业智能网关参数考核

班级：					姓名：	
小组：					学号：	
项目		要求	应得分		得分	备注
任务实施	配置准备工作	能够配置计算机端网络参数与工业智能网关在同一网段内；能够根据所学知识进入工业智能网关配置界面	准确率	15		
			速度	5		
	进行信息配置和网络配置	熟知配置界面内容，注意命名规范；熟知配置参数的含义和默认数值，并完成网络配置	准确率	15		
			完整性	5		
	数据采集配置	填写正确的采集信息	准确率	10		
	MQTT参数配置	配置设备MQTT协议上传数据	准确率	10		
任务评价	小组互评	从信息获取、信息处理、分析归纳、工作态度、职业素养等方面进行评价	20			
	教师评价		20			
合计			100			
经验总结						

课后活动

一、填空题

1. 工业智能网关ETH2以太网口为数据接口，与计算机端连接。其IP地址可进行_____，但需要注意的是，应与计算机的网络配置在_____，但_____。

2. 工业智能网关数据采集配置参数有_____、_____、_____。

3. 网关可以把采集的设备数据根据数据传输协议上传至服务器端，网关支持的上传协议有_____、_____等。

二、简答题

根据所学知识，简要阐述工业智能网关固件升级的步骤。

6.4 测试工业互联网设备数据采集系统

设备种类纷繁复杂、通信方式各异，设备状态难以监控和统计，因此在生产过程中，设备状态监控显得格外重要。通过以太网，利用工业 App 在全厂范围实时监控设备的运行情况，具体包括：

- 用户监控界面、生产报表的自定义和个性化；
- 生产过程监控、运行状态分析、整体生产状态分析等功能；
- 系统与企业其他系统的数据集成和交换；
- 上级主管单位对生产过程的实时远程监控和数据调用；
- 应用方便、简单、成熟的数据分析工具，有效地挖掘存储在实时数据库中的历史数据；
- 对已编制的报表具有 Web 动态发布功能；
- 通过分析工具，能够简单、方便地显示多个数据的历史和实时趋势，便于综合分析和评估系统故障；
- 在 Web 应用中，根据不同的人员，设置不同的显示操作权限；
- 有良好的安全策略，保护现场控制系统的数据交互安全。

● 任务描述 ●

"小 V，今天咱们的主攻方向就是工业 App 相关的内容，希望你能快速掌握。在这之前还有一个重要的步骤，那就是测试咱们搭建的工业互联网设备数据采集系统是否能正常运行。"

● 学习目标 ●

◎ **素质目标：**

1. 养成科学严谨的工作态度；
2. 体验工作的成就感，树立热爱劳动的意识；
3. 培养举一反三的学习能力。

◎ **知识目标：**

1. 掌握工业智能网关网络连接状态检测方法；
2. 掌握常用网络工具的使用方法；
3. 了解装配单元的系统构成；
4. 掌握工业智能网关采集数据接入工业 App；
5. 掌握工业 App 显示采集数据的配置方法。

◎ **能力目标：**

1. 能够通过计算机正确检测网关设备的网络连接状态；
2. 能够正确判断工业智能网关与计算机端的网络通信数据；
3. 能够正确判断工业智能网关采集数据的实时性；

4. 能够正确判断工业智能网关采集数据的准确性；

5. 能够选择正确的方法判断数据采集系统；

6. 能够把采集数据正确接入工业 App；

7. 通过配置工业 App 能正确显示采集的数据。

------• 任务实施指引 •------

本节中，装配单元是由仿真软件模拟产生的：装配单元由 2 台装配机械臂、1 台检测机械臂和输送线组成，待加工的零件通过输送线进行运送，2 台装配机械臂依次完成工件的组装，检测机械臂通过机器视觉负责对残次品进行检验和分拣，直至完成合格成品放入事先准备好的托盘内。

通过工业智能网关的选择、配置与连接，完成对不同分区（机械臂 1/2/3：机械臂 J1-J6、X/Y/Z、当前运行程序。物料区 1/2 区：物料状态。输送线：运动状态、运转方向。在线检测：检测结果）数据的实时采集，最终完成"实施装配单元数据采集"这一任务。

从表 6-3 中我们可以了解待采集设备输出的数据及接口形式，在表 6-4 中填写合适的工业智能网关，下面就可以测试搭建的数据采集系统，验证数据采集系统的各项性能。

6.4.1　选择并配置工业智能网关

打开浏览器，地址值栏中输入工业智能网关的默认地址（例如，工业智能网关 IP 地址已修改，输入修改后的实际 IP 地址）。

❶ 计算机连接工业智能网关

通过交换机或网线直连的方式使计算机和工业智能网关在同一网络内，通过浏览器登录工业智能网关配置界面。

❷ 配置工业智能网关数据采集参数

工业智能网关的 ETH3 以太网口为采集接口，与仿真设备输出口连接。工业智能网关通过网口采集数据，需要把工业智能网关的采集接口的参数设置为与设备端同网段的 IP 地址。

数据采集主要包括装配设备 IP 地址、装配设备端口、Modbus 采集 ID、Modbus 采集功能码。实训可参照图 6-36 数据采集界面右侧说明部分的参数配置。

6.4.2　工业智能网关连接 Mint 仿真软件

根据 6.2 节内容，我们了解了装配单元需要采集的数据参数及通信协议，确定使用工业智能网关的类型。仿真数据接口所在位置如图 6-39 所示。可通过定制线缆连接仿真接口与工业智能网关。

图 6-39 仿真数据接口所在位置

 随 堂 笔 记

_____

_____

_____

_____

6.4.3　启动装配单元应用场景

启动仿真软件，进入装配单元应用场景中的数据采集界面，模拟装配单元设备输出数据，数据供工业智能网关采集。等待界面左下角连接状态变为绿色，仿真场景模拟数据采集如图 6-40 所示。单击"启动"按钮，仿真软件通过协议发送数据给工业智能网关，仿真界面实时显示发送的数据。此时，"启动"按钮变为"暂停"按钮，单击"暂停"按钮，停止发送数据。单击"重置"按钮，初始化数据。

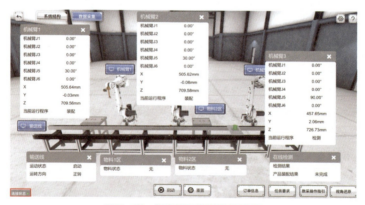

图 6-40 仿真场景模拟数据采集

6.4.4　测试数据采集系统

❶ 验证采集数据的准确性

打开浏览器输入 http://localhost:8081，进入客户端界面。登录工业互联网设备数据采集系

统如图 6-41 所示。

图 6-41　登录工业互联网设备数据采集系统

选择"中级",单击"进入系统"。选择中级项目界面如图 6-42 所示。

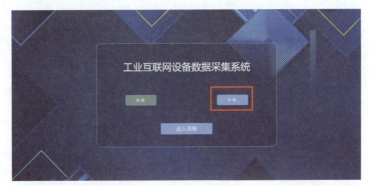

图 6-42　选择中级项目界面

单击左侧"采集装配单元数据"项目,进入采集装配单元数据界面,采集装配单元数据界面如图 6-43 所示。左侧为实训项目名称,单击项目名称可进入相应的实训项目,右侧为采集配置区及采集数据展示区。输入对应的 IP 地址和端口号,单击"连接",界面会显示采集到的数据。将上述数据与仿真软件中模拟的数据对比,可验证数据的准确性。

图 6-43　采集装配单元数据界面

❷ 验证采集数据的实时性

在仿真场景模拟数据采集界面，单击"启动"和"重置"按钮修改数据，界面能够显示实时的数据变化情况，通过对比仿真软件中模拟的数据和客户端的数据，可以验证采集数据的实时性。

❸ 设备数据的存储及历史查询

（1）设置存盘时间

可以根据所采集的设备数据需求设置存盘的时间间隔即采样周期，通过单击图6-43右上方的"数据存储"按钮，进入存储设置页面，可以设置存盘的时间间隔和是否保存数据。采集数据存储设置如图6-44所示。

图6-44　采集数据存储设置

（2）查询及导出历史数据

如果选择了存储采集数据，我们可以通过"数据查询"查看历史数据。查看采集的历史数据界面如图6-45所示，单击界面右上方的"历史数据"按钮，进入相对应的页面选择查询的时间段，单击"查询"，右侧列表即可显示查询结果。

图6-45　查看采集的历史数据界面

通过"导出"按钮可导出所查询的历史数据，以 Excel 方式保存。

实训结束后，按照关闭计算机、断开工业设备电源、关闭工业智能网关电源、拔出采集连接线、关闭实训台总电源的顺序完成操作并整理好实训台上的各种物品。

6.4.5　生产管理类数据接入工业 App

我们通过学习第 5 章了解了工业 App 的相关知识、状态监控类数据和告警提示类数据在工业 App 中的添加步骤，本次任务主要介绍采集生产管理类数据及把生产管理类数据接入工业 App。下面仍以某工业互联网实训台为例进行讲解。

❶ 平台登录及界面介绍

打开计算机端浏览器，在地址栏中输入系统登录地址，跳转到登录界面，系统登录界面如图 6-46 所示。

图 6-46　系统登录界面

在系统登录界面输入正确的企业标识、用户名、密码，单击"登录"即可登录系统。

我们在第 5 章中已经把实训室作为工厂模型，把实训台作为生产车间，并讲解了工厂建模类型及工厂建模的添加步骤，本章不再赘述，已建完的工厂建模列表如图 6-47 所示。

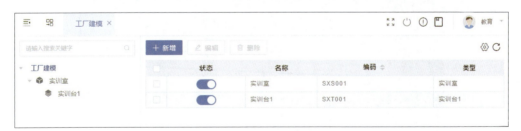

图 6-47　已建完的工厂建模列表

❷ 设备信息管理

设备信息管理模块可维护设备的基础信息，包括建立设备台账。设备台账列表显示了当前管理设备的信息数据，设备台账列表如图 6-48 所示。

图 6-48 设备台账列表

新增设备台账，首先选择左侧的一个生产区域，例如"实训台 1"，单击"新增"，显示维护设备台账信息，包括设备存放位置、设备编码、设备名称、设备类型等必填信息，新增设备的信息如图 6-49 所示。

图 6-49 新增设备的信息

以添加装配单元设备为例，红框内为必填项，其他为选填项。填写装配单元的信息如图 6-50 所示。

图 6-50 填写装配单元的信息

添加完成后单击"确定"，完成添加设备，设备列表如图 6-51 所示。

第 6 章　实施装配单元数据采集

图 6-51　设备列表

❸ 产生订单并派工

（1）新增生产订单

进入生产订单界面，选择左侧"计划调度"—"生产订单"，单击"新增"即可。新增生产订单界面如图 6-52 所示。

图 6-52　新增生产订单界面

我们以在实训台 1 上装配关节减速器为例创建生产订单，订单信息如下：订单编码自动生成（可修改且名称唯一），产品名称选择"关节减速器"，BOM 选择"1.1"，工艺路线选择"关节减速器"，数量选择"100"，生产计划时间选择"2022-03-09"，计划结束时间选择"2022-03-22"，生产区域选择"实训台 1"，其他选项自由选择。填写关节减速器生产订单信息如图 6-53 所示。

图 6-53　填写关节减速器生产订单信息

· 271 ·

添加完生产订单后可根据关键字搜索新增的生产订单。生产订单列表如图 6-54 所示。

图 6-54　生产订单列表

添加完成的生产订单需要进行分解以便生成不同的生产工序，勾选需要分解的订单记录，分解订单如图 6-55 所示。

图 6-55　分解订单

选择"自动分解"，分解完成，弹出分解界面，单击"退出"即可。分解完成界面如图 6-56 所示。

图 6-56　分解完成界面

双击分解完成的订单列表，出现工序列表。订单工序列表如图 6-57 所示。

第6章 实施装配单元数据采集

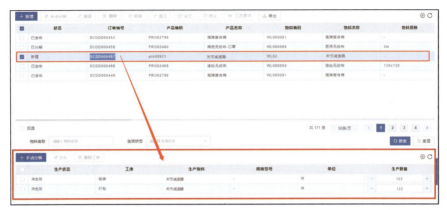

图 6-57 订单工序列表

只有工序发布的订单才能进行派工处理,发布工序首先勾选需要发布的工序记录,然后单击"发布",在弹出的对话框中选择"确定"。发布订单工序如图 6-58 所示,确认发布订单工序如图 6-59 所示。

图 6-58 发布订单工序

图 6-59 确认发布订单工序

发布成功的订单工序会变成已生效。已生效的订单工序列表如图 6-60 所示。

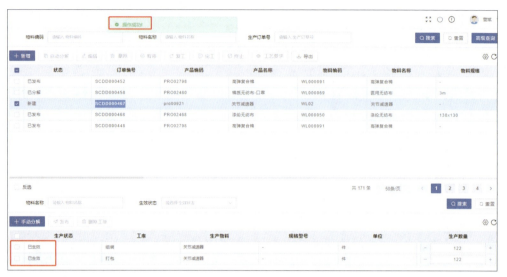

图 6-60 已生效的订单工序列表

（2）新建生产工单

对于已发布的并生效的生产工单，可以进入派工生产。进入左侧菜单生产工单，根据生产订单安排生产。生产工单列表如图 6-61 所示。

图 6-61 生产工单列表

双击需要派工的工单，列表下方"添加派工"会变成可操作状态。选中派工的生产工单如图 6-62 所示。

第 6 章 实施装配单元数据采集

图 6-62 选中派工的生产工单

单击"按照生产设备派工",选择我们创建的生产设备"ZPDY001",填写"生产数量"。选择派工到生产设备如图 6-63 所示。

图 6-63 选择派工到生产设备

单击"确定"完成派工到设备列表,此时派工状态显示"未派工"。派工工单列表如图 6-64 所示。

图 6-64 派工工单列表

勾选派工工单列表中的记录,并确认派工操作。确认派工操作如图 6-65 所示。

·275·

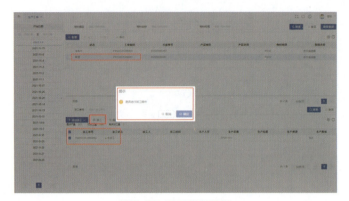

图 6-65　确认派工操作

完成派工操作后,派工状态变为"未开工",就可以等待设备开工生产。派工工单列表如图 6-66 所示。

图 6-66　派工工单列表

❹ 启动仿真场景

登录仿真软件,进入装配单元数据采集实训项目,输入生产工单号和生产数量。订单信息录入界面如图 6-67 所示。

图 6-67　订单信息录入界面

单击"启动",装配产线会根据输入数据信息生产产品,并实时显示生产状态。

第 6 章　实施装配单元数据采集

生产数据的报工可以分为设备自动报工和人工报工：自动报工指的是通过工业智能网关自动采集设备的生产数据，工业智能网关自动把采集到的数据上传至工业互联网平台；人工报工指的是现场生产人员把现场设备的生产数据录入工业互联网平台，目前工业现场中大多使用人工报工的方式。根据本章 6.3.6 小节中工业智能网关 MQTT 协议上传数据配置的参数，配置工业互联网平台数据采集管理界面。

采用自动报工的方式需要在工业互联网平台中配置数据采集相关的参数如下。

❺　数据采集配置

（1）数据模板配置

数据模板配置界面用于对应 MQTT 协议中的上传字段。

进入工业互联网平台的左侧数据采集管理菜单中的数据模板配置界面，单击"新增"，弹出新增模板配置界面。新增模板配置界面如图 6-68 所示。

维护数据模板名称为"装配单元生产数据模板"，名称唯一，不能重复；选择数据模板类型为"加工数据"；选择存储方式为"变动存储"；进行字段配置时，可根据工业智能网关 MQTT 设置页面"process"主题中生产数据的相关字段填写。填写数据模板内容如图 6-69 所示。其中，"字段名称"需要和工业智能网关 MQTT 设置页面"process"

图 6-68　新增模板配置界面

主题的"key"相对应，"业务名称"字段为平台内部使用字段。填写完毕单击"确定"保存记录。

图 6-69　填写数据模板内容

数据模板列表如图 6-70 所示。

图 6-70　数据模板列表

（2）数据通道配置

数据通道配置主要用于对应 MQTT 协议或其他协议数据上传的通道名称，例如 MQTT 协议中的主题名称。单击左侧菜单数据采集管理中的数据通道配置。新增数据通道配置如图 6-71 所示。

图 6-71　新增数据通道配置

在弹出的新增通道列表中，数据通道名称为"装配单元生产数据通道"，数据通道类型为"MQTT"，主题为"vtedu/00270025/ZPDY001/up/process"。生产数据通道配置如图 6-72 所示。填写完毕单击"确定"保存记录。

图 6-72　生产数据通道配置

第 6 章 实施装配单元数据采集

数据通道列表如图 6-73 所示。

图 6-73 数据通道列表

（3）通信模型配置

通信模型配置主要用于把数据通道与设备数据联通。

单击左侧菜单数据采集管理中的通信模型配置。新增通信模型配置如图 6-74 所示。

图 6-74 新增通信模型配置

选择设备编号为"ZPDY001"，选择模型配置类型为"采集"，输入工业智能网关的网关编号"00270025"，选择需关联的数据模板为"装配单元生产数据模板"，数据通道为"装配单元生产数据通道"。配置生产数据通信模型如图 6-75 所示。

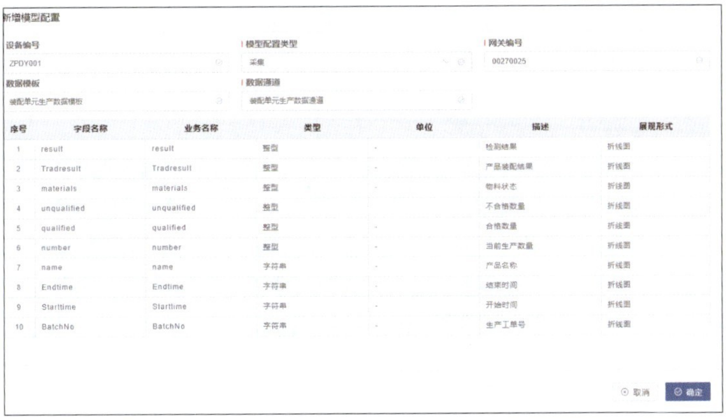

图 6-75 配置生产数据通信模型

·279·

完成通信模型配置后，通道模型将设备、通道、工业智能网关关联起来，网关编号根据网关上传数据的格式。通信模型配置列表如图6-76所示。

图6-76 通信模型配置列表

完成通信模型配置后，工业互联网平台就会把工业智能网关上传的生产数据与系统内对应的生产订单、工单数据相匹配。

❻ 测试MQTT主题

打开MQTT.fx客户端，登录MQTT服务器，订阅工业智能网关发布的信息，测试工业智能网关MQTT发布信息是否正常。

本小节需要配置生产管理类数据信息，所以用到的主题中业务编码为process，例如"vtedu/00270025/ZPDY001/up/process"，含义为"获取工业互联网平台中vtedu客户（工业智能网关编号为"00270025"，设备编号为"ZPDY001"）上传的生产数据"。

如果客户端能够获取工业智能网关发布的主题数据，说明工业智能网关上传数据正常，具体测试方法请参照第5章5.4.7小节。

❼ 生产数据采集

采集生产数据之前需要登录工业互联网平台，选择左侧"生产执行"→"生产数据采集"，需要对应的工单执行"开工"操作，工业智能网关采集的数据才能正确匹配。

设备的生产数据还可以通过人工报工的方式录入工业App，进入"生产数据采集"界面。生产数据采集列表如图6-77所示。

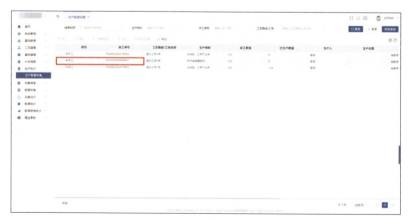

图6-77 生产数据采集列表

选择未开工的工单记录，单击"开工"，弹出确认提示界面：如果派工单号正确，单击"确定"；如果派工单号错误，单击"取消"。选中待开工的工单记录如图 6-78 所示。

图 6-78　选中待开工的工单记录

使用人工报工的操作如下：根据生产情况填写报工信息，如果本次生产操作完成了工单所需产品，单击"确定"；如果本次生产操作未完成工单所需产品，选择"连续报工"。填写报工信息如图 6-79 所示。

图 6-79　填写报工信息

对于已完成的工单，需要选择"完工"，选择对应的工单记录，单击"完工"。工单完工操作如图 6-80 所示。

图 6-80　工单完工操作

工单的已生产数量少于派工数量，则不允许进行完工操作。工单未完成界面如图 6-81 所示。

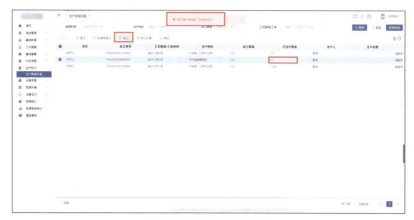

图 6-81　工单未完成界面

将对应的工单继续报工，生产数据采集列表如图 6-82 所示。直至已生产数量大于等于派工数量，才可以进行完工操作。工单完工界面如图 6-83 所示。

图 6-82　生产数据采集列表

图 6-83　工单完工界面

第 6 章　实施装配单元数据采集

对于有报工信息的报工记录，相关人员可以通过"执行记录"查看执行操作的记录。执行操作记录列表如图 6-84 所示。

图 6-84　执行操作记录列表

生产管理类 App 的配置通过自动报工或人工报工的方式进行数据采集，对于采集的数据可以在数据统计菜单查看报工记录、生产订单进度表、产品产量统计等分析数据，也可以通过产线看板了解产线的生产情况。

❽ 数据统计

通过左侧菜单中数据报表统计功能，相关人员可以查看报工记录、生产订单进度表、产品产量统计。

通过"报工记录"菜单查看报工记录列表，可以显示每次的报工时间、对应的生产工单号、加工单号等信息，还可以通过不同的查询条件选择查询报工记录。报工记录列表如图 6-85 所示。

图 6-85　报工记录列表

·283·

如果想查询生产订单进度,可以进入生产订单进度表,此表显示了生产订单当前的进度信息,例如当前的完成数量、废品数量、生产进度等信息。生产订单进度表如图6-86所示。

图6-86　生产订单进度表

产品产量统计可以选择生产物料或产线,查询不同的产品产量。产品产量统计列表如图6-87所示。

图6-87　产品产量统计列表

❾ 产线看板

进入左侧菜单精益看板中的"产线看板"菜单,可以进入看板界面。产线看板界面如图6-88所示。

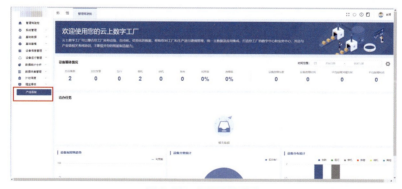

图6-88　产线看板界面

第 6 章　实施装配单元数据采集

产线生产看板将生产过程中的各项数据通过图表的形式实时展现在看板大屏上，对生产数据进行实时采集与分析，帮助生产管理者全面掌握生产车间的运行数据，监控生产异常和生产进度，从而有效地降低各类生产损失，提高生产效率，实现降本增效。产线生产看板如图 6-89 所示。

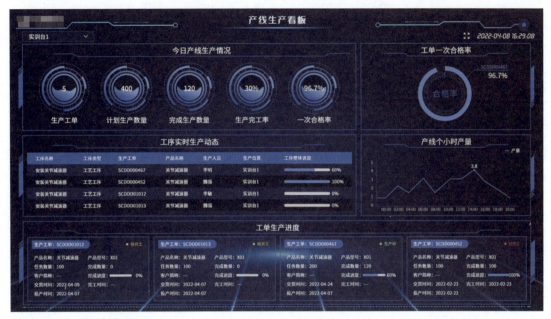

图 6-89　产线生产看板

随堂笔记

计划决策

测试工业互联网设备数据采集系统分工明细见表 6-7。为了保证任务顺利实施，我们应该先做好相应的计划。根据任务内容，各小组做好计划，分工到每个组员，然后按照小组决策将本组的工作计划填入表 6-7。

表 6-7　测试工业互联网设备数据采集系统分工明细

序号	任务分工	操作人员	注意事项
1	查看装配单元数据类型，选择对应的工业智能网关		
2	连接装配单元及工业智能网关采集接口		
3	配置工业智能网关参数		

续表

序号	任务分工	操作人员	注意事项
4	测试工业智能网关与计算机端的网络连通性		
5	测试工业智能网关数据通信的准确性、实时性		
6	存储采集数据,根据条件查询存储的历史数据		
7	填写工业互联网设备数据采集测试报告		
8	采集数据接入工业 App		

● 任务实施 ●

测试工业互联网设备数据采集系统检查明细见表 6-8。以小组为单位,组内学员每两人一组互换任务单,对已设置的工业智能网关采集参数是否全面、准确进行检查,并将检查结果记录在表 6-8 中。

表 6-8　测试工业互联网设备数据采集系统检查明细

班级:				
小组:		学号:		

序号	检查项目	是	否	分值
1	能够正确连接工业智能网关与采集数据接口			10
2	能够正确进入仿真软件课程场景			10
3	能够正确使用仿真软件模拟数据			30
4	能够正确判断工业智能网关与计算机端的网络通信数据			10
5	能够掌握工业智能网关采集数据的实时性的测试方法			20
6	能够进行生产管理类工业 App 配置			20
	小计分数			

任务考核

测试工业互联网设备数据采集系统考核见表 6-9。结合小组的任务实施情况,对每名学生进行任务考核。考核过程参照 1+X 证书制度试点要求,并将结果记录在表 6-9。学生进行互评,再请教师复评。通过任务评价,各小组之间、同学之间可以通过分享实施过程,相互借鉴经验。

表 6-9　测试工业互联网设备数据采集系统考核

班级:						
小组:				学号:		

项目		要求		应得分	得分	备注
任务实施	能够明确采集数据	能够明确采集设备数据; 能够明确采集方式、设备数据采集接口	准确率	10		
	选择并连接工业智能网关	能够选择正确的工业智能网关; 能够正确配置采集参数; 能够正确配置 MQTT 协议上传数据; 能够正确连接工业互联网设备与工业智能网关	准确率	10		
			完整性	10		

续表

项目		要求	应得分		得分	备注
任务实施	登录场景	能够正确进入仿真场景；能够正确设置模拟数据	准确率	10		
			完整性	10		
	验证采集数据的实时性、准确性	能够通过仿真软件验证采集数据的实时性、准确性	准确率	20		
	配置工业App	能够进行生产管理类工业App配置	准确率	10		
任务评价	小组互评	从信息获取、信息处理、分析归纳、工作态度、职业素养等方面进行评价	10			
	教师评价		10			
合计			100			
经验总结						

任务实施评价

测试工业互联网设备数据采集系统项目评价见表6-10。综合小组的任务实施情况，对照项目评价表，学生进行互评，再请教师复评。通过任务实施评价，各小组之间、同学之间可以通过分享实施过程，相互借鉴经验，最后将评价结果记录在表6-10。

表6-10 测试工业互联网设备数据采集系统项目评价

专业：			姓名：		
班级：			学号：		
各位同学： 为了考查"测试工业互联网设备数据采集系统"的教学效果，请针对下列评价项目并参考评价标准于自评部分填写A、B、C、D、E其中一项后，再请教师复评					
	评价标准				
符号向度	A	B	C	D	E
1.安全操作 （10%）	能很好地执行安全操作守则，操作过程无任何安全隐患	能很好地执行安全操作守则，操作过程有极少的安全隐患	能较好地执行安全操作守则，操作过程有少量安全隐患	能基本执行安全操作守则，操作过程存在隐患	不能执行安全操作守则，操作过程发生安全事故
2.信息获取 （15%）	能准确识读任务信息，准确使用信息	能准确识读任务信息，使用信息错误极少	能基本识读任务信息，使用信息错误较少	能基本识读任务信息，使用信息错误较多	不能准确识读任务信息，使用信息完全错误

续表

符号向度	评价标准				
	A	B	C	D	E
3.工作能力（50%）	能很好地根据任务工单完成指定操作项目，实施方案准确，操作过程正确熟练	能较好地根据任务工单完成指定操作项目，实施方案准确，操作过程较为正确熟练	能根据任务工单完成指定操作项目，实施方案准确，操作过程基本正确且较为熟练	能根据任务工单基本完成指定操作项目，实施方案基本准确，操作过程基本正确	不能根据任务工单完成指定操作项目，实施方案不准确，操作过程不正确
4.工作态度（15%）	操作过程熟练、规范、正确	操作过程较熟练、较规范、正确	操作过程较熟练、较规范、基本正确	操作过程较规范、基本正确	操作过程不规范、不正确
5.职业素养（10%）	6S操作规范，有很强的职业素养	6S操作规范，有较强的职业素养	6S操作较为规范，有一定的职业素养	6S操作较为规范，有基本的职业素养	6S操作不规范，职业素养欠缺

注：在各项目中，A、B、C、D、E依次占配分的100%、80%、60%、30%、0

评价项目	自评与教师复评（A～E）		
	自评	校内教师复评	企业教师复评
1.安全操作（10%）			
2.信息获取（15%）			
3.工作能力（50%）			
4.工作态度（15%）			
5.职业素养（10%）			
合计：		评价教师：	
经验分享：			

任务实施处理

在任务实施的过程中，我们往往会忽视很多问题，使实施过程和结果不尽如人意。只有不断反思和训练，我们的技能才能提高。任务实施问题改进见表6-11。请总结自己在实施任务过程中遇到的问题，反思并完成表6-11。

表 6-11　任务实施问题改进

专业：		班级：	
姓名：		学号：	
任务实施问题点			
改进计划			
改进后任务实施达标情况	□达到预期		□未达到预期
没达到预期效果的原因			
再次改进计划			

注：后续改进计划可附表。

课后活动

一、填空题

1. 登录 Mint 仿真软件后，选择的课程名称是_____。

2. 数据采集主要包括_____、_____、Modbus 映射区域。这些内容大多为固定或已由现场工程师提前提供，需要按照要求配置。

3. MQTT 主题为"vtedu/00270025/ZPDY001/up/process"，每个字段的含义为_____、_____、_____、_____、_____。

二、简答题

根据本实训内容所学知识，简要阐述采集数据接入工业 App 中查看设备状态的步骤。

A 工业智能网关选型

① 工业智能网关接口

工业互联网设备数据采集实训台配有工业智能网关区域,它是本实训台的核心结构,由若干个工业现场常见的工业智能网关构成,负责工业数据的采集工作。在实施数据采集前,我们需要知道工业智能网关的结构及其功能作用。接下来,让我们一起来认识工业智能网关的结构。

工业智能网关分为7个部分,包括无线输出接口、指示灯、设备接口、设备型号、调试口、输出接口和电源接口。工业智能网关模块采集接口如图 A-1 所示,工业智能网关底部结构如图 A-2 所示。

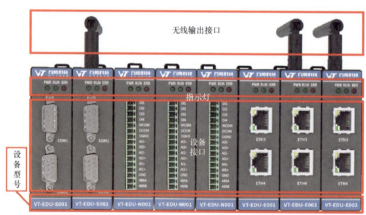

图 A-1 工业智能网关模块采集接口

图 A-2 工业智能网关底部结构

❷ 工业智能网关功能说明

实训台工业智能网关模组包含 8 台数据采集工业智能网关，它们的功能介绍如下，我们可以根据后续实训采集数据的需求，选择不同的工业智能网关。工业智能网关选型指南见表 A-1。

表 A-1 工业智能网关选型指南

型号	支持协议及接口	应用场景	采集端口	管理口默认 IP 地址	外观
VT-EDU-S001	• 设备接口：双串口采集接口 • 支持采集协议：RS-232/RS-422/RS-485（默认 RS-422） • 波特率：最高支持 1Mbit/s • 上传配置：工业以太网 支持上传协议：Modbus TCP、MQTT	冲压机数据采集	COM1	192.168.1.100	
VT-EDU-S002	• 设备接口：双串口采集接口 • 支持采集协议：RS-232/RS-422/RS-485（默认 RS-232） • 波特率：最高支持 1Mbit/s • 上传配置：Wi-Fi、工业以太网 • 支持上传协议：Modbus TCP、MQTT	塑料挤出机数据采集	COM1	192.168.1.100	
VT-EDU-N001	• 设备接口：凤凰端子接口，含 1 路 RS-485 接口、4 路开关量采集接口、3 路模拟量采集接口 • 支持采集协议：0～10V、4～20mA 等多种标准模拟量信号输入 • 上传配置：工业以太网 • 支持上传协议：Modbus TCP、MQTT	• 支持开关量信号 • 模拟量信号 • RS-485 接口设备的数据采集	4 路开关量 3 路模拟量 1 路 RS-485	192.168.1.100	
VT-EDU-E001	• 设备接口：双网口采集接口 • 支持采集协议：西门子 PLC 协议数据接入 • 上传接口：工业以太网 • 支持上传协议：Modbus TCP、MQTT 等	• 装配单元数据采集 • 柔性制造单元数据采集	ETH3	192.168.1.100	
VT-EDU-E002	• 设备接口：双网口采集接口 • 支持采集协议：发那科数控机床协议 • 上传接口：Wi-Fi、工业以太网 • 支持上传协议：Modbus TCP、MQTT 等	发那科数控机床数据采集	ETH3	192.168.1.100	
VT-EDU-E003	• 设备接口：双网口采集接口 • 支持采集协议：ModbusTCP 数据接入 • 上传接口：4G、工业以太网 • 支持上传协议：Modbus TCP、MQTT	炼铁高炉数据采集	ETH3	192.168.1.100	

B 设备故障现象与处理方法

❶ 工业智能网关状态监控

工业智能网关面板的 LED 指示灯能方便而全面地显示系统和端口的运行状态，便于系统维护，也体现出产品人性化的理念，工业智能网关指示灯说明见表 B-1。

表 B-1 工业智能网关指示灯说明

前面板指示灯	状态	说明
RUN/SYS	绿色闪烁	1s 的频率闪烁表示系统正常运行
	灭	设备工作异常
ERR	红色	系统故障告警总指示灯
	灭	系统正常
PWR	绿色	电源正常
	灭	系统电源出现故障

RJ-45 网口指示灯	状态	说明
10/100M	橙色	100Base-T
	灭	10Base-T
LINK/ACT	绿色	以太网端口正常连接
	绿色闪烁	端口有数据发送或接收
	灭	以太网端口断开连接

❷ 设备常见故障诊断与处理

（1）常见故障分类

工业设备数据采集过程中可能出现的故障多种多样，解决一个复杂的采集故障往往需要广泛的网络知识与丰富的工作经验。由于设备故障的多样性和复杂性，故障的分析与解决方法也不尽相同。如果采集过程中出现故障，可以从以下两个方面去解决故障。

① 物理故障。

物理故障是指设备或线路而引起的故障，包含设备或线路损坏、端口插头松动、线路受到严重电磁干扰等。

常见故障有线路不通、线路突然中断、端口插头松动、设备插头误接、电磁干扰、网络设备故障、网卡故障。

② 逻辑故障。

逻辑故障是指设备的配置等软件引起的故障，包含网络端口参数设定有误，采集配置错误以至于采集数据不正常或采集不到数据。

常见故障有系统运行参数错误、网络配置错误、采集参数错误。

（2）设备故障诊断与排除

数据采集的故障千变万化，其原因往往比较复杂，因此要迅速诊断故障原因，及时排除故障。

下面介绍 3 种常用的故障诊断方法。

① 观察检查法。

第一，直观检查。该方法就是通过看、听、摸、闻等方式检查比较典型或比较明显的故障，例如，观察设备是否有火花、异常声音、插头松动、电缆损坏、断线或碰线、插件板上元件发烫烧焦、元件损坏或管脚断裂、接触不良、虚焊等现象。

第二，预检查。预检查是指运维人员根据自身经验，判断最有可能发生故障的部位，然后进行故障检查，进而排除故障。如果能在预检查阶段就能确定故障部位，可显著缩短故障诊断时间，有一些常见故障在预检查中即可被发现并及时排除。

第三，电源、接地、插头连接检查。我国工业用电的电网波动较大，而电源是控制系统的能源主要供应部分，电源不正常，控制系统的工作必然异常。在维修前应严格检查数据采集系统上所有的电缆，看其屏蔽、隔离是否良好；严格按相关设备的技术手册测试接地情况；检查各模块之间的连接是否正确；接口电缆是否符合要求。

② 参数检查法。

工业智能网关会存储部分采集设备的连接参数，根据需要查看配置参数是否有变化。

因此，检查和恢复数据采集系统的参数，是运维中行之有效的方法之一。

③ 交换法。

"交换法"是把相同的插件或器件互相交换，观察故障变化的情况，帮助判断、寻找故障原因的一种方法。

工业互联网数据采集系统中可以通过替换智能网关、网络连接线等硬件设备查看故障复现情况。如果故障发生在这些部分，用"交换法"就能十分准确、迅速地找到位置。

对于上面介绍到的 3 种方法，运维人员在实际应用时应根据不同的故障现象加以灵活应用，逐步缩小故障范围，最终排除故障。

（3）常见故障处理

① 测试方法。

• 自检过程

设备上电后对应的 RUN 灯（工作灯）绿色会闪烁。以太网状态指示灯全亮后再指示当前的连接状态。通过指示灯及 Web 配置页面能全面了解整个网络的运行状态。将设备的网口接入计算机网口，正确设置网络，发送 Ping 命令，检测网口是否能建立网络连接。

• 电口测试

测试前准备一台 PLC 设备，三菱系列 PLC 或其他型号 PLC，简单编写 PLC 程序，包括数字量 I/O 控制和 V 存储区的数据存储，PLC 正常上电运行。

智能网关设备上电，通信口 COM1 连接到 PLC，网口连接计算机网口，现场采集 PLC 信息，双方均能够正常进行数据交互，且数据不丢包。同时，对应端口上的黄灯应长亮（网卡工作在 100Mbit/s 状态）或不亮（网卡工作在 10Mbit/s 状态），对应端口上的绿灯应闪烁，说明被测试的两个电口硬件工作正常。采用同样的方式测试其余所有电口。

- 系统测试

在第 2 步（电口测试）的基础上，使用 3 台或更多设备组成网络，通过上位机改变端口属性，观察网络数据的畅通情况，例如，端口使能、自动协商或强制、端口速率控制等。

- Ping 命令例子

测试计算机 1 的 IP 地址为 192.168.1.21，测试计算机 2 的 IP 地址为 192.168.1.22，运行测试计算机 1 的"开始"菜单的"运行"中的"cmd"或者"command"（WIN2000/XP 系统用"cmd"，WIN98/95 系统用"command"）命令，输入"ping 192.168.1.22 -t -l 1000"，（-t 是指不停地发送数据，-l 是指发送数据包的字节数），运行测试计算机 2 的"开始"菜单中的"运行"中的"cmd"或者"command"（WIN2000/XP 系统用"cmd"，WIN98/95 系统用"command"）命令，输入"ping 192.168.1.21 -t -l 1000"，测试计算机 1 返回"Reply from 192.168.1.22：bytes=1000 time<10ms TTL=128"，测试计算机 2 返回"Reply from 192.168.1.22：bytes=1000 time<10ms TTL=128"，运行超过 10min 后，用"CTRL+C"命令统计丢包率小于 1/1000，说明设备工作正常。

② 工业智能网关故障现象与处理。

智能网关设备故障现象与处理对策见表 8-2。

表 B-2 工业智能网关设备故障现象与处理对策

现象	原因	处理对象
LED 灯（电源指示灯、业务卡指示灯）不亮	• 电源接口松动或电源适配器损坏 • 板卡插槽松动	• 拧紧电源接线柱或更换电源适配器 • 检查业务板卡，并固定
网口异常	• 网线没连接或网口松动 • 现场设备及网关 IP 地址有无设置 • 与业务卡 ETH1 和 ETH2 连接的网线 RJ-45 线序错误	• 连接或更换网线、检查网口并卡紧 • 检查网段及 IP 地址是否正确 • 确定与 ETH1 和 ETH2 连接的 RJ-45 线序为 568A 线序
串口异常	• 串口线连接松动 • 串口引脚线接线错误 • 串口参数配置有误	• 拧紧串口的螺丝 • 检查串口引脚线线序是否正确 • 确定 RS-232/485/422 串口形式及正确的串口配置参数
信号传输异常或无数据上传	• 4G 卡无流量 • 天线接口松动	• 检查是否欠费 • 拧紧天线接口

C MQTT 协议介绍

❶ MQTT 协议简介

MQTT（消息队列遥测传输）是一种基于发布/订阅（Publish/Subscribe）模式的"轻量级"通信协议，该协议构建于 TCP/IP 上，由 IBM 在 1999 年发布。MQTT 协议的最大优点在于，可以以极少的代码和有限的带宽，为连接远程设备提供实时可靠的消息服务。作为一种低成本、低带宽占用的即时通信协议，其在物联网、小型设备、移动应用等方面有较广泛的应用。

MQTT 协议是一个基于客户端/服务器的消息发布/订阅通信协议。MQTT 协议是轻量、简单、开放和易于实现的，这些特点使它的适用范围非常广泛，卫星链路通信传感器、偶尔拨号的医疗设备、智能家居及一些小型化设备中已广泛使用 MQTT 协议。

❷ MQTT 协议传输消息的实现方式

MQTT 协议传输消息的实现方式如图 C-1 所示。

图 C-1 MQTT 协议传输消息的实现方式

实现 MQTT 协议需要客户端和服务器端通信才能完成，在通信过程中，MQTT 协议有发布者（Publisher）、代理（Broker）、订阅者（Subscriber）3 种身份。其中，消息的发布者和订阅者都是客户端，消息代理是服务器，消息发布者可以同时是订阅者。

MQTT 协议传输的消息分为主题（Topic）和负载（Payload）两个部分。

① Topic，可以理解为消息的类型，订阅者订阅后，就会收到该主题的消息内容。

② Payload，可以理解为消息的内容，是指订阅者具体要使用的内容。

MQTT 协议会构建底层网络传输，它将建立客户端到服务器的连接，提供两者之间的一个有序的、无损的、基于字节流的双向传输。

当应用数据通过 MQTT 网络发送时，MQTT 协议会把与之相关的服务质量（QoS）和主题名相关联。

❸ MQTT 客户端

一个使用 MQTT 协议的应用程序或者设备，它总是建立到服务器的网络连接。客户端可以完成以下任务：

① 发布其他客户端可能会订阅的信息；

② 订阅其他客户端发布的消息；

③ 退订或删除应用程序的消息；

④ 断开与服务器连接。

❹ MQTT 服务器

MQTT 服务器被称为"消息代理"，可以是一个应用程序或一台设备。它位于消息发布者和订阅者之间，可以完成以下任务：

① 接受来自客户的网络连接；

② 接受客户发布的应用信息；

③ 处理来自客户端的订阅和退订请求；

④ 向订阅的客户转发应用程序消息。

❺ MQTT 协议中的订阅、会话、主题

（1）订阅

订阅包含主题筛选器和最大服务质量。订阅会与一个会话关联。一个会话可以包含多个订阅。每一个会话中的每个订阅都有一个不同的主题筛选器。

（2）会话

每个客户端与服务器建立连接后就是一个会话，客户端和服务器之间有状态交互。会话存在于一个网络之间，也可能在客户端和服务器之间跨越多个连续的网络连接。

（3）主题名

主题名连接到一个应用程序消息的标签，该标签与服务器的订阅相匹配。服务器会将消息发送给订阅所匹配标签的每个客户端。

（4）主题筛选器

主题筛选器是一个对主题名通配符的筛选器，在订阅表达式中使用，表示订阅所匹配到的多个主题。

（5）负载

负载是消息订阅者所具体接收的内容。

D 实训报告样例

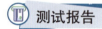
测试报告

工业互联网设备数据采集
测试报告

班级：_____

小组：_____

学号：_____

姓名：_____

年　　月

❶ 测试概要

（1）项目信息

项目信息见表 D-1。

表 D-1　项目信息

项目名称	
指导教师	
参与测试成员	
测试负责人	

（2）测试准备

测试准备见表 D-2。

表 D-2　测试准备

设备名称与型号	
输出方式	
接线方式	
网关选型	

（3）测试阶段

测试阶段包含安装测试、线缆测试、工业互联网设备数据采集系统测试（连通性、准确性、实时性、稳定性）。

❷ 测试结果

（1）测试结论

说明测试完成后，是否存在遗留问题，是否通过测试。

（2）测试总结

对本次测试工作进行总结。

❸ 建议

提出改进意见和建议。

参考文献

[1] 杜运普，黄志东．机械制造技术基础[M]．北京：北京理工大学出版社，2018．

[2] 李大成，梁晋，胡浩，等．数字图像相关法用于金属薄板成形性能研究[J]．锻压技术，2014，39（5）：23-28，55．

[3] 曹伟，江平宇，江开勇，等．基于RFID技术的离散制造车间实时数据采集与可视化监控方法[J]．计算机集成制造系统，2017，23（2）：273-284．

[4] 武尽祥．基于RFID的钢结构企业物联网平台关键技术研究[D]．河北工业大学，2015．

[5] 工业和信息化部办公厅．工业数据分类分级指南（试行）[R]．2020．

[6] 吴建华．浅谈机械制造企业在智能制造发展中的信息化建设[J]．机械工程与自动化，2017（6）：225-226．

[7] 胡伟．当今机械制造业的特点及发展趋势[J]．中国高新技术企业，2013（16）：1-2．

[8] 张运吉．数控机床[M]．北京：机械工业出版社，2012．

[9] 韩鸿鸾，韩钰．FANUC数控车床工艺与编程[M]．北京：化学工业出版社，2016．

[10] 龚仲华．FANUC数控PMC从入门到精通[M]．北京：化学工业出版社，2021．

[11] 工业互联网产业联盟．工业互联网信息模型白皮书（征求意见稿）[R]．2020．

[12] 深圳市中投顾问股份有限公司．2022—2026年中国冶金行业深度调研及投资前景预测报告[R]．2021（6）．

[13] 付强．物联网系统开发[M]．北京：机械工业出版社，2020．

[14] 张家辉，张作良，解文博，等．高炉内部行为二维动画制作[J]．辽宁科技学院学报，2021，23（3）：8-10．

[15] 工业和信息化部消费品工业司．2020年塑料制品行业经济运行情况[EB/OL]．2021．

[16] 华经产业研究院．2019-2025年中国塑料制品行业市场运营现状及投资规划研究建议报告[R]．2019．

[17] 陈泽成，陈斌．塑料挤出机头典型结构设计图集[M]．北京：机械工业出版社，2018．

[18] 李学锋．塑料模具设计与制造（第2版）[M]．北京：机械工业出版社，2016．

[19] 郭永亮．数控机床[M]．北京：机械工业出版社．2012．

[20] 中国工业技术软件化产业联盟，工业互联网产业联盟．工业APP白皮书（2020）[R]．2021．

[21] 袁国定，朱洪海．机械制造技术基础（修订版）[M]．南京：东南大学出版社，2005．

[22] 熊良山，张福润．机械制造技术基础（第四版）[M]．武汉：华中科技大学出版社，2021．

[23] 宋慧欣. 解读"新经济时代"中国机器视觉市场[J]. 自动化博览. 2011, 28（4）: 68-69.

[24] 杨碧敏. 康耐视: 机器视觉领域我们一直在进步[J]. 中国电子商情（基础电子）, 2016（6）: 28-29.

[25] 王兆宇, 王洪权. 西门子PLC电气设计与编程自学宝典[M]. 北京: 中国电力出版社, 2015.

[26] 张明文. 工业机器人入门实用教程（KUKA机器人）[M]. 北京: 人民邮电出版社, 2020.